HARTMUT E. FEST

# Zur gesamtwirtschaftlichen Konsistenz des Entscheidungskriteriums für die Auswahl öffentlicher Investitionen

SCHRIFTENREIHE ZUR
INDUSTRIE- UND ENTWICKLUNGSPOLITIK

Herausgegeben von Prof. Dr. Dr. Dr. h. c. Fritz Voigt

Band 6

# Zur gesamtwirtschaftlichen Konsistenz des Entscheidungskriteriums für die Auswahl öffentlicher Investitionen

## Ein Beitrag zur theoretischen Grundlegung der gesamtwirtschaftlichen Nutzen-Kosten-Analyse

Von

Dr. Hartmut E. Fest

DUNCKER & HUMBLOT / BERLIN

Gedruckt mit Unterstützung der Deutschen Forschungsgemeinschaft
Veröffentlicht im Februar 1971

Redaktion der Schriftenreihe
zur Industrie- und Entwicklungspolitik:
Dipl.-Kfm. Rainer Pötzsch


Gedruckt 1971 bei Berliner Buchdruckerei Union GmbH., Berlin 61
Printed in Germany

ISBN 3 428 02383 8

# Vorwort

Die Untersuchung befaßt sich mit den Kriterien zur ökonomischen Beurteilung öffentlicher Investitionen. Vor allem geht es darum, wie die Entscheidungsfunktion des öffentlichen Investors ausgestaltet werden muß, damit sich seine Investitionen konsistent in die volkswirtschaftliche Zielsetzung der bestmöglichen Verwendung der vorhandenen Ressourcen einfügen. Diese Fragestellung hat in der angewandten Wohlfahrtstheorie während des letzten Jahrzehnts ein zunehmendes Interesse gefunden. Die dabei in der Benefit-Cost-Analyse entwickelten Investitionskriterien wurden bei der Planung und Bewertung staatlicher Investitionsvorhaben immer häufiger verwendet. In der Bundesrepublik sind seit dem 1. Januar 1970 Bund und Länder gemäß § 6 HGrG (Haushaltsgrundsätzegesetz) sogar dazu verpflichtet, bei Maßnahmen von erheblicher finanzieller Bedeutung Nutzen-Kosten-Untersuchungen anzustellen.

Das Problematische dieser Kriterien zur Beurteilung öffentlicher Investitionen liegt vor allem darin, daß sie — mit wenigen Ausnahmen — für eine Volkswirtschaft entwickelt worden sind, in der auf allen Güter- und Faktormärkten prinzipiell vollkommene Konkurrenz herrscht. Der offensichtlichen Realitätsferne dieser Modellannahmen wird bei empirischen Analysen in der Regel durch eine entsprechende Korrektur der Marktpreise Rechnung zu tragen versucht.

In der vorliegenden Untersuchung wird jedoch gezeigt, daß allen derartigen Kriterien eine wohlfahrtstheoretische Partialanalyse zugrunde liegt, die unzulässig wird, wenn die Unvollkommenheiten des Marktmechanismus explizit berücksichtigt werden. Der Zins, der sich an unvollkommenen Kapitalmärkten bildet, ist dann kein angemessenes Instrument zur Berechnung der gesamtwirtschaftlichen Opportunitätskosten einer staatlichen Investition. Die Lösung wird in der Ermittlung des zusätzlichen Netto-Konsums gesehen, den eine öffentliche Investition ermöglicht. Dieses Konzept beruht auf einer Totalanalyse, in der dieser Netto-Konsum — die gesamtwirtschaftlichen Opportunitätskosten — mit Hilfe von Multiplikatormodellen berechnet wird. Weitere Ergebnisse zeigen, daß die Art der Finanzierung einer staatlichen Investition bei Marktunvollkommenheiten eine wesentliche Determinante ihrer gesamtwirtschaftlichen Opportunitätskosten ist.

Professor Dr. Ernst Helmstädter danke ich für viele nützliche Anregungen und der Deutschen Forschungsgemeinschaft für die Forschungsbeihilfen und den Druckkostenzuschuß. Dem Herausgeber, Professor Dr. Dr. Dr. h. c. Fritz Voigt, bin ich sehr für das Erscheinen meiner Arbeit in dieser Schriftenreihe verbunden. Meiner Frau gilt aller Dank für ihre ständige Hilfsbereitschaft.

Bonn, Oktober 1970

Hartmut E. Fest

# Inhaltsverzeichnis

## Abkürzungsverzeichnis

### *A. Ökonomische Begriffe im Text*

| | |
|---|---|
| GNE | Gesamtwirtschaftlicher Nettoertrag |
| GNKA | Gesamtwirtschaftliche Nutzen-Kosten-Analyse |
| GOK | Gesamtwirtschaftliche Opportunitätskosten |
| GEI | Grenzeffizienz des Investierens |
| OK | Opportunitätskosten |
| RGNE | Reiner gesamtwirtschaftlicher Nettoertrag |
| SOK | Suboptimierungskriterium |
| SOK'en | Suboptimierungskriterien |
| SDR | Soziale Diskontrate |

### *B. Sonstige Abkürzungen*

| | |
|---|---|
| AER | American Economic Review |
| Anm. | Anmerkung |
| Bd. | Band |
| BOUIS | Bulletin of the Oxford University Institute of Statistics |
| EA | Economica |
| ECO | Econometrica |
| EJ | The Economic Journal |
| FA | Finanz-Archiv |
| Fig. | Figur |
| HdSW | Handwörterbuch der Sozialwissenschaften |
| HJWG | Hamburger Jahrbuch für Wirtschafts- und Gesellschaftspolitik |
| Hrsg. | Herausgeber |
| JEL | Journal of Economic Literature |
| JET | Journal of Economic Theory |
| JF | Journal of Finance |
| Jg. | Jahrgang |
| JPE | Journal of Political Economy |
| KP | Konjunkturpolitik |
| KY | Kyklos |
| NF | Neue Folge |
| NS | New Series |
| OEP | Oxford Economic Papers |
| OR | Operations Research |

| | |
|---|---|
| PF | Public Finance |
| PP | Papers and Proceedings |
| QJE | The Quarterly Journal of Economics |
| RECsta | Review of Economics and Statistics |
| RECstu | Review of Economic Studies |
| SJE | Southern Journal of Economics |
| SVSP | Schriften des Vereins für Socialpolitik |
| Verf. | Verfasser |
| vol. | Band |
| WA | Weltwirtschaftliches Archiv |
| WRR | Water Resources Research |
| WWI | Wirtschaftswissenschaftliches Institut (der Gewerkschaften) |
| ZfhF | Zeitschrift für handelswissenschaftliche Forschung |

*Kapitel I*

# Einleitung

In diesem Kapitel wird zunächst die Problemstellung dieser Arbeit erläutert (§ 1) und das verwendete modelltheoretische Instrumentarium eingeführt (§ 2). Sodann werden drei statische Kriterien gesamtwirtschaftlicher Optimalität dargestellt und diskutiert, die den späteren Konsistenzüberlegungen teilweise zugrunde liegen werden (§ 3).

## § 1. Die Problemstellung

Trotz aller Verfeinerungen zeigt sich die Theorie der gesamtwirtschaftlichen Nutzen-Kosten-Analyse (GNKA) nicht als konsolidiertes Ganzes[1]. Zwei Hauptrichtungen lassen sich in der die theoretische Diskussion der GNKA dominierenden Kontroverse um einen ökonomisch richtigen Bewertungsansatz für die von einer öffentlichen Investition in Anspruch genommenen volkswirtschaftlichen Ressourcen unterscheiden[2]. Die eine Richtung sieht im Zins ein zureichendes Kriterium

---

[1] Zweck der GNKA ist die Erarbeitung ökonomischer Kriterien, die Aufschluß darüber geben, ob und wann eine investive Verwendung der Ressourcen im öffentlichen Sektor effizient ist. Ihr bedeutendstes Merkmal besteht darin, daß versucht wird, die Rationalität des Preissystems auch bei der Lösung von Aufgaben zu erreichen, die aus technischen Gründen von der Marktwirtschaft nur unzureichend gelöst werden können; *Stohler*, J., Zur Methode und Technik der Cost-Benefit-Analyse, in: KY, vol. 20 (1967), S. 218; im Folgenden zitiert als *Stohler*, Zur Methode. Über den gegenwärtigen Stand der GNKA (Cost-Benefit-Analyse) unterrichten auch heute noch zutreffend *Prest*, A. R. und *Turvey*, R., Cost-Benefit-Analysis: A Survey, in: EJ, vol. 75 (1965), wieder abgedruckt in: Surveys of Economic Theory, vol. III, New York 1967; im Folgenden zitiert als *Prest/Turvey*, S. 155 ff. Unser Studium der Literatur zur GNKA schließt mit Mai 1969 ab. Später dem Verfasser zur Kenntnis gelangte Arbeiten wurden bis zum Zeitpunkt der Drucklegung berücksichtigt. Diese sind im Literaturverzeichnis mit einem * gekennzeichnet.

[2] Außer dieser Frage gehören vor allem die intertemporalen wie die interpersonalen Einkommens(um)verteilungseffekte einer öffentlichen Investition zu den ungelösten Problemen der GNKA; vgl. *Stohler*, Zur Methode, a.a.O., S. 218 ff. Über die operationalen Beschränkungen, denen diese Methode unterliegt, gibt *Maass*, A., Cost-Benefit-Analysis: Its Relevance to Public Investment Decisions, in: QJE, vol. 80 (1966), S. 208 ff., einen sehr guten Überblick. Im Folgenden interessieren uns ausschließlich die theoretischen Grundlagen der GNKA; auf die Verteilungsproblematik gehen wir nur ein, insoweit jene nicht unabhängig von dieser behandelt werden können.

zur Beurteilung der Vorteilhaftigkeit von öffentlichen Investitionen, die andere hebt auf den direkten Vergleich mit privaten Investitionsalternativen ab. Die erste kann als die „traditionelle" Richtung angesehen werden. Ihre Vertreter behaupten, daß alle gesamtwirtschaftlich relevanten Kapitalkosten einer öffentlichen Investition in den Investitionsausgaben voll berücksichtigt sind, vorausgesetzt, das gewählte Nutzen-Kosten-Kriterium mache den allgemeinen Kapitalmarktzins zur Grundlage des Vorteilhaftigkeitsvergleichs[3]. Ein derartiges Vorgehen basiert auf der unausgesprochenen Prämisse, daß der Marktpreis für die Periodennutzung einer Einheit Kapital, d. h. der Kapitalmarktzins, alle für die gesamtwirtschaftliche Optimalität dieser Investitionsentscheidung relevanten ökonomischen Interdependenzen adäquat reflektiert. Außerhalb des Marktmechanismus existieren keine ökonomischen Effekte, die auf die Inanspruchnahme von öffentlichem Kapital zurückzuführen sind und im Nutzen-Kosten-Kalkül gesondert zu berücksichtigen wären.

Die Verfechter des — neueren — Opportunitätskosten-Ansatzes dagegen sind der Ansicht, daß der traditionelle Ansatz zu einer ineffizienten Allokation der Ressourcen führt, weil die ihm unterliegenden theoretischen Postulate die ökonomische Realität westlicher Marktwirtschaften in einem entscheidenden Punkt nicht treffen. Es werden nämlich diejenigen Konsequenzen für das öffentliche Investitionskriterium nicht berücksichtigt, die bei Existenz von Marktunvollkommenheiten zu ziehen sind. Nur wenn die Investitionsausgaben für öffentliche Projekte explizit mit einem gesamtwirtschaftlichen Wertansatz, den „social opportunity costs", bewertet werden, ließe sich gesamtwirtschaftliche Ineffizienz vermeiden[4]. Die Möglichkeit einer normativen Interpretierbarkeit des Kapitalmarktzinses bei unvollkommenem Marktmechanismus wird von den Anhängern des Opportunitätskosten-Ansatzes bestritten.

---

[3] So *McKean*, R. N., Efficiency in Government Spending by Systems Analysis, New York 1958; im Folgenden zitiert als *McKean*, Efficiency; *Hirshleifer*, J., *de Haven*, J. und *Milliman*, J., Water Supply, Economics, Technology and Policy, Chicago 1960; im Folgenden zitiert als *Hirshleifer* et al.; und *Eckstein*, O., Water Resource Development, The Economics of Project Evaluation, Cambridge (Mass.) 1958; im Folgenden zitiert als *Eckstein*, Water Resource Development.

[4] So *Feldstein*, M. S., Net Social Benefit Calculation and the Public Investment Decision, in: OEP, NS 16 (1964); im Folgenden zitiert als *Feldstein*, Net Social Benefit; S. 114 ff., und *Marglin*, St. A., The Opportunity Cost of Public Investment, in: QJE, vol. 77 (1963); im Folgenden zitiert als *Marglin*, Opportunity Cost; S. 274 ff., sowie *Henderson*, P., Investment Criteria for Public Enterprises, in: R. Turvey (Hrsg.), Public Enterprise, Baltimore 1968, S. 86 - 169. Inzwischen hat sich auch Musgrave für den Opportunitätskostenansatz ausgesprochen; siehe *Musgrave*, R. A., Cost-Benefit-Analysis and the Theory of Public Finance, in: JEL, vol. 7 (1969); im Folgenden zitiert als *Musgrave*, Cost-Benefit-Analysis; S. 797 - 806.

Beide Richtungen stimmen darin überein, daß die gesamtwirtschaftlichen Kosten (Erträge) einer öffentlichen Investition zugrunde gelegt werden müssen[5]. Der Ressourcenverzehr ist deshalb mit Opportunitätskosten zu bewerten, d. h. mit demjenigen Wert, den die Faktoren in der nächstbesten alternativen Verwendung gehabt hätten. Strittig dagegen ist, ob die Opportunitätskosten des Kapitals, letzteres definiert als Finanzierungsmittel für Investitionen, in gemischtwirtschaftlichen und ipso facto unvollkommenen Marktwirtschaften vollständig im Kapitalmarktzins zum Ausdruck kommen.

Für die Cost-Benefit-Theoretiker traditioneller Richtung bestehen in dieser Frage keine Zweifel. Denn „echte" Unvollkommenheiten der Kapitalmärkte seien selten, und (fast) alle Verzerrungen des Zinsgefüges ließen sich auf nur zwei Faktoren zurückführen, nämlich Risiko und Unsicherheit einerseits und Besteuerungswirkungen andererseits[6]. Da beide Komponenten aus der Zinsstruktur eliminiert werden können, seien weitere theoretische Einwände gegen die prinzipielle Zulässigkeit einer Verwendung des Marktzinses als Opportunitätskosten des Kapitals im öffentlichen Investitionskriterium unzutreffend.

Die Opportunitätskosten-Theoretiker hingegen rücken die „echten" Unvollkommenheiten des Marktmechanismus, insbesondere die der Kapitalmärkte, in den Vordergrund. Sie behaupten, daß der Marktzins nur einen Teil der Opportunitätskosten des öffentlichen Kapitals ausmacht, und ihre wahre Größe dem Zinsniveau unvollkommener Kapitalmärkte nicht zu entnehmen ist.

Wir wollen hier untersuchen, welcher von den beiden Standpunkten ökonomisch am besten zu begründen ist. Die Kontroverse über die Bewertung des von einer öffentlichen Investition beanspruchten Kapitals hat sich entfaltet, ohne daß es bisher zu einer klärenden Analyse und kritischen Abwägung der uns in diesem Zusammenhang wichtig erscheinenden Argumente gekommen ist.

---

[5] In Anlehnung an *McKean*, R. N., Divergences between Individual and Total Cost within the Government, Santa Monica 1963; im Folgenden zitiert als *McKean*, Divergences; nennen wir diejenigen Kosten (Erträge) gesamtwirtschaftliche oder totale Kosten (Erträge), die durch die Handlungen einer ökonomischen Entscheidungseinheit in der Volkswirtschaft insgesamt verursacht werden, privat- bzw. einzelwirtschaftliche Kosten (Erträge) diejenigen, die von dieser Entscheidungseinheit nur in ihrer Kalkulation berücksichtigt werden. Die Differenz zwischen diesen beiden Kategorien nennen wir volkswirtschaftliche Kosten (Erträge). Für gesamtwirtschaftliche bzw. volkswirtschaftliche Kosten (Erträge) gibt es keine einheitliche deutsche Bezeichnung; man spricht von Sozialkosten, volkswirtschaftlichen Kosten u. Ä. bzw. von social costs, Zusatzkosten, etc., ohne daß die Begriffsinhalte kongruent wären; siehe *Jürgensen*, H., Private und soziale Kosten, in: SVSP, NF 29 (1963), S. 245 ff.

[6] So z. B. *Harberger*, A. C., The Social Opportunity Cost of Capital: A New Approach, Denver 1968; Xerokopie eines auf dem Annual Meeting of the Water Resources Research Committee gehaltenen Vortrages.

Deshalb stellt sich uns als erstes die Aufgabe, alle bei der Vornahme einer öffentlichen Investition auftretenden ökonomischen Wirkungen unter dem Gesichtspunkt ihrer gesamtwirtschaftlichen Interdependenz zu analysieren. Da davon ausgegangen wird, daß der Staat das Gemeinwohl fördern soll, versteht es sich von selbst, daß die gesamtwirtschaftlichen Wirkungen bei der Beurteilung öffentlicher Investitionen nicht außer Ansatz bleiben dürfen. Diese sind in den Auswirkungen der Investitionsausgaben zu erfassen und im Auswahlproblem zu berücksichtigen. Zu diesem Zweck führen wir öffentliche Investitionen explizit in das Modell des vollkommenen Konkurrenzgleichgewichts ein und analysieren die daraus entstehenden Rückwirkungen in Bezug auf das gesamtwirtschaftliche Optimum des betrachteten Modellzustandes. Das Ziel dieses Teils unserer Untersuchung ist es, ökonomisch begründete Kriterien für die Vorteilhaftigkeit öffentlicher Investitionen zu formulieren.

Zweitens führen wir dann Unvollkommenheiten des Marktmechanismus ein und zeigen, daß unter diesen neuen Bedingungen der traditionelle Ansatz, der modelltheoretisch zum Typ der Partialanalyse gehört[7], nicht mehr dem gesamtwirtschaftlichen Optimalitätskriterium genügt. In unvollkommenen Marktwirtschaften bewirkt die Vornahme öffentlicher Investitionen über gesamtwirtschaftliche Interdependenzen gewisse Produktivitätseffekte, die nicht im Marktmechanismus, d. h. letztlich im Kapitalmarktgeschehen, ihren Niederschlag finden. Daraus folgt, daß unter diesen Bedingungen ein Nutzen-Kosten-Kriterium prinzipiell nur als Totalanalyse richtige Aussagen über die Vorteilhaftigkeit öffentlicher Investitionen zuläßt[8]. Der Opportunitätskosten-Ansatz stellt das bessere Kriterium dar, weil er auch die „externen", d. h. diejenigen ökonomischen Einflüsse berücksichtigt, die bei der Vornahme öffentlicher Investitionen im Zusammenhang mit Unvollkommenheiten der Kapitalmärkte entstehen und außerhalb ihres Preissystems zur Geltung kommen. Zur Bewertung des von einer öffentlichen Investition beanspruchten Kapitals treten im Opportunitätskosten-Ansatz „social opportunity costs" an die Stelle einer vollständig explizierten Totalanalyse. Sie übernehmen die bei vollkommenem Marktmechanismus sonst vom Kapitalmarktzins ausgeübte Funktion eines Bindeglieds zwischen einer öffentlichen Investition und der Gesamtheit aller von dieser verursachten „externen" Entzugseffekte in den privaten Sektoren der Volkswirtschaft.

---

7 Zum Begriffspaar Partial-/Totalanalyse siehe *Schneider*, E., Einführung in die Wirtschaftstheorie, Bd. II, 7. Aufl., Tübingen 1961; im Folgenden zitiert als *Schneider*, Wirtschaftstheorie II; S. 277 ff.

8 Ähnlich auch *Giersch*, H., Diskussionsbeitrag, in: *Lampert*, H., Bericht über die mündlichen Verhandlungen, Stand und Entwicklungsmöglichkeiten der normativen Sozialökonomik, in: SVSP, NF 29 (1963); im Folgenden zitiert als *Giersch*, Diskussionsbeitrag; S. 544.

Drittens werden anschließend die wichtigsten Modelle zur quantitativen Bestimmung dieser „social opportunity costs" dargestellt sowie ihre Hypothesen und impliziten Annahmen herausgearbeitet. Auch mit der Kritik setzen wir uns auseinander, die in der Literatur an diesen Modellen vorgebracht worden ist.

Verschiedene Arten der realwirtschaftlichen Aufbringung öffentlicher Mittel haben kontraktive Wirkungen unterschiedlicher Stärke auf den Einkommenskreislauf und somit auf das Wachstum des Volkseinkommens[9]. Die Wahl der Finanzierungsart öffentlicher Investitionen kann daher via güterwirtschaftliche Entzugseffekte Wirkungsketten unterschiedlicher Intensität und Richtung im gesamtwirtschaftlichen Einkommenskreislauf erzeugen. Da die Opportunitätskosten-Modelle diesen finanzierungsbedingten externen Effekten bisher nur unzureichend Rechnung tragen, wird gezeigt, wie die „social opportunity costs" von alternativen Aufbringungsarten (Anleihen-, Gebühren- und Steuerfinanzierung) abhängen. Die hierbei gewonnenen Einsichten führen zu einer Modifikation des Opportunitätskosten-Ansatzes.

Das Ziel, das wir uns gesetzt haben, besteht darin, die Vorteilhaftigkeitskriterien der GNKA auf Konsistenz mit höherrangigen Zielvorstellungen gesamtwirtschaftlicher Optimalität zu untersuchen. Hierzu bedarf es gesamtwirtschaftlicher Zielfunktionen. Diese sind in verschiedenen Effizienzkonzepten der ökonomischen Theorie enthalten.

Zunächst jedoch werden diejenigen theoretischen Konzepte eingeführt und problemgerecht interpretiert, die die gedankliche Leitlinie für die gesamte Untersuchung bilden sollen, nämlich Suboptimierung und unvollständige Optimierung.

## § 2. Die Ableitung der verwendeten theoretischen Grundkonzepte

### 1. Gesamtwirtschaftliche Optimierung als Anwendungsfall der unvollständigen Optimierung

#### *1.1. Zum Begriff der unvollständigen Optimierung*

Das Begriffsschema der unvollständigen Optimierung wurde von McKean und Hitch in die Unternehmensforschung eingeführt, um eine genauere Beschreibung des Grades der Unvollständigkeit der Optimierung eines Entscheidungsproblems zu erreichen, als es bis dahin mög-

---

[9] Siehe z. B.: *Schneider*, E., Einführung in die Wirtschaftstheorie, Bd. III, 6. Aufl., Tübingen 1961; im Folgenden zitiert als *Schneider*, Wirtschaftstheorie III; S. 245 ff. und S. 268 ff., sowie *Michel*, H., Zur Beeinflussung des Wachstumsprozesses einer Volkswirtschaft durch staatliche Maßnahmen, Berlin und Frankfurt 1965, Teil B, Kap. III.

lich war[10]. Vollständige Optimierung liegt immer dann vor, wenn eine Entscheidungseinheit alle möglichen Allokationen ihrer Ressourcen simultan in ihrem Kalkül berücksichtigt. M.a.W.: Alle möglichen Alternativen dieser Entscheidungseinheit und alle möglichen Aufteilungen ihrer Ressourcen auf die möglichen Alternativen müssen im Ansatz erfaßt werden. Dies erfordert einmal die Berücksichtigung der Auswirkungen aller nicht von dieser Entscheidungseinheit kontrollierten Ereignisse sowie das Auftreten der Ereignisse selbst, und zum anderen die Maximierung einer Zielfunktion dieser Entscheidungseinheit unter gewissen Ausgangsrestriktionen.

In der Realität nun ist jede Optimierung unvollständig, und zwar aus drei elementaren Gründen:

1. Wegen unvollständiger Erfassung des Sachbereiches der Optimierung, da nicht alle für diese Entscheidungseinheit relevanten Alternativen gleichzeitig erfaßt und verglichen werden können: „Interne Unvollständigkeit der Entscheidungsgrundlagen",
2. wegen der Unmöglichkeit, mehr als nur ein paar Annahmen über das Auftreten der nicht von dieser Entscheidungseinheit kontrollierten Ereignisse im Kalkül zu berücksichtigen: „Externe Unvollständigkeit der Entscheidungsgrundlagen", und
3. wegen der Notwendigkeit, ein unvollständiges Entscheidungskriterium wählen zu müssen, weil die eigentlich zu maximierende Größe nicht vollständig in eine operationale Zielfunktion gefaßt werden kann: „Unvollständige Zielansprache".

Dieses Schema der unvollständigen Optimierung wird nun auf das Problem der gesamtwirtschaftlichen Optimierung einer Volkswirtschaft angewendet.

### *1.2. Die Unvollständigkeit der gesamtwirtschaftlichen Optimierung*

Stellen wir uns eine nationale Planungsbehörde vor, deren Aufgabe es ist, gesamtwirtschaftliche Optimierungsprobleme einer Volkswirtschaft zu lösen. Das gesamte ökonomische System dieser Volkswirtschaft sei der Sachbereich der Optimierung dieser Entscheidungseinheit. Dieser läßt sich gedanklich in zwei Teilbereiche zerlegen, in den Produktions- und in den Tauschbereich der Volkswirtschaft. Die Planungsbehörde kenne nur drei Konzepte der gesamtwirtschaftlichen Optimalität einer Volkswirtschaft, nämlich das der technischen, das der allo-

---

[10] *McKean*, R. N., Suboptimization Criteria and Operations Research, Santa Monica 1953; im Folgenden zitiert als *McKean*, Suboptimization; und *Hitch*, C., Suboptimization in Operations Problems, Santa Monica 1952.

kativen und das der sozialökonomischen Effizienz[11]. Jedes Effizienzkonzept gründet auf einem Optimalitätskriterium, das in einem Optimierungsmodell formalisiert wird. Dessen Hauptbestandteile sind eine gesamtwirtschaftliche Zielfunktion und ein Satz von Nebenbedingungen, durch den das ökonomische System charakterisiert wird. Als Ergebnis des Optimierungskalküls resultieren gewisse Optimalitätsbedingungen, die angeben, wann das fragliche Optimalitätskriterium erfüllt ist.

Dem Optimalitätskonzept der sozialökonomischen Effizienz soll eine individualistische ökonomische Wohlfahrtsfunktion zugrunde liegen[12]. Diese gestattet es, explizite Optimalitätsbedingungen für die Einkommensverteilung abzuleiten; diese implizieren entsprechende Bedingungen für die beiden Teilbereiche des ökonomischen Systems. Auf einer Wohlfahrtsfunktion des gleichen Typs basiert auch das Optimalitätskonzept der allokativen Effizienz, doch sind interpersonale Nutzenvergleiche jetzt unzulässig. Die Einkommensverteilung kann deswegen nicht mehr unabhängig optimiert werden. Ihre Optimalität ist das Nebenprodukt einer Optimierung, in die die Einkommensverteilung nicht mehr als selbständiges Ziel eingeht. Unter der dem Optimalitätskonzept der technischen Effizienz zugrunde liegenden Zielsetzung maximaler Nettoproduktion schließlich werden nur noch Optimalitätsbedingungen für den Produktionsbereich abgeleitet.

Ein Blick auf die drei möglichen Ursachen unvollständiger Optimierung zeigt, daß die externe Unvollständigkeit der Entscheidungsgrundlagen keine Basis für eine Rangordnung dieser Optimalitätskonzepte abgibt, denn im Prinzip trifft sie immer zu. Dagegen eignen sich die erste und dritte Ursache ausgezeichnet dazu, die Vollständigkeit der gesamtwirtschaftlichen Optimierung, die unter diesen drei Konzepten erreichbar ist, genauer zu umreißen. Es ist der Grad der Unvollständigkeit der zugrunde liegenden gesamtwirtschaftlichen Zielfunktionen, nach dem wir diese Optimalitätskonzepte ordnen können.

Im Fall der sozialökonomischen Effizienz ist die ökonomische Wohlfahrtsfunktion vollständig spezifiziert und kann deswegen eine gleichzeitige Optimalität der Einkommensverteilung sowie des Produktions-

---

11 Zur Begründung der gewählten Terminologie siehe S. 20; zu diesen drei Effizienzkonzepten siehe *Samuelson,* P. A., Foundations of Economic Analysis, Cambridge (Mass.) 1947; Nachdruck Atheneum Paperbacks, New York 1965; im Folgenden zitiert als *Samuelson,* Foundations; Chapt. VIII.

12 Zum Begriff der ökonomischen Wohlfahrtsfunktion siehe *Bergson,* A., A Reformulation of Certain Aspects of Welfare Economics, in: QJE, vol. 52 (1938), wieder abgedruckt in: *Bergson:* A., Essays in Normative Economics, Cambridge (Mass.) 1966; im Folgenden zitiert als *Bergson,* Reformulation; S. 4 f. Zum individualistischen Typ gehört eine ökonomische Wohlfahrtsfunktion dann, wenn in ihr einzig die individuellen Präferenzen „zählen".

und des Tauschbereichs der Volkswirtschaft definieren. Die sozialökonomische Effizienz stellt daher das vollständigste Konzept dar. Bei der allokativen Effizienz hingegen ist die ökonomische Wohlfahrtsfunktion wegen des Ausschlusses interpersonaler Nutzenvergleiche unvollständig spezifiziert. Dieses Konzept ist daher unvollständiger als das der sozialökonomischen Effizienz, obwohl es eine gleichzeitige Optimalität für beide Teilbereiche der Volkswirtschaft definieren kann. Die technische Effizienz schließlich ist das unvollständigste aller drei Konzepte, weil sie nur auf einer partialen Zielfunktion beruht, da der Sachbereich der Optimierung nicht mehr vollständig erfaßt wird.

Als Fazit ergibt sich aus diesem Vergleich eine eindeutige Rangfolge der drei Effizienzkonzepte. Diese entspricht genau drei Graden der Unvollständigkeit der gesamtwirtschaftlichen Optimierung einer Volkswirtschaft: Bei technischer Effizienz wird der Produktionsbereich, bei allokativer Effizienz werden Produktions- und Tauschbereich optimiert; im ersten Fall besteht eine interne Unvollständigkeit der Entscheidungsgrundlagen, im zweiten nicht. Es gibt jedoch unendlich viele Optima, da die gesamtwirtschaftliche Zielfunktion in beiden Fällen unvollständig ist, und sie nur eine vollständige *Halb*ordnung über alle möglichen Zustände definieren kann[13]. Bei sozialökonomischer Effizienz werden auch Produktions- und Tauschbereich optimiert, jedoch gibt es jetzt nur einen einzigen, gesamtwirtschaftlich „besten" Zustand. In diesem Fall ist die Zielansprache vollständig, und es besteht keine interne Unvollständigkeit der Entscheidungsgrundlagen.

Die Abweichung unserer Bezeichnungsweise von der in der Wohlfahrtstheorie üblichen bedarf der Rechtfertigung. Übergeordneter Gedanke bei der Wahl der Bezeichnung wie bei der Begriffsbildung ist die Unvollständigkeit der gesamtwirtschaftlichen Optimierung. Da die für das Konzept der allokativen Effizienz gängige Bezeichnung Pareto-Optimum bzw. -Optimalität ganz zu Unrecht suggeriert, es gäbe nur ein einziges derartiges Optimum, und auch um die terminologische Einheitlichkeit zu wahren, wird das Konzept der Pareto-Optimalität in Anlehnung an Koopmans allokative Effizienz genannt[14]. Zur Bezeichnung der gleichzeitigen Optimalität von Produktions- und Tauschsphäre einer Volkswirtschaft verwenden wir deshalb statt des Ausdrucks „Pareto-Optimum" bzw. des Adjektivs „Pareto-optimal" die etwas umständliche, aber dafür präzise Umschreibung „Zustand der allokativen Effizienz" bzw. „allokativ-effizient".

---

13 Zur Begriffssystematik logischer Ordnungsrelationen dieser Art siehe *Debreu*, G., Theory of Value, New York, London und Sidney, 3. Aufl., 1965, S. 8.

14 *Koopmans*, T. C., Allocation of Resources and the Price System, in: *Koopmans*, T. C., Three Essays on the State of Economic Sciences, New York 1957; im Folgenden zitiert als *Koopmans*, Allocation of Resources; S. 49.

Der Terminus sozialökonomische Effizienz erscheint uns als eine natürliche Variante des allgemeinen Effizienzbegriffs zweckmäßig und auch gerechtfertigt. Da die Zielfunktion hier vollständig ist, führt die gesamtwirtschaftliche Optimierung unter gewissen, generell vorausgesetzten Regularitätseigenschaften der Funktionen immer nur zu einem einzigen und eindeutigen Zustand sozialökonomischer Effizienz. Dieser wird sozialökonomisches Optimum benannt. Im Gegensatz zu Gierschs Vorgehen, der unter dieser Bezeichnung die Bedingungen Pareto-optimaler Allokation ableitet, sind in diesem Terminus hier die Optimalitätsbedingungen der Einkommensverteilung jedoch nicht ausgeklammert[15]. Nur wenn auch die Einkommensverteilung explizit optimiert wird, halten wir die Verwendung des Terminus *sozial*ökonomisch für zulässig.

## 2. Suboptimierung als Spezialfall der unvollständigen Optimierung

### *2.1. Das Konzept der Suboptimierung*

Im Folgenden werden mehrstufige, dezentralisierte Entscheidungsprozesse betrachtet[16], und Suboptimierung wird definiert als unvollständige Optimierung auf einem Entscheidungsniveau, das nicht das ranghöchste des dezentralisierten Entscheidungssystems ist: "Suboptimization ... means the process of choosing among a relatively narrow list of operations or resource allocations by an administrative level other than the highest"[17]. Dieser neue Aspekt der dezentralisierten Vornahme von Entscheidungen rechtfertigt es, diesen Spezialfall unvollständiger Optimierung mit einem besonderen Terminus zu belegen.

Abgesehen von der externen Unvollständigkeit der Entscheidungsgrundlagen stellt jede Suboptimierung deshalb nur eine unvollständige Optimierung dar, weil die verwendeten Optimierungskriterien, auf denen die getroffenen Entscheidungen beruhen, unvollständige Kriterien sind, insofern sie nur dem engen Sachbereich nachgeordneter Entscheidungseinheiten angemessen sind. M.a.W., ein Suboptimierungskriterium (SOK) erfaßt jeweils nur einen Teilbereich des gesamten Optimierungsproblems. Dieser wird durch die Struktur des gesamten Entscheidungsprozesses und durch Inhalt und Zielsetzung der Optimierungsaufgabe der ranghöchsten Entscheidungseinheit determiniert. Die von einer suboptimierenden Entscheidungseinheit gesuchten optimalen Lösungen sind Ergebnisse von " 'suboptimizations' in the sense that

---

[15] *Giersch*, H., Allgemeine Wirtschaftspolitik, Bd. I, Wiesbaden 1966; im Folgenden zitiert als *Giersch*, Wirtschaftspolitik I; S. 106 ff.
[16] *Hitch*, a.a.O., und *McKean*, Suboptimization, S. 10 ff.
[17] *McKean*, Suboptimization, S. 11.

the explicit criteria used are appropriate to a lower (or at least not the highest) level..." des Gesamtsystems[18].

Welche Gründe geben nun überhaupt Anlaß dazu, bei dezentralisierten Entscheidungen SOK'en zu wählen, statt den Entscheidungen nachgeordneter Einheiten ebenfalls das Optimierungskriterium der ranghöchsten Entscheidungseinheit zugrunde zu legen? Oder anders gefragt, warum verwenden nachgeordnete Einheiten eines dezentralisierten Entscheidungssystems andere, „unvollständigere" Kriterien als die ihnen jeweils übergeordnete Einheit?

Grundsätzlich ist es die Komplexität des zu lösenden Gesamtproblems, die dazu führt, daß es — entweder in der Praxis oder prinzipiell — nicht möglich ist, auf einer gegebenen Stufe des Entscheidungsprozesses alle Konsequenzen irgendeiner Aktivität einer Entscheidungseinheit mit dem entsprechenden höherstufigen (Sub)Optimierungskriterium zu berechnen[19]. Denn je komplexer das zu lösende Gesamtproblem, desto schwieriger wird die Koordinierung aller Entscheidungen, und um so unwahrscheinlicher wird es, daß eine nachgeordnete Entscheidungseinheit alle im Gesamtsystem ausgelösten relevanten Interdependenzeffekte ihrer Aktivitäten erkennen, überschauen und in ihrem Suboptimierungskalkül richtig in Rechnung stellen kann. Als weiterer praktischer Grund kommt die Unhandlichkeit der "higher level criteria" hinzu, wenn sie dazu verwendet werden, Teilprobleme auf niedriger Entscheidungsebene zu lösen. Als ein prinzipielles Hindernis einer vollständigen Optimierung erweist sich oft die Unvollständigkeit der Zielansprache. Wenn das eigentliche Ziel der gesamten Optimierungsaufgabe, z. B. die Maximierung der militärischen Schlagkraft oder die des Nutzens, nicht in die Form einer operationalen Zielfunktion gefaßt werden kann, dann muß es in sinnvolle, die grundlegende Zielvorstellung approximierende Subziele zerlegt werden. Erst diese können von nachgeordneten Entscheidungseinheiten in Gestalt handhabbarer, aber unvollkommener Optimierungskriterien verfolgt werden.

Für die Wirksamkeit eines dezentralisierten Entscheidungssystems ist die Wahl des „richtigen" Suboptimierungskriteriums ein ausschlaggebener Faktor. Denn wenn das SOK einer Entscheidungseinheit nicht mit dem (Sub)Optimierungskriterium der ihr übergeordneten Entscheidungseinheit harmoniert, dann besteht Gefahr, daß dadurch die Zielsetzung der übergeordneten Entscheidungseinheit torpediert wird. Damit kann natürlich auch die Lösung der gesamten Optimierungsaufgabe in Frage gestellt werden.

---

18 *Hitch,* a.a.O., S. 1.

19 Zum Folgenden siehe *McKean,* Suboptimization, S. 12 ff., und die Vielzahl konkreter Beispiele bei *Hitch,* a.a.O.

Da hier noch nicht auf bestimmte ökonomische Entscheidungseinheiten, z. B. den Staat, oder auf spezifisch geartete Optimierungsobjekte, z. B. öffentliche Investitionen, abgestellt werden soll, sei zunächst nur eine allgemeine Konsistenzbedingung für SOK'en formuliert: Ein SOK einer Entscheidungseinheit ist dann mit einem höherrangigen (Sub)-Optimierungskriterium konsistent, wenn es alle von den Aktivitäten dieser Entscheidungseinheit ausgelösten, direkten und indirekten Wirkungen, sowohl die innerhalb ihres eigenen Sachbereichs verursachten, wie auch die außerhalb ihres Sachbereichs im Gesamtsystem auftretenden, in derselben Weise erfaßt und bewertet wie das höherrangige Kriterium, würde es alle diese Wirkungen explizit berücksichtigen[20]. Diese Definition von Konsistenz stellt keine Tautologie dar, denn es genügt, daß das Optimierungskriterium irgendeiner höheren Entscheidungsstufe bzw. -einheit als „gegeben" akzeptiert wird. Die Konsistenz der SOK'en stellt folglich eine fundamentale Voraussetzung für die Wirksamkeit eines dezentralisierten Entscheidungssystems dar. Dieser kann nur Genüge getan werden, wenn der gesamte Entscheidungsprozeß auf mögliche Inkonsistenzen überprüft wird. Sind diese erkannt, ist festgestellt, in welchen Faktoren sie auftreten, und sind ihre Ursachen lokalisiert, dann muß das betreffende, inkonsistente SOK zweckmäßig korrigiert werden.

### 2.2. *Suboptimierung in der Nationalökonomie*

Das ökonomische System einer Volkswirtschaft kann als ein komplexer mehrstufiger Optimierungsprozeß interpretiert werden, bei dem sich gedanklich grundsätzlich zwei Optimierungsbereiche unterscheiden lassen, der der mikroökonomischen und der der makroökonomischen Optimierung. Alle Marktprozesse gehören z. B. zum makroökonomischen Optimierungsbereich, und auch die drei Effizienzkonzepte beziehen sich auf makroökonomische Optimierungsprobleme. Haushalte und Unternehmungen dagegen gehören zu den mikroökonomischen Entscheidungseinheiten. Auch ihre Optimierungen bestehen generell aus mehrstufigen sukzessiven Prozessen. Zum Beispiel wird in der Theorie der Unternehmung angenommen[21], daß eine Firma zuerst ihre Minimalkostenkombination ausrechnet, bevor sie ihre Gewinne maximiert. Die Kosten werden aber nicht allein von der Unternehmung bestimmt;

[20] Ähnlich auch Tinbergen, der ein SOK als inkonsistent betrachtet, „when the effects of the instruments it handles (Kontrollvariable der Entscheidungseinheit, Verf.) are to be found outside its own realm"; *Tinbergen*, J., On the Theory of the Optimum Regime, in: *Tinbergen*, J., Selected Papers, Amsterdam 1959; im Folgenden zitiert als *Tinbergen*, Optimum Regime; S. 294.

[21] Vgl. *Lipsey*, R. C. und K. *Lancaster*, The General Theory of Second Best, in: REStu, vol. 24 (1956/57); im Folgenden zitiert als *Lipsey/Lancaster*, General Theory; S. 31.

ihre Mengenkomponente wird von den mikroökonomischen Optimierungskalkülen der Faktorbesitzer, ihre Wertkomponente, die Faktorpreise, durch einen makroökonomischen Marktprozeß beeinflußt. Der Bereich der mikroökonomischen steht daher mit dem der makroökonomischen Optimierung in engem Zusammenhang.

Da wir im Folgenden nur die mikroökonomisch-einzelwirtschaftliche und die höchste makroökonomische Ebene, die der gesamtwirtschaftlichen Optimierung betrachten, wird die Vielstufigkeit des volkswirtschaftlichen Optimierungsprozesses auf zwei Stufen reduziert. Wenn nun eines der drei im vorigen Abschnitt genannten gesamtwirtschaftlichen Optimalitätskonzepte als makroökonomische Zielvorstellung postuliert wird, dann können die Entscheidungskriterien, die die Konsumenten und die Unternehmungen bei Verfolgung ihrer jeweiligen Zielsetzungen zugrunde legen, als SOK'en interpretiert werden. *Will* man das gesamtwirtschaftliche Optimum erreichen, dann *müssen* die einzelwirtschaftlichen Entscheidungsfunktionen aller Wirtschaftssubjekte konsistent spezifiziert werden. Konsumenten und Unternehmungen, aber auch der öffentliche Investor, sind aus dieser Sicht suboptimierende Entscheidungseinheiten. Es stellt sich die Frage, unter welchen Bedingungen ihre SOK'en mit dem jeweils angenommenen gesamtwirtschaftlichen Optimalitätskriterium konsistent sind.

Das beschriebene Problem ist, einmal enger, manchmal weiter formuliert, seit langem Gegenstand theoretischer Untersuchungen in der Nationalökonomie gewesen. Alle Konsistenzüberlegungen dieser Art können als ein eigenständiger Teilbereich der ökonomischen Theorie gesehen werden, in dem — im Großen und Ganzen — "an analysis of the relations between suboptimizing at two levels — a lower and a higher — and specifically of the consequences in terms of a higher level criterion of actions dictated by alternative lower level criteria" angestrebt wird[22]. Tinbergen hat diesem Gebiet die Bezeichnung „Theorie des optimalen Regimes“ gegeben[23].

Eine Untersuchung der Konsistenz einzelwirtschaftlicher SOK'en muß von gegebenen gesamtwirtschaftlichen Optimalitätsbedingungen ausgehen. Diese werden nun aus den drei genannten Effizienzkonzepten entwickelt.

---

[22] *Hitch*, a.a.O., S. 10, der hier allerdings noch von einem älteren, die unvollständige Optimierung mitumfassenden Begriff der Suboptimierung ausgeht.

[23] Vgl. *Tinbergen*, Optimum Regime, und siehe die dort in der Literaturübersicht auf S. 264 f. genannten Theoretiker dieser Richtung. Tinbergen selbst beschäftigt sich in diesem Aufsatz mit makroökonomischen Suboptimierungsproblemen, nämlich mit der Frage, nach welchen Kriterien bei gegebener Wohlfahrtsfunktion das optimale Wirtschafts-, Steuer- und Sozialversicherungssystem sowie die optimale Größe des öffentlichen Sektors u. Ä. bestimmt werden sollte.

## § 3. Statische Kriterien gesamtwirtschaftlicher Optimalität

Der Grad der Unvollständigkeit der gesamtwirtschaftlichen Optimierung hängt insbesondere von der gewählten Zielfunktion ab. Gehen nur die Güter- bzw. Faktormengen in sie ein, d. h. wird nur die gesamtwirtschaftliche (Netto)Produktion maximiert, dann beschränkt sich die Optimierung auf die technische Effizienz. Sind in der Zielfunktion dagegen die individuellen Präferenzen der Wirtschaftssubjekte, indirekt auch die Gütermengen, enthalten, dann werden Produktions- und Tauschsphäre simultan optimiert, und es sind zwei Fälle zu unterscheiden: Wenn interpersonale Nutzenvergleiche unzulässig sind, dann beschreibt ein Maximum dieser Zielfunktion nur einen Zustand der allokativen Effizienz einer Volkswirtschaft. Sind sie zulässig, und besitzt man die benötigten zusätzlichen ethischen Wertprämissen, um die ökonomische Wohlfahrtsfunktion vollständig spezifizieren zu können, dann resultiert sozialökonomische Effizienz, das vollständigste gesamtwirtschaftliche Optimum.

Das makroökonomische Konzept der technischen Effizienz stellt eine auf den gesamten Produktionsbereich der Volkswirtschaft bezogene Variante eines elementaren Prinzips der ökonomischen Theorie dar, nämlich des der Wirtschaftlichkeit. Technische Effizienz ist also eine Eigenschaft der Produktion; sie entspricht inhaltlich hier der Grunddefinition der globalen volkswirtschaftlichen Produktivität[24]. Die beiden anderen Effizienzkonzepte sind in der Wohlfahrtsökonomie entwickelt worden[25]. Das Konzept der allokativen Effizienz konnte sich in der angewandten Ökonomie der westlichen Hemisphäre durchsetzen, obgleich die implizierten ethischen Wertprämissen nicht unkontrovers sind[26]. Die sozialökonomische Effizienz dagegen konnte bisher kaum zu mehr als einem logisch-gedanklichen Hilfsinstrument der theoretischen Analyse entwickelt werden, weil es bislang zu keinem vernünftigen Konsensus über die Wahl der benötigten, „stärkeren“ ethischen Normen gekommen ist[27].

---

[24] Vgl. *Reuss*, G. E., Produktivitätsanalyse, Basel und Tübingen 1960, S. 5 ff.

[25] Einen guten Überblick über die Welfare Economics bieten *Mishan*, E. J., A Survey of Welfare Economics, 1939 - 1959, in: Surveys of Economic Theory, vol. I, New York 1967; im Folgenden zitiert als *Mishan*, Survey; S. 154 ff., und auch *Ehlert*, H., Kritische Untersuchung der neueren Welfare Economics, Göttingen 1968.

[26] Vgl. hierzu *Nath*, S. K., Are Formal Welfare Criteria Required: in: EJ, vol. 74 (1964), S. 548 ff.

[27] Vgl. *Arrow*, K. J., Social Choice and Individual Values, New York, London und Sidney 1963, *Rothenberg*, J., The Measurement of Social Welfare, New York 1961, *Coleman*, J. S., The Possibility of a Social Welfare Function, in: AER, vol. 56 (1966), S. 1105 ff., und *Tullock*, G., The General Irrelevancy of the General Impossibility Theorem, in: QJE, vol. 81 (1967), S. 256 ff.

Im Folgenden werden die Optimierungsmodelle eingeführt, die diesen drei Effizienzkonzepten im Prinzip jeweils zugrunde liegen, und die zugehörigen Optimalitätsbedingungen ausführlich diskutiert. Auf theoretische Details und Beweise werden wir dabei nicht eingehen, da dies ebenso außerhalb unserer Aufgabenstellung liegt, wie eine umfassendere kritische Würdigung dieser Optimalitätskonzepte. Da die GNKA grundsätzlich auf den Optimalitätsvorstellungen der allokativen Effizienz aufbaut, wird dieses Effizienzkonzept am ausführlichsten dargestellt. Dies bedeutet jedoch keine große Einschränkung, da das jeweils vollständigere Effizienzkriterium das weniger vollständige umfaßt[28]. Die sozialökonomische Effizienz wird nur noch in die Darstellung miteinbezogen, um die Unvollständigkeit der beiden anderen Optimalitätskriterien zu demonstrieren. Denn wegen der Umstrittenheit der erforderlichen Wertprämissen stellt es keine tragfähige Basis für die GNKA dar.

Jedes der drei Optimierungsmodelle liefert nur die seiner Zielfunktion und den zugehörigen Prämissen und Restriktionen entsprechenden gesamtwirtschaftlichen Optimalitätsbedingungen, nicht aber Verhaltensregeln oder Strategien für einen Weg, auf dem sich eine Volkswirtschaft diesem Optimum annähern könnte oder sollte. Auch sind keine „institutionellen" Prämissen wie zum Beispiel über den Typ der Volkswirtschaft, über Marktformen, die Organisation der Produktion u. Ä., impliziert.

### 1. Zum Begriff der technischen Effizienz

Dieses Konzept gehört zum Instrumentarium der Allokationstheorie und dient dazu, die Ergiebigkeit gegebener volkswirtschaftlicher Ressourcen bei der Erzeugung von Endprodukten in den Griff zu bekommen[29]. Dabei werden grundsätzlich (wenigstens) drei Güterarten unterschieden: Es gibt Primärfaktoren, d. h. Güter, die nicht im ökonomischen System erzeugt, sondern von der „Natur" in begrenzter Menge zur Verfügung gestellt werden, Zwischenprodukte, d. h. Güter, die im „System" produziert und zur Produktion anderer Güter benötigt werden, und Endprodukte, d. h. Güter, deren Herstellung das erklärte Ziel der Produktionstätigkeit darstellt.

---

[28] *Samuelson*, Foundations, S. 246.

[29] Zum Folgenden siehe die grundlegende Arbeit von *Koopmans*, T. C., Analysis of Production as an Efficient Combination of Activities, in: Production and Allocation, New York 1951; im Folgenden zitiert als *Koopmans*, Analysis of Production; S. 33 ff., und ders., Allocation of Resources, a.a.O., S. 83 f., sowie *Dorfman*, R., *Samuelson*, P. A. und R. *Solow*, Linear Programming and Economic Analysis, New York, London und Toronto 1958; im Folgenden zitiert als *Dorfman/Samuelson/Solow*; S. 392 ff., auf die wir uns hauptsächlich stützen.

In diesem Modell wird die Existenz von Zwischenprodukten aber nicht ausdrücklich berücksichtigt, weil aus volkswirtschaftlicher Sicht nur die Primärfaktoren gesamtwirtschaftliche Kosten darstellen. Es gibt $n$ Endprodukte $X_i$ ($i = 1, \ldots, n$), und jeder Endproduktvektor $(X_1, \ldots, X_n)$ definiert ein mögliches Produktionsprogramm $(X) = (X_1, \ldots, X_n)$.

Die volkswirtschaftlichen Produktionsmöglichkeiten werden durch die Menge aller möglichen Elementarprozesse angegeben, wobei ein Elementarprozeß durch einen Satz charakteristischer Produktionskoeffizienten definiert wird.

Ein mögliches Produktionsprogramm heißt nun zulässig, wenn es mit den konstant vorgegebenen Ressourcen und mit dem vorhandenen, als konstant angenommenen technischen Wissen produzierbar ist. Unter diesem wird der Stand der volkswirtschaftlichen Produktionsmethoden u. Ä. verstanden, d. h. die installierte Technologie. Ihre Eigenschaften werden in drei produktionstheoretischen Annahmen erfaßt, der konstanter Skalenerträge, der abnehmender Grenzarten der Substitution und alternativ, der strikter Konvexität oder Linearität[30]. Der Prämisse der Existenz unendlich vieler Elementarprozesse (kontinuierliche Faktorsubstitution) entspricht ein punktkonvexer Bereich volkswirtschaftlicher Produktionsmöglichkeiten (production possibility set), daher „strikt-konvexe Technologie", der der nur endlich vieler Elementarprozesse (Prozeßsubstitution) ein polyedrischer Produktionsbereich, daher „lineare Technologie".

Das Ziel der gesamtwirtschaftlichen Optimierung ist es, mit dem gegebenen technischen Wissen und den vorhandenen Ressourcen so viel wie möglich von jedem Endprodukt herzustellen. Die gesamtwirtschaftliche Zielsetzung lautet daher: Maximiere

$$(X) = (X_1, \ldots, X_n) \tag{3.1}$$

unter den (hier nicht explizierten) Nebenbedingungen gegebener Technologie und Ressourcen. Es handelt sich um ein Vektormaximierungsproblem, dessen Lösung unterschiedliche Verfahren erfordert, je nachdem, welche der alternativen produktionstheoretischen Annahme über die Technologie gemacht wurde[31]. Die Lösung erfüllt das folgende

---

[30] Zur Definition konstanter Skalenerträge und der Grenzrate der Substitution (Transformation) siehe *Allen*, R. G. D., Mathematical Economics, 2. Aufl., London 1963; im Folgenden zitiert als *Allen*, Economics; S. 334.

[31] Bei linearer Technologie bedient man sich der Linearen Programmierung; siehe *Dorfman/Samuelson/Solow*, a.a.O., S. 399 ff.; bei strikt-konvexer Technologie eines generalisierten Lagrange-Ansatzes; vgl. *de Graaff*, J. V., Theoretical Welfare Economics, Cambridge 1956, S. 28 ff. Wir verwenden diese letzte Formulierung auch alternativ bei der allokativen Effizienz; siehe S. 34 f.

Effizienzkriterium: Ein Produktionsprogramm $(X)$ heißt technisch effizient, wenn es

(1.) zulässig ist, und

(2.) es kein anderes zulässiges Programm $(\bar{X})$ gibt, für das gilt:

$$\bar{X}_i \geqq X_i \quad \text{mit} \quad \left\{ \begin{array}{l} \geqq \text{ für alle } i \text{ und} \\ > \text{ für wenigstens ein } i \end{array} \right\} \quad \text{und} \tag{3.2}$$

$$X_i \geqq 0 \quad \text{für alle } i \; .$$

M.a.W.: $(X)$ ist dann effizient, wenn es von keinem anderen zulässigen Programm dominiert wird. D. h., es darf kein anderes existieren, in dem von allen Endprodukten wenigstens gleich viel, von einem aber mehr enthalten ist. Umgekehrt bedeutet ein effizientes Produktionsprogramm, daß eine Erhöhung des Outputs eines Endproduktes nur durch Verringerung eines anderen zu erzielen ist.

Da (3.1) eine unvollständig spezifizierte Zielfunktion ist und nur eine vollständige Halbordnung über alle zulässigen Produktionsprogramme definieren kann, gibt es immer eine unendliche Anzahl effizienter Programme. Immer, das heißt hier unabhängig vom gewählten Satz produktionstheoretischer Annahmen, denn eine auf ein einziges Gut degenerierte Lösung ist annahmegemäß ausgeschlossen.

Die unendliche Anzahl effizienter Produktionsprogramme läßt sich nun in einer impliziten Funktion formalisieren:

$$G(X_1, \ldots, X_n) = 0 \; , \tag{3.3}$$

der sogenannten volkswirtschaftlichen Transformationsfunktion. Diese beschreibt den geometrischen Ort aller effizienten Produktionsprogramme. Auf diesem, volkswirtschaftliche Effizienzkontur genannten „Rand" des production possibility set liegt daher die Gesamtheit aller einer Volkswirtschaft technologisch-ressourcenmäßig offen stehenden, effizienten Produktionsmöglichkeiten.

Die graphische Darstellung dieser Effizienzkontur für den Fall zweier Endprodukte gewinnt man aus der Transformationsfunktion $G$, indem die Outputs von $(n - 2)$ Endprodukten konstant gehalten werden. Für alternativ vorgegebene Outputmengen des Endproduktes $X_{n-1}$ gibt (3.3) dann die jeweils maximal produzierbare Menge $X_n$ an — vgl. Fig. 1 a und Fig. 1 b.

Die für ein beliebig gegebenes effizientes Programm $(X)$ durch eine zugehörige Stützhyperebene des production possibility set — im Zwei-Güter-Fall: durch die Steigung der Tangente $T$ an die Effizienzkontur $GG'$ — bestimmten, ein- oder mehrdeutigen gesamtwirtschaftlichen

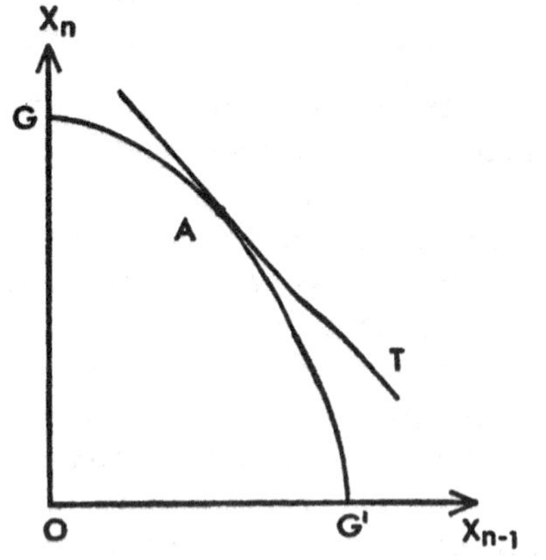


Fig. 1a. Strikt-konvexe Technologie

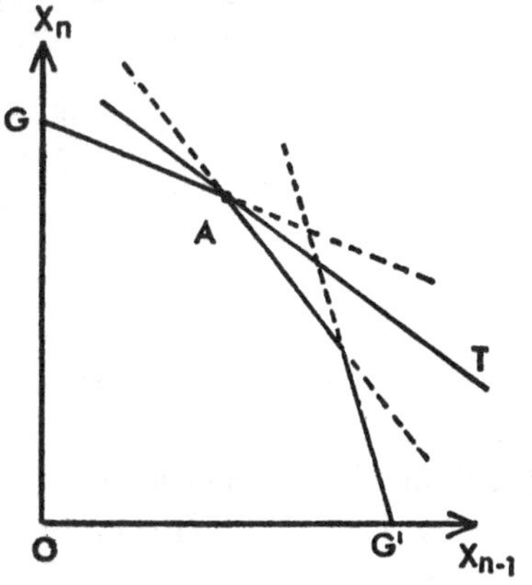


Fig. 1b. Lineare Technologie (drei Primärfaktoren)

Grenzraten der effizienten Transformation definieren für je zwei Endprodukte sogenannte reale Opportunitätskosten. Eine gesamtwirtschaftliche Grenzrate der Transformation mißt daher "the marginal cost of one of the goods in terms of the other"[32]. M.a.W.: Bei gegebener Technologie und Ressourcen sind einem jeden effizienten Produktionsprogramm implizit bestimmte, ausschließlich durch die relative Knappheit der Primärfaktoren determinierte „Effizienzpreise" zugeordnet. Dabei ist unter relativer Knappheit hier ein Ausdruck für die unterschiedliche Beanspruchung der Primärfaktoren durch die verschiedenen Endprodukte im Verhältnis zu ihrer Verfügbarkeit zu verstehen.

Sowohl bei strikt-konvexer wie auch bei linearer Technologie kann, dies bewirkt die Annahme abnehmender Grenzraten der Substitution, eine Transformation von $X_n$ in $X_{n-1}$ nur zu steigenden realen Opportunitätskosten durchgeführt werden, d. h. die Grenzrate der Transformation sinkt. Steht der Volkswirtschaft eine unendliche Anzahl von Produktionsprozessen zur Verfügung, dann steigen die Opportunitätskosten stetig; bei nur endlicher Anzahl ist (effiziente) Endprodukttransformation auch bei bereichsweise konstanten, aber von Bereich zu Bereich immer steigenden gesamtwirtschaftlichen Kosten möglich. Auf die bei linearer Technologie mögliche Ausnahme konstanter Opportunitätskosten, verursacht durch die Leontief-Annahme nur eines Produktionsprozesses für jedes Gut, sei hingewiesen. Diese Annahme, die alternativ auch so aufgefaßt werden kann, als wären beliebig viele

---

[32] *Samuelson*, Foundations, S. 223 f.

Prozesse für jedes Gut verfügbar und ein Primärfaktor knapp, interessiert uns in diesem allgemeinen Zusammenhang aber nicht weiter.

Da wir unserer Darstellung des Konzepts der allokativen Effizienz eine strikt-konvexe Technologie zugrunde legen, werden die Optimalitätsbedingungen nur für diese weiter verfolgt[33]. Hier gibt es für ein beliebiges effizientes Programm, z. B. das den Punkt *A* realisierende (Fig. 1 a), nur jeweils eine einzige Stützhyperebene. Alle zugehörigen Grenzraten der Transformation sind eindeutig determiniert und weisen ein relatives Minimum auf[34]. Dieses ist relativ im Hinblick auf das gerade realisierte effiziente Produktionsprogramm, bzw. im Hinblick auf dessen Zusammensetzung. M.a.W.: Wenn ein beliebig gegebenes, zulässiges Produktionsprogramm $(X)$ effizient ist, dann erreichen alle zugehörigen realen Opportunitätskosten ein relatives Minimum. Und weiter: Jede dieser Grenzraten der Transformation impliziert einen Satz gesamtwirtschaftlicher Grenzraten der effizienten Substitution, für je zwei Primärfaktoren (Faktoren/Endprodukte) eine. Im „Optimum", d. h. in jedem Punkt auf der Effizienzkontur, sind diese Grenzraten der Substitution für dieselben zwei Primärfaktoren (Faktoren/Endprodukte) überall in der Volkswirtschaft gleich.

Alle Eigenschaften effizienter Produktionsprogramme sind im Konzept der Stützhyperebene des production possibility set impliziert. In der nun folgenden Darstellung der allokativen Effizienz kann die bisher teilweise verwendete mengentheoretische Terminologie ganz zugunsten einer marginaltheoretischen Formulierung aufgegeben werden: Man befindet sich ja schon auf dem Rand des Produktionsbereiches, d. h. von jetzt ab werden ausschließlich effiziente Produktionsprogramme betrachtet.

### 2. Das Modell der allokativen Effizienz

Im Ansatz der allokativen Effizienz eines ökonomischen Systems geht man von dem postulierten Ziel der Befriedigung der Konsumentenbedürfnisse aus[35]. Institutionelle Annahmen über Märkte und Firmen werden dabei nicht gemacht. Gesucht sind gesamtwirtschaftliche Optimalitätsbedingungen, die angeben, wann die Bedürfnisbefriedigung eines jeden Konsumenten maximiert wird.

---

[33] Zu den speziellen, im Prinzip aber ähnlichen Bedingungen bei linearer Technologie siehe *Koopmans,* Allocation of Resources, S. 93 ff.

[34] *de Graaff,* a.a.O., S. 22.

[35] Zur allokativen Effizienz siehe *Koopmans,* Allocation of Resources, Kap. 2, und *de Graaff,* a.a.O., S. 55, dem wir im formalen Ansatz dem Grundgedanken nach folgen.

Das Optimalitätskriterium der allokativen Effizienz, Pareto-Kriterium genannt, lautet in allgemeiner Formulierung: Ein ökonomisches System befindet sich dann im Zustand der allokativen Effizienz, wenn kein Wirtschaftssubjekt durch eine Reallokation der Güter besser gestellt werden kann, ohne daß wenigstens ein anderes schlechter gestellt wird[36]. Daraus folgen sofort zwei selbstevidente Korollare:

(a) Wenn im Zustand allokativer Effizienz eine Reallokation stattfindet, dann wird die Einkommensverteilung nicht unverändert bleiben; und

(b) wenn eine Reallokation stattfindet, ohne daß irgendein Wirtschaftssubjekt schlechter gestellt wird, dann kann der vorherige Zustand nicht optimal gewesen sein.

Das erste enthält eine Aussage über die Folgen einer möglichen Reallokation, das zweite einen Rückschluß aus einer tatsächlich vorgenommenen Reallokation auf den status quo ante.

Nach dieser verbalen Einführung des Pareto-Kriteriums nun zum Optimierungsmodell selbst. Die in der Literatur verwendeten Formulierungen dieses Modells unterscheiden sich nach dem Zweck ihres Ansatzes. Da es uns hier auf eine möglichst allgemeine Darstellung dieses Effizienzkonzepts ankommt, wird das folgende Modell sehr einfach gehalten.

Für jeden Konsumenten $j$ einer Gesamtheit von $M$ Individuen wird eine ordinale individuelle Nutzenfunktion

$$u_j = u_j (x_j) \tag{3.4a}$$

angenommen, mit $x_j = (x_{j1}, \ldots, x_{jn})$, dem Konsumgüterpaket, bestehend aus den $n$ Konsumgütern $x_i$ $(i = 1, \ldots, n)$; der Nutzen hängt ausschließlich von den von diesem Konsumenten selbst konsumierten Gütern ab. Die erbrachten Faktorleistungen jedes Konsumenten werden als negativer Konsum betrachtet und sind deshalb im Güterpaket $x_j = (x_{j1}, \ldots, x_{jn})$, mit negativem Vorzeichen versehen, berücksichtigt. Zwischenprodukte und Nichtarbeitsinputs dagegen gehen nicht in (3.4 a) ein, da sie den Wirtschaftssubjekten keinen unmittelbaren Nutzen stiften bzw. letztere kein Arbeitsleid bedeuten. Die in (3.4 a) zum Aus-

[36] *Jochimsen,* R., Ansatzpunkte der Wohlstandsökonomik, Basel 1961; im Folgenden zitiert als *Jochimsen,* Ansatzpunkte; S. 48; der Grundgedanke hierzu findet sich schon in Paretos Frühwerk, *Pareto,* V., Cours d'Economie Politique, Lausanne 1897, vol. II, S. 104, Ziff. 743, wird jedoch erst im Manuel ausgebaut; ders., Manuel d'Economie Politique, 2. Aufl., Paris 1927, Kap. VI, Ziff. 32 - 51.

druck gebrachte Präferenzstruktur des Konsumenten soll konsistent sein. Die Nutzenfunktion $u_j$ hat die Eigenschaften

(3.4a′) $$\frac{\partial u_j}{\partial x_{ji}} > 0 \quad \text{und} \quad \frac{\partial^2 u_j}{\partial x_{ji}^2} < 0 \qquad \begin{matrix} (i = 1, \ldots, n) \\ (j = 1, \ldots, M) \end{matrix} \; ;$$

d. h. $u_j$ wird als konkave Funktion spezifiziert. Hiermit kommt die Hypothese des abnehmenden individuellen Grenznutzens zum Ausdruck.

Weiter sind eine ökonomische Wohlfahrtsfunktion vom paretianischen Typ gegeben[37]:

(3.4b) $$G(X_1, \ldots, X_n) = 0 \; , \quad \text{mit}$$

(3.4b′) $$\frac{\partial W}{\partial u_j} > 0 \qquad (j = 1, \ldots, M) \; ,$$

sowie eine gesamtwirtschaftliche Transformationsfunktion

(3.4c) $$G(X_1, \ldots, X_n) = 0, \quad \text{mit}$$

(3.4c′) $$X_i = \sum_{j=1}^{M} x_{ji} \qquad (i = 1, \ldots, n) \; ,$$

und den im vorigen Abschnitt eingeführten Annahmen der Technologie, i. e. konstante Skalenerträge, abnehmende Grenzraten der Substitution und der Transformation. $G$ hat daher die Eigenschaften

(3.4c″) $$\frac{\partial X_i}{\partial X_k} \begin{Bmatrix} < \\ > \\ < \end{Bmatrix} 0 \text{ für } \begin{Bmatrix} i, k \text{ als Outputindices} \\ i \text{ als Output-, } k \text{ als Inputindex} \\ i, k \text{ als Inputindices} \end{Bmatrix}$$

$$(i, k = 1, \ldots, n) \; .$$

Die Transformationsfunktion ist wegen (3.4 c′) von der Verteilung des Outputs abhängig. Beläßt man es dabei, werden eventuell die für $G$ postulierten Annahmen unhaltbar, denn "in general the distribution of outputs among final consumers will affect the efficiency of labour — which means that it will affect the classification of inputs"[38]. Um diese unerwünschten Wirkungen auszuschließen, muß die Hypothese der Verteilungsunabhängigkeit der gesamtwirtschaftlichen Transformationsfunktion eingeführt werden:

(3.4c‴) $$\frac{\partial G}{\partial X_i} = \frac{\partial G}{\partial x_{ij}} \qquad \begin{matrix} (i = 1, \ldots, n) \\ (j = 1, \ldots, M) \end{matrix} \; .$$

---

[37] Wohlfahrtsfunktionen des paretianischen Typs weisen zwei grundlegende Eigenschaften auf: Es sind erstens individualistische Wohlfahrtsfunktionen, die zweitens die Eigenschaft besitzen, daß "an increase in one man's welfare, the welfare of each of the members of the group remaining the same, leads to an increase in social welfare"; *de Graaff*, a.a.O., S. 9/10.

[38] *de Graaff*, a.a.O., S. 27.

Die Maximierung der ökonomischen Wohlfahrtsfunktion (3.4 b) unter der Restriktion (3.4 c) liefert aus dem Lagrange-Ansatz

(3.5) $$L = W(u_1, \ldots, u_M) - \lambda\, G(X_1, \ldots, X_n)$$

die $(n \cdot M)$ Optimalitätsbedingungen der allokativen Effizienz:

(3.6) $$\frac{\partial W}{\partial u_j} \cdot \frac{\partial u_j}{\partial x_{ji}} - \lambda \frac{\partial G}{\partial X_i} = 0 \qquad \begin{matrix}(i = 1, \ldots, n)\\(j = 1, \ldots, M)\,.\end{matrix}$$

Damit dieses Gleichungssystem ein eindeutiges relatives Maximum definiert, muß angenommen werden, daß die erforderlichen hinreichenden Bedingungen überall erfüllt sind und auch den Totalbedingungen Genüge getan ist. Gleichfalls dürfen nur interne Optima vorkommen, denn anderenfalls müßte das Problem in Form von Ungleichungen angesetzt werden.

Indem $\lambda$ eliminiert wird, läßt sich (3.6) in die gleichwertige Form der Grenzraten bringen:

(3.6′) $$\frac{\partial u_j / \partial x_{ji}}{\partial u_j / \partial x_{jn}} = \frac{\partial G / \partial X_i}{\partial G / \partial X_n} \qquad \begin{matrix}(i = 1, \ldots, n-1)\\(j = 1, \ldots, M)\,.\end{matrix}$$

Diese Gleichungen besagen, daß im Zustand allokativer Effizienz die individuellen Grenzraten der Substitution für alle Konsumenten, die dieselben zwei Güter verbrauchen, der gesamtwirtschaftlichen Grenzrate der (effizienten) Transformation dieser beiden Güter gleich sind, und somit auch alle untereinander.

Durch (3.6) bzw. (3.6′) wird ein allokativ-effizientes Konsumgüterbündel $(\overset{*}{X})$ definiert:

(3.7) $$(\overset{*}{X}) = (\overset{*}{X}_1, \ldots, \overset{*}{X}_n)\,.$$

Da $(\overset{*}{X})$ eine Maximumlösung des Maximierungsproblems (3.5) ist, erfüllt es das Pareto-Kriterium. D. h., es gibt kein anderes zulässiges Konsumgüterbündel $(\overline{X}) = (\overline{X}_1, \ldots, \overline{X}_n)$, für das

(3.8) $$u_j(\bar{x}_j) \geqq u_j(\overset{*}{x}_j) \quad \text{mit} \begin{Bmatrix} \geqq \text{ für alle } j = 1, \ldots, M \text{ und} \\ > \text{ für wenigstens ein } j \end{Bmatrix}$$

erfüllt wäre.

Die einem allokativ-effizienten Güterbündel entsprechenden individuellen Nutzenniveaus lassen sich in einer impliziten Funktion (utility possibility function) zusammenfassen:

(3.9) $$P(\overset{*}{u}_1, \ldots, \overset{*}{u}_M) = 0\,.$$

Die paretianische Wohlfahrtsfunktion (3.4 b) reduziert sich wegen des Ausschlusses interpersonaler Nutzenvergleiche inhaltlich auf einen Vektor der individuellen Nutzenindices; (3.8) ist nur ein „schwaches" Ordnungskriterium. Auch hier gibt es eine unendliche Anzahl allokativ-effizienter Konsumgüterprogramme. (3.9) muß daher als Beschreibung einer "utility possibility surface" interpretiert werden:

$$P(u_1, \ldots, u_M) = 0 \,. \tag{3.9'}$$

Ihre Steigung wird für ein gegebenes allokativ-effizientes Programm durch bestimmte, aus dem Optimierungsprozeß resultierende Wohlfahrtsgewichte determiniert. Dies läßt sich in einem alternativen Ansatz desselben Problems zeigen.

Jedes Vektormaximierungsproblem mit Nebenbedingungen kann als Maximierung einer positiv gewichteten Summe der Elemente dieses Vektors formuliert werden, vorausgesetzt, die Restriktionen bestehen aus streng konvexen Funktionen[39]. Da diese Bedingung hier erfüllt ist, kann statt (3.4 b) auch die Zielfunktion

$$W = \sum_{j=1}^{M} w_j \, u_j(x_j) \tag{3.4b*}$$

maximiert werden. Statt (3.5) erhält man dann den Lagrange-Ansatz

$$L = \sum_{j=1}^{M} w_j \, [u_j(x_j) - c_j] - \lambda \, G(X_1, \ldots, X_n) \,, \tag{3.5*}$$

in dem $\lambda$ und die $w_j$ unbestimmte Multiplikatoren und die $c_j > 0$ ($j = 1, \ldots, M$) im übrigen beliebig vorgegebene Konstante sind. Unter Zuhilfenahme der Normalisierungsannahme $w_M \equiv 1$ und $c_M \equiv 0$ läßt sich der erste Term von (3.5*) aufspalten in

$$u_M(x_M) + \sum_{j=1}^{M-1} w_j \, [u_j(x_j) - c_j] \,.$$

Da $M$ bei der Normierung willkürlich gewählt wurde, ergibt sich ebenfalls ein Satz von ($n \cdot M$) notwendigen Maximumbedingungen, die (3.6) gleichwertig sind:

$$w_j \frac{\partial u_j}{\partial x_{ji}} - \lambda \frac{\partial G}{\partial X_i} = 0 \qquad \begin{array}{l}(j = 1, \ldots, M)\\ (i = 1, \ldots, n)\,.\end{array} \tag{3.6*}$$

---

[39] *Kuhn*, H. und A. *Tucker*, Nonlinear Programming, in: J. Neyman (Hrsg.), Proceedings of the Second Berkeley Symposium on Mathematical Statistics and Probability, Berkeley 1951, S. 481 ff.

Die Wohlfahrtsgewichte $w_j$ ($j = 1, \ldots, M-1$) werden also implizit durch die ($M-1$) Werte der vorgegebenen konstanten Nutzenmaxima der ($M-1$) Konsumenten bestimmt. Aus (3.6*) läßt sich ableiten, daß die Steigung der durch (3.9′) definierten utility possibility frontier in der $u_{M-1}/u_M$-Ebene für ein gegebenes allokativ-effizientes Konsumgüterbündel vom Wert des Quotienten $w_M/w_{M-1}$ abhängt. Dieser ist negativ und proportional dem Reziprok der individuellen Grenzraten der Substitution zwischen dem ($M-1$)ten und dem $M$-ten Konsumenten, wenn beide das gleiche Gut konsumieren. Für gegebene Werte des Präferenzindex von ($M-2$) Konsumenten gibt die utility possibility frontier das maximale Nutzenniveau $u_{M-1}$ an, das dieser Konsument bei alternativ gegebenen Niveaus $u_M$ erreichen kann[40].

Natürlich entspricht jedem allokativ-effizienten Güterbündel auch eine bestimmte Aufteilung der Konsumgüter auf die Konsumenten. Gedanklich läßt sich die Bestimmung dieser „Verteilung" wiederum mit Hilfe des alternativen Ansatzes verfolgen, ohne daß dabei aber neue Ergebnisse ins Spiel kommen: Zuerst legen die vorgegebenen $c_j$-Werte die maximal erreichbaren individuellen Nutzenniveaus fest. Dies determiniert dann die implizierten Wohlfahrtsgewichte $w_j$ und schließlich die diesem speziellen Satz von $c_j$-Werten zugehörige Verteilung. Da es aber eine unendliche Anzahl derartiger Sätze $c_j$ ($j = 1, \ldots, M$) gibt, resultiert ebenfalls eine unendliche Anzahl „optimaler" Verteilungen. Eine Verteilung ist „optimal" — unter dem gerade realisierten Satz $c_j$ ($j = 1, \ldots, M$) — in Bezug auf die vorgegebenen individuellen subjektiven Präferenzen, d. h. hinsichtlich des *individuellen* Einkommenserwerbs und -verzehrs. Diese Optimalität ist ein Nebenprodukt der Maximierung der Bedürfnisbefriedigung, nicht aber explizites Ziel der Optimierung.

Umgekehrt entspricht jeder vorgegebenen Verteilung, determiniert durch einen Punkt auf der utility possibility frontier, d. h. irgendeinem Satz gerade realisierter Wohlfahrtsgewichte $w_j$ ($j = 1, \ldots, M$), in der Regel auch ein anderes, von den Konsumenten „gewünschtes" Konsumgüterbündel.

Alle diese Pareto-optimalen Verteilungen sind nicht kommensurabel, und es bedarf sozial-ethischer Normen, die interpersonale Nutzenvergleiche zulassen, um zu entscheiden, welches die „beste" ist. Das nun folgende Effizienzkriterium enthält eine Wohlfahrtsfunktion, die eine vollständige Ordnung über alle zulässigen Güterbündel und ihrer Verteilungen definiert.

---

40 Zur graphischen Ableitung der Wohlfahrtsfront siehe *Bator*, F., The Simple Analytics of Welfare Maximization, in: AER, vol. 47 (1957); im Folgenden zitiert als *Bator*, Simple Analytics; S. 25 ff.

### 3. Das Modell der sozialökonomischen Effizienz

Um die Bewertungslücke zu schließen, die dafür verantwortlich ist, daß es unendlich viele Zustände allokativer Effizienz eines ökonomischen Systems gibt, wird als gesamtwirtschaftliche Zielfunktion nun (3.4 b) als vollständig spezifizierte Wohlfahrtsfunktion postuliert:

$$W = W(u_1, \ldots, u_M) \, . \tag{3.4b*}$$

Die damit gesetzte ethische Wertprämisse erlaubt es nunmehr, die individuellen Nutzen mit- und gegeneinander zu „verrechnen" und die gesellschaftlich optimale Verteilung zu bestimmen.

Der formale Ansatz, das Gleichungssystem (3.4), bleibt unverändert. Doch wegen der nun vorhandenen zusätzlichen Informationen[41]

$$\frac{\partial W}{\partial x_{ji}} \equiv \frac{\partial W}{\partial u_j} \cdot \frac{\partial u_j}{\partial x_{ji}} \qquad \begin{array}{l}(j = 1, \ldots, M)\\(i = 1, \ldots, n)\end{array} \, , \tag{3.10}$$

können aus den Maximumbedingungen (3.6) nun weitere Aussagen abgeleitet werden, eben die Optimalitätsbedingungen der sozialökonomischen Effizienz:

$$\frac{\partial W}{\partial x_{1i}} = \ldots\ldots = \frac{\partial W}{\partial x_{Mi}} = \lambda \frac{\partial G}{\partial X_i} \quad (i = 1, \ldots, n) \; ; \tag{3.11}$$

oder nach Eliminieren des Multiplikators:

$$\frac{\partial W / \partial x_{ji}}{\partial W / \partial x_{jn}} = \frac{\partial G / \partial X_i}{\partial G / \partial X_n} \qquad \begin{array}{l}(i = 1, \ldots, n-1)\\(j = 1, \ldots, M)\end{array} \, . \tag{3.12}$$

Diese (alternativen) Optimalitätsbedingungen der sozialökonomischen Effizienz besagen: Der soziale Grenznutzen des Einkommens, ausgedrückt in irgendeinem Gut als Numéraire, muß für alle Konsumenten gleich sein (3.11). M.a.W.: Der jetzt vorgegebene Satz von Wohlfahrtsgewichten $w_j = \partial w / \partial u_j \; (j = 1, \ldots, M)$ determiniert *die* gesellschaftlich optimale Verteilung. Diese erfordert, daß die sozialen Grenzraten der Substitution für alle Konsumenten, die dieselben zwei Güter verbrauchen, einander sowie der gesamtwirtschaftlichen Grenzrate der effizienten Transformation dieser beiden Güter gleich sein müssen (3.12). Das sozialökonomische Optimum ist eindeutig bestimmt. Es impliziert wegen der Identität (3.10) auch ein bestimmtes allokativeffizientes Güterbündel.

---

41 Zum Folgenden siehe *Samuelson*, Foundations, S. 246.

### 4. Ein Vergleich der Effizienzkonzepte

Technische, allokative und sozialökonomische Effizienz charakterisieren drei Grade der Unvollständigkeit der gesamtwirtschaftlichen Optimierung. Bei paretianischen Wohlfahrtsfunktionen beinhaltet das sozialökonomische Optimum allokative Effizienz, weil diese eine notwendige Bedingung jenes Optimums darstellt. Allokative Effizienz setzt wiederum notwendigerweise technische Effizienz der Produktion voraus. Denn sind deren Bedingungen nicht erfüllt, dann läßt sich von wenigstens einem Gut mehr herstellen, ohne daß deswegen weniger von anderen Gütern produziert werden müßte. Folglich kann wenigstens ein Konsument besser gestellt werden, ohne daß sich andere in ihrer Präferenzlage verschlechtern. Fazit: Welches auch immer das Kriterium ist, nach dem die Zusammensetzung eines Endproduktbündels bestimmt wird, wichtig ist, daß nie Inputs verschwendet werden.

Alle Optimalitätskriterien dieser Konzepte sind gewissen Regularitätsbedingungen unterworfen; vor allem aber ist einleuchtend, daß sie um so umstrittener werden, je „stärker" die benötigten ethischen Werturteile sind, um zu dem jeweils vollständigeren Kriterium zu gelangen. Unter diesem Aspekt der ethischen Normen sollen diese drei Effizienzkonzepte jetzt noch einmal betrachtet werden.

Die Allokationsregeln der technischen Effizienz implizieren die Wertung, daß mehr von einem Gut „besser" als weniger sei. Dies kann Wertprämisse genannt, oder auch, wie von Nath, zum Inhalt des Rationalitätsprinzips gerechnet werden[42]. Wir ziehen ersteres vor, da wir beides für zwei verschiedene Dinge halten. Denn unabhängig von der (In)Effizienz der Produktionsweise wird hier unterstellt, daß immer mehr von einem Konsumgut (Endprodukt) als weniger gewünscht wird.

Auch das Pareto-Kriterium, obgleich als "least controversal" oder "widely accepted value judgement" apostrophiert[43], birgt einen ganzen Satz ethischer Normen, der insgesamt dazu führt, „... daß evolutionistische Abwandlungen der bestehenden Verteilung und Allokation verhindert werden, obwohl sie von weiten Gruppen gebilligt und gefordert werden"[44]. Die hier implizierten Werturteile sind das individualistische Vorurteil, das Werturteil der gesellschaftlichen Unabhängigkeit von Gruppen und Individuen, das konservative Vorurteil (Bevorzugung des status quo) und das statische Vorurteil (stationäre Präferenzstruktur)[45]. Dieser normativen Eigenschaften wegen ist das

[42] *Nath*, a.a.O., S. 570, Anm. 4.
[43] *Nath*, a.a.O., S. 561.
[44] *Jochimsen*, Wohlstandsökonomik, S. 52.
[45] Ders., Grundlagen, Grenzen und Entwicklungsmöglichkeiten der Welfare Economics, in: SVSP, NF 29 (1963); im Folgenden zitiert als *Jochimsen*, Grundlagen; S. 136 ff.

Vorherrschen der paretianischen Allokationsregeln nicht unproblematisch. Denn oft wird vergessen, daß "... the theory of the allocation of resources has come to be identified with one particular set of value judgements"[46].

Wir haben dieses und das Kriterium der technischen Effizienz deshalb so ausführlich diskutiert, weil ihre Allokationsregeln auch für öffentliche Investitionen grundlegend sind, und um zu zeigen, auf welchem Gerüst ethischer Normen die Theorie der GNKA gründet. Die Optimalitätsbedingungen der allokativen Effizienz werden im Folgenden hauptsächlich dazu dienen, die Auswirkungen der Interdependenzeffekte, die die Vornahme öffentlicher Investitionen in einer Volkswirtschaft hervorruft, zu bewerten. Die Bedingungen der technischen Effizienz werden später vor allem bei der Beurteilung der Investitionskriterien der GNKA im Vordergrund stehen, denn diese sind vor allem im Hinblick auf jene entwickelt worden.

[46] *Nath*, a.a.O., S. 572.

*Kapitel II*

# Die Konsistenz des öffentlichen Investitionskriteriums bei allokativer Effizienz

Dieses Kapitel enthält die grundlegenden Überlegungen zur gesamtwirtschaftlichen Konsistenz des öffentlichen Investitionskriteriums. Zuerst werden Eigenschaften und Form desjenigen Investitionskriteriums erarbeitet, das im vollkommenen Konkurrenzmodell mit den postulierten gesamtwirtschaftlichen Optimalitätsbedingungen konsistent ist (§ 4). Sodann werden öffentliche Investitionen explizit in das vollkommene Konkurrenzmodell eingeführt und die dabei gewonnenen Erkenntnisse für die Konsistenzproblematik ausgewertet (§ 5). Im nächsten Abschnitt wird die Bedeutung des Marktzinses für die konsistente Spezifizierung des öffentlichen Investitionskriteriums diskutiert und zu diesem Zweck der Begriff der gesamtwirtschaftlichen Opportunitätskosten bei öffentlichen Investitionen eingeführt. Anschließend werden die gesamtwirtschaftlichen Optimalitätsbedingungen für das öffentliche Kapital bei Vollkommenheit des Marktmechanismus und alternativen Annahmen über die gesellschaftliche Bewertung zukünftigen Konsums untersucht (§ 6). Die Erforschung der konsistenztheoretischen Konsequenzen, die aus der Aufgabe der Annahme eines vollkommenen Marktmechanismus für das öffentliche Investitionskriterium zu ziehen sind, bildet dann den Gegenstand des nächsten Abschnitts (§ 7). Zum Schluß dieses Kapitels werden wohlfahrtstheoretische Konsistenzvoraussetzungen für gesamtwirtschaftlich suboptimale Situationen eingeführt und diskutiert, sowie die in der GNKA vorgeschlagenen Auswahlkriterien im Hinblick auf diese Voraussetzungen untersucht (§ 8).

## § 4. Die Ableitung des konsistenten Investitionskriteriums im vollkommenen Konkurrenzgleichgewicht

Das grundsätzliche Referenzmodell der Theorie der GNKA ist das des vollkommenen Konkurrenzgleichgewichts, denn in einer Volkswirtschaft, in der die Prämissen und Annahmen dieses Modells gelten, sind die Optimalitätsbedingungen der allokativen Effizienz „automatisch“ erfüllt. Diese ökonomische Gleichwertigkeit wird durch ein Theorem über allokative Effizienz und vollkommenes Konkurrenzgleichgewicht begründet. Es lautet: Jedes vollkommene Konkurrenzgleichgewicht ist allokativ-effizient; und vice versa: Jeder Zustand der allokativen Effizienz ist ein vollkommenes Konkurrenzgleichgewicht[1]. Der erste Satz beinhaltet die „deskriptive", der zweite die „normative" Anwendung des Theorems. Beide Interpretationen sind jedoch von der logischen Argumentation, auf der dieses Theorem beruht, unabhängig. Im normativen Ansatz wird gezeigt, daß ein System der vollkommenen Konkurrenz einen gegebenen Zustand allokativer Effizienz aufrecht zu erhalten vermag. Voraussetzung dafür ist, daß der diesem implizit zugeordnete Satz von Effizienzpreisen den dezentralisierten Entscheidungen von Konsumenten und Unternehmungen zugrunde gelegt wird. Im deskriptiven Ansatz dagegen wird ein vollkommenes Konkurrenzgleichgewicht postuliert und gezeigt, daß es die Optimalitätsbedingungen der allokativen Effizienz erfüllt.

Unser Interesse richtet sich vor allem auf den deskriptiven Teil dieses Theorems, denn durch den ersten Satz wird dasjenige einzelwirtschaftliche Investitionskriterium, das im vollkommenen Konkurrenzmodell die individuellen Investitionsentscheidungen regiert, zum konsistenten Suboptimierungskriterium. Seine Form und Eigenschaften erlangen deshalb grundsätzliche Bedeutung für die Theorie der GNKA; beides ist nun zu erarbeiten. Dabei erweist es sich als zweckmäßig, dieses Modell zuerst kurz zu beschreiben, dann auf die generellen Eigenschaften der als gegeben angenommenen Entscheidungskriterien der Konsumenten und Unternehmungen einzugehen, und diese dann auf ein „geeignetes" Investitionskriterium zu übertragen. Es werden nämlich mehrere Entscheidungsregeln in der Literatur für die „richtige" Auswahl der Investitionen im vollkommenen Konkurrenzmodell vorgeschlagen, und wir müssen begründen, weshalb die Kapitalwertmethode die beste Auswahlregel darstellt, auf der das konsistente Investitionskriterium in diesem Modell beruhen muß. Da wir die Vorteilhaftigkeitskriterien der GNKA überprüfen wollen, können wir keine ihrer Auswahlregeln a priori akzeptieren.

Die Wahl des Investitionskriteriums spricht natürlich auch das Problem der optimalen Größe einer Investition an. Dieses kann aber mit der statischen, gleichgewichtigen Interpretation des stationären, vollkommenen Konkurrenzmodells nicht gelöst werden. Denn hier ist die gesamtwirtschaftliche Nettoinvestition Null, und die relative Größe

---

[1] Dieses Theorem stammt von Arrow und Debreu; *Arrow*, K. J., An Extension of the Basic Theorem of Classical Welfare Economics, in: J., Neyman (Hrsg.), Proceedings of the Second Berkeley Symposium on Mathematical Statistics and Probability, Berkeley 1951, S. 507 ff., und *Debreu*, G., Valuation Equilibrium and Pareto-Optimum, in: Proceedings of the National Academy of Sciences, vol. 40 (1954), No 7, S. 588. Wir stützen uns hier auf die Darstellung bei *Koopmans*, Allocation of Resources, Kap. 2.

der Sektoren ist optimal, d. h. vollkommen der gegebenen individuellen Präferenzstruktur der Konsumenten angepaßt. Die Größe der einzelnen Unternehmung ist indeterminiert, jedoch wegen der Annahme atomistischer Märkte beschränkt. Der Gewinn einer Unternehmung ist Null (Ausschöpfungstheorem). Da am Markt keine Gewinnchancen mehr bestehen, wird nicht mehr investiert. Alles hat sich optimal eingespielt. Die wegen Kapitalverschleißes notwendig werdenden Ersatzinvestitionen werden aus der Abschreibung über den gleichgewichtigen Marktpreis „finanziert", sind Kosten. Das Investitionsproblem und die Frage der Unternehmensgröße tauchen daher im stationären Zustand in dieser Modellbetrachtung nicht auf.

Nur am Rande sei darauf hingewiesen, daß das vollkommene Konkurrenzmodell auch wachstumstheoretische Fragen aufwirft, z. B.: Warum wird investiert? Gibt es technischen Fortschritt? Wächst die Bevölkerung? Ihre Beantwortung liegt jedoch außerhalb unserer Aufgabenstellung.

### 1. Allgemeine Konsistenzvoraussetzungen

Befindet sich eine Volkswirtschaft im vollkommenen Konkurrenzgleichgewicht, dann gilt auf jedem Markt das Jevonssche Gesetz der Unterschiedslosigkeit des Preises[2]. Konsumenten und Unternehmungen verfolgen die Zielsetzung Maximierung der Bedürfnisbefriedigung bzw. Gewinnmaximierung und verhalten sich als Mengenanpasser. Das totale Marktgleichgewicht resultiert aus dem Zusammenspiel der einzelwirtschaftlichen Dispositionsgleichgewichte von Konsumenten und Unternehmungen und charakterisiert einen Zustand, in dem kein Wirtschaftssubjekt Anlaß hat, seine Dispositionen zu revidieren. Alle Wirtschaftspläne sind vollständig miteinander vereinbar.

Das dispositive Gleichgewicht eines Konsumenten bestimmt sich aus der Optimalitätsbedingung, daß seine Grenzrate der Substitution für je zwei Güter gleich deren Preisverhältnis sei; das einer Unternehmung aus der Bedingung optimalen Outputs, daß Grenzkosten gleich dem Preis des Produktes[3]. Beide Bedingungen zusammen genommen besagen, daß im Gleichgewicht der vollkommenen Konkurrenz auf allen Märkten für jeden Konsumenten die Grenzraten der Substitution zweier Güter auf Indifferenzlinien der entsprechenden Grenzrate der Transformation auf Produktionsmöglichkeitskurven gleich sind, d. h. die Tangentialpunkte beider Kurven sind verwirklicht[4].

---

[2] Hierzu siehe *Schneider*, Theorie II, S. 69; zum Begriff der vollkommenen Konkurrenz siehe *von Stackelberg*, H., Grundlagen der theoretischen Volkswirtschaftslehre, 2. Aufl., Bern und Tübingen 1951, S. 163 ff.

[3] *Krelle*, W., Preistheorie, Tübingen und Zürich 1961, S. 122.

Ein Vergleich mit den Optimalitätsbedingungen der allokativen Effizienz bestätigt, daß diese von den Gleichgewichtsbedingungen eines totalen Marktgleichgewichts der vollkommenen Konkurrenz erfüllt werden.

Wir prüfen nun die Prämissen und Annahmen dieses Modells daraufhin, welche Bedingungen sie für die Entscheidungskriterien der Konsumenten und Unternehmungen postulieren.

Die die Entscheidungsfunktion der Konsumenten charakterisierenden Annahmen über das Konsumentenverhalten sind uns aus dem Modell der allokativen Effizienz bekannt. Es sind dies die Rationalitätsannahme sowie die Hypothesen, daß der Präferenzindex nur vom eigenen Konsum abhängt — nicht auch vom Befriedigungsniveau anderer Konsumenten —, und daß die Gesetzmäßigkeit abnehmender Grenzraten der Substitution gilt. Für die Unternehmung wird ebenfalls Rationalität bei der Verfolgung der Zielsetzung Gewinnmaximierung angenommen. Außerdem werden abnehmende Grenzraten der Substitution in der Produktion, das Gesetz abnehmender Grenzerträge sowie die physische Unabhängigkeit der einzelnen Produktionsfunktionen voneinander, d. h. die Abwesenheit externer Effekte in der Produktion, postuliert[5]. Letzteres bedeutet, ähnlich wie bei einer Nutzenfunktion, daß weder Outputs noch Inputs anderer Wirtschaftseinheiten in sie eingehen.

Für die Entscheidungskriterien wird also in der Hauptsache gefordert, daß weder im Konsum noch in der Produktion nicht über Märkte zustande kommende Interdependenzen bestehen, so daß daher "every economic influence of one person's (or firm's) behaviour on another person's wellbeing (or firm's profit) is transmitted through its impact on market prices"[6]. Einzelwirtschaftliche Entscheidungskriterien, für die jede der für Nutzen- bzw. Produktionsfunktionen genannten Eigenschaften gilt, nennen wir vollkommen. Die bei der Einführung des Suboptimierungskonzepts definierte Konsistenzbedingung lautet daher, konkret für SOK'en im vollkommenen Konkurrenzmodell formuliert: Ein einzelwirtschaftliches Entscheidungskriterium ist dann gesamtwirtschaftlich konsistent, wenn es vollkommen ist.

Die Konsistenz vollkommener Entscheidungskriterien ruht ganz wesentlich auf zwei impliziten Prämissen des vollkommenen Konkurrenzmodells. Da diese später zu kritischen Bedingungen werden, wollen

---

[4] *De Scitovsky*, T., Welfare and Competition, 4. Aufl., London 1963; im Folgenden zitiert als *de Scitovsky*, Welfare; S. 161 f., auf den wir uns im Folgenden stützen.

[5] Vgl. *de Scitovsky*, Welfare, Chapt. VI.

[6] Ders., Two Concepts of External Economies, in: JPE, vol. 62 (1954); im Folgenden zitiert als *de Scitovsky*, External Economies; S. 143.

wir an dieser Stelle ausdrücklich auf sie hinweisen, statt es bei stillschweigenden Voraussetzungen zu belassen. Das Äquivalenztheorem gilt nämlich dann und nur dann, wenn tatsächlich alle Modellannahmen und Prämissen, auch die impliziten, erfüllt sind. Außer der Vollkommenheit der Entscheidungsfunktionen müssen daher noch zwei weitere Voraussetzungen, eine „technische" und eine „institutionelle", gegeben sein: Alle Güter müssen beliebig teilbar und der Marktmechanismus muß vollkommen sein. Die Vollkommenheit des Marktmechanismus bildet den sogenannten institutionellen Rahmen des vollkommenen Konkurrenzmodells und setzt (1.) Vollkommenheit der Märkte, (2.) vollkommene Voraussicht der Wirtschaftssubjekte, (3.) atomistische Märkte, (4.) freien Zugang zu Märkten bzw. Industrien für Konsumenten bzw. Unternehmer sowie (5.) volle Mobilität der Faktoren und freien Zugang zu allen Berufen voraus. Vollkommene Märkte implizieren Vollkommenheit der Markttransparenz[7]; Märkte die Marktfähigkeit der Güter.

Sind aber alle Anforderungen erfüllt, dann stimmt die private mit der gesamtwirtschaftlichen Bewertung aller Marktvorgänge überein. Denn im totalen Marktgleichgewicht ist der Marktpreis eines jeden Gutes proportional dem Grenznutzen eines jeden Konsumenten, der es verbraucht. Daher ist der Marktpreis ein Ausdruck der marginalen Wertschätzung *aller* Konsumenten eines Gutes. Da für jeden einzelnen Konsumenten in seiner Eigenschaft als Besitzer von Primärfaktoren im Gleichgewicht das Grenzarbeitsleid dem Lohnsatz proportional ist, und für jede Unternehmung Faktorpreis und Grenzwertprodukt eines Faktors gleich sind, folgt, daß das Grenzarbeitsleid aus dem Einsatz einer Einheit einer bestimmten Faktorart der marginalen Bewertung (= Marktpreis) dieses Faktorgrenzprodukts durch die Gesellschaft (= Konsumenten) entspricht. "Hence, the marginal valution of the sacrifices (der Gesellschaft, Verf.) are just equal the marginal valuation of the gains[8]." Im vollkommenen Konkurrenzgleichgewicht bringen die Marktpreise also gleichzeitig den gesellschaftlichen Wert wie auch den privaten Nutzen (= Kosten) der Güter zum Ausdruck.

### 2. Das konsistente Investitionskriterium

Die Optimalitätsbedingung der allokativen Effizienz, interpretiert für Investitionen, lautet: Die gesamtwirtschaftliche (Netto)Grenzeffizienz des Investierens (*GEI*) ist in allen Verwendungsmöglichkeiten (Industrien) gleich. Unter Grenzeffizienz des Investierens versteht man das

[7] *Ott*, A. E., Marktform und Verhaltensweise, Stuttgart 1955, S. 23.

[8] *Krutilla*, J. V. und O. *Eckstein*, Multiple Purpose River Development, 3. Aufl., Baltimore 1964; im Folgenden zitiert als *Krutilla/Eckstein;* S. 41.

Produkt aus Grenzproduktivität des Kapitals — in Konsumgütern gemessen — ($\partial C/\partial K$) und Grenzproduktivität des Investierens; letzteres ist ein relatives Maß für die Grenzproduktivität der Ressourcen ($R$) in der Herstellung von Kapitalgütern ($K$) im Verhältnis zur Herstellung von Konsumgütern ($C$):

$$\text{GEI} = \frac{\partial C}{\partial K} \cdot \frac{\partial K/\partial R}{\partial C/\partial R} \, .$$

Die *GEI* ist ein Maß für den "future flow of consumption goods made possible per unit reduction of current consumption via the shifting of current services from making current consumption goods to making (producible) sources"[9]. Die oben genannte Bedingung ist die für die Anwendung auf das vollkommene Konkurrenzmodell zweckmäßigere, jedoch äquivalente Formulierung der üblichen Pigou-Regel[10], die fordert, daß der Wert des marginalen Nettosozialprodukts der Investitionen, d. h. ihr Nettobeitrag zum Volkseinkommen, in allen Industrien gleich sei. Dieser Wert stellt jedoch im Gegensatz zur *GEI* keine unmittelbar mit dem Zinssatz vergleichbare Rate dar — ein erheblicher Nachteil.

Weil im vollkommenen Konkurrenzmodell keine externen Effekte vorkommen dürfen, können wir folgern, daß die gesamtwirtschaftliche mit der einzelwirtschaftlichen *GEI* identisch sein muß. Welches einzelwirtschaftliche Investitionskriterium veranlaßt nun jede Unternehmung in diesem Modell dazu, gerade soviel zu investieren, daß diese Optimalitätsbedingung erfüllt wird? Um diese Frage zu beantworten, müssen wir etwas weiter ausholen und uns das vollkommene Konkurrenzmodell bzw. einige seiner Eigenschaften noch einmal vor Augen führen.

Im vollkommenen Konkurrenzgleichgewicht bleibt bei der Zielsetzung Maximierung des Gesamtgewinns und Annahme konstanter Skalenerträge der optimale Output einer Unterbrechung (= Betrieb) unbestimmt[11]. Der gesamte Output einer Güterart ist zwar determiniert, doch steht nicht fest, wie viele Unternehmungen ihn hervorbringen. Daß dennoch eine Bedingung gewinnmaximaler Produktion (Preis = Grenzkosten) angegeben werden konnte, beinhaltet keinen Widerspruch, da die Annahme einer gegebenen Betriebsgröße impliziert war.

---

[9] *Lerner*, A. P., Recent Capital and Production Theory, in: AER (PP), vol. 55 (1965); im Folgenden zitiert als *Lerner*, Recent Capital Theory; S. 294.

[10] *Pigou*, A. C., The Economics of Welfare, 4. Aufl., London 1949, S. 136, und vgl. *Kahn*, R. F., Some Notes on Ideal Output, in: EJ, vol. 45 (1935), S. 4, und *Lerner*, A. P., The Economics of Control, New York 1947; im Folgenden zitiert als *Lerner*, Economics of Control; S. 56 ff. und insbesondere S. 59 ff.

[11] *De Scitovsky*, Welfare, S. 127 f.

Nur wenn diese konstant vorgegeben ist, läßt sich eine optimale Ausbringungsmenge ermitteln. Wie aber bestimmt sich dann die Größe einer Unternehmung in diesem Modell?

Soll die Größe der Unternehmung als beschränkt angesehen werden, dann müssen Kräfte vorhanden sein, die dem Wachstum der Unternehmung hinderlich sind, d. h., auf das zugrunde liegende Modell bezogen, die Anzahl der Unternehmungen groß halten, ihre Größe aber beschränken. Wenn angenommen wird, daß das Kapital den die Unternehmensgröße beschränkenden Faktor darstellt, dann muß, wenn wir voraussetzen, daß das Sparen positiv ist, der Kapitalmarkt als unvollkommen angesehen werden. Eine der Modellprämissen wäre verletzt, denn der Fall der Kapitalrationierung ist ausgeschlossen. Gilt dagegen der dispositive Faktor als kritischer Engpaß, dann läuft dies auf abnehmende Skalenerträge hinaus und widerspricht ebenfalls einer Modellannahme. Da das knappe Gut „Unternehmerleistung" nicht explizit in diesem Modell vorkommt, läßt sich dieser Widerspruch modellendogen nicht lösen.

Das von de Scitovsky für das vollkommene Konkurrenzmodell vorgeschlagene Investitionskriterium[12] „Maximiere den Gewinn (= Ertrag — Kosten) pro Einheit investierten Kapitals" ist eine Variante der einfachen betriebswirtschaftlichen Engpaßregel für einen knappen Faktor, d. h. ein reduziertes *relatives* Kapitalwertkriterium[13]. Es unterstellt daher, das Kapital sei knapper Faktor, und enthält deshalb einen Widerspruch zu den Modellannahmen. Hirshleifer zufolge impliziert dieses Investitionskriterium nämlich, daß eine fest vorgegebene Summe, über die das Wirtschaftssubjekt schon verfügt, investiert werden muß[14]. M.a.W., diese Mittel haben keine alternative, konsumptive Verwendung. Die marginale Zeitpräferenz dieses Investors für gegenwärtigen Konsum muß daher mit Null angesetzt werden. Integriert man Konsum- und Spar(Investitions)entscheidungen der Wirtschaftssubjekte wieder, die aus didaktisch-methodischen Gründen in der Theorie getrennt wurden, dann muß akzeptiert werden, daß die Vornahme einer Investition — indirekt die Größe der Unternehmung bzw. deren Veränderung — als Mittel zur optimalen Umverteilung des Einkommens eines Wirtschaftssubjektes in der Zeit anzusehen ist. Eine marginale Zeitpräferenz von Null erscheint deshalb unplausibel. "The Fisherian approach integrates investment decisions with the general theory of

---

12 *De Scitovsky,* Welfare, S. 193 ff.

13 Zur Definition des relativen Kapitalwertes siehe *Bain,* J. S., Criteria for Undertaking Water Resource Developments, in: AER (PP), vol. 50 (1960), S. 312.

14 *Hirshleifer,* J., On the Theory of the Optimal Investment Decision, in: JPE, vol. 66 (1958); im Folgenden zitiert als *Hirshleifer,* Optimal Investment; S. 338 f., auf den wir uns im Folgenden beziehen.

choice — the goal being to maximize utility subject to certain opportunities and constraints"[15]. Wir schließen uns dieser Fisher/Hirshleifer-Interpretation an. Der „klassische" Unternehmer ist Eigentümer-Unternehmer, der sein Einkommen auch konsumptiv verwenden kann.

Es ist daher ganz natürlich, daß wir auf die Frage nach den Bestimmungsfaktoren der Größe der in diesem Modell von einer Unternehmung (Investor) vorgenommenen Investition stießen. Sie kann aber nur beantwortet werden, wenn eine evolutorische Wirtschaft gedacht wird, in der Ungleichgewichtssituationen herrschen, von denen sich Investoren Gewinne versprechen.

Das fragliche Problem ist eng mit der Kontroverse um das „richtige" Investitionskriterium verknüpft gewesen, die schließlich zugunsten der Kapitalwertmethode entschieden wurde[16]. Hiernach ist im Rahmen eines vollkommenen Konkurrenzmodells dasjenige Investitionsobjekt zu wählen, bzw. sind alle diejenigen Investitionsobjekte in abnehmender Rangfolge ihres Kapitalwertes zu realisieren, die bei gegebenem Marktzins einen nicht-negativen Kapitalwert aufweisen. Die optimale Investition, und bei Geltung einer Proportionalitätsannahme daher die Größe der Unternehmung, wird aus dem Zusammenspiel der individuellen Zeitpräferenz, dem einem jeden Investor spezifischen Satz möglicher Realinvestitionen und den Marktmöglichkeiten, ausgedrückt im Marktzins, bestimmt — vgl. Fig. 2[17]. Dieses Modell beschreibt die optimale intertemporale Aufteilung eines *gegebenen* Einkommens $Y_t$ eines Wirtschaftssubjektes in der Periode $t$ auf den Konsum der Periode $t$ und auf Einkommen der Periode $t + 1$, d. h. auf Konsum und Investition der Periode $t$.

Es bezeichnen:

*TS* den einem Wirtschaftssubjekt (Investor) gegebenen Satz möglicher Realinvestitionen; die Form dieser Kurve der realen Investitionsmöglichkeiten zeigt, daß mit einer Zunahme der Investitionen deren

[15] *Hirshleifer*, Optimal Investment, S. 339.

[16] Siehe *Hirshleifer*, Optimal Investment, dessen klärende Analyse diese Kontroverse beendete und weiteste Zustimmung gefunden hat; vgl. z. B. *Feldstein*, M. S. und G. S. *Flemming*, The Problem of Time Stream Evaluation, in: BOUIS, vol. 26, 1 (1964), S. 79 ff., *Turvey*, R., Present Value versus Internal Rate of Return, in: EJ, vol. 73 (1963), S. 93 ff., *Eckstein*, O., A Survey of the Theory of Public Expenditure, in: J. M. Buchanan (Hrsg.), Public Finances, Princeton 1961; im Folgenden zitiert als *Eckstein*, Survey; S. 460, und *Malinvaud*, E., The Interest Rate in the Theory of Allocation of Resources, in: *Hahn*, F. H. und F. P. Brechling (Hrsg.), The Theory of Interest Rates, London 1965, S. 227, der nachweist, daß dieses Kriterium auch im dynamischen Ansatz das allein zulässige ist.

[17] Die Fig. 2 wurde aus *Hirshleifer*, Optimal Investment, S. 330, übernommen.

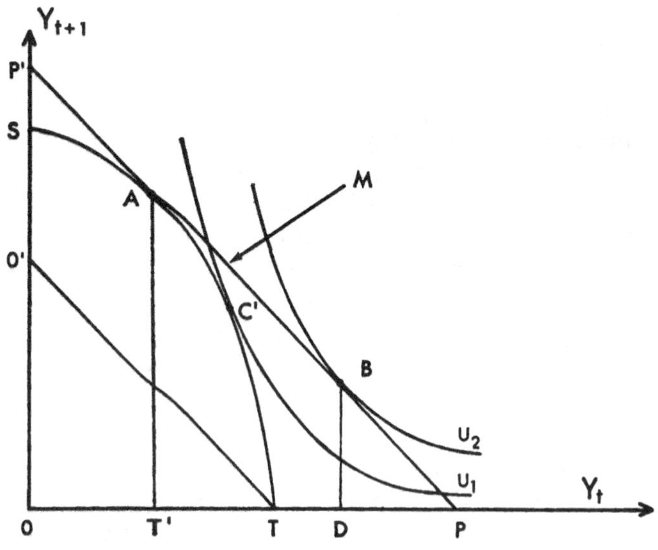


Fig. 2

marginale Ertragsrate kontinuierlich sinkt. Im übrigen ist es gleichgültig, ob man sich vorstellt, auf *TS* wären einzelne Investitionsobjekte in der Reihenfolge der Höhe ihrer abnehmenden Ertragsrate abgetragen, oder *TS* sei eine einzige Investition, deren Größe variiert werden kann;

*M* eine Marktlinie des vollkommenen Kapitalmarktes bei gegebenem Zinssatz *r;*

*U* die individuellen Nutzen-Indifferenzkurven; und

*OT* das gegebene Einkommen des Wirtschaftssubjektes in der Periode *t.*

Im graphisch-anschaulichen Zwei-Periodenfall liefert die Lösung *A* — ausgehend vom Einkommen *OT* — den maximalen Kapitalwert bei der (Real)Investition *TT'*. Zu diesem Ergebnis gelangt man wie folgt: Das Wirtschaftssubjekt könnte darauf verzichten, sein Einkommen *OT* zu konsumieren, und es statt dessen vorziehen, dieses am Kapitalmarkt zu investieren (Finanzinvestition) — die Transformationskurve des Einkommens wäre die Marktlinie *TO'*. In der Periode $t + 1$ stünde ihm dann ein Einkommen von *OO'* zur Verfügung. Doch ist es vorteilhafter — von *T* ausgehend —, solange Realinvestitionen vorzunehmen, wie deren Grenzertragsrate noch größer als der Marktzins *r* ist. Dies ist auf dem ganzen Kurvenstück *TA* der Kurve der realen Investitionsmöglichkeiten *TS* der Fall. In *A* wird dann ein Punkt erreicht, in dem eine Marktlinie, nämlich die Linie *PP'*, zur Tangente an die Kurve *TS* wird; diese weist daher in *A* dieselbe Steigung wie die Marktlinie *PP'* auf, nämlich $-(1 + r)$. Da Marktlinien durch die Bedingung definiert sind, daß die Aufgabe einer (jeden) *DM* Konsum in der Periode $t$ $(1 + r)$ *DM* in der Periode $t + 1$ erbringt, sind sie nichts anderes als Linien konstanten Kapitalwertes mit der Gleichung $Y_t + Y_{t+1}/(1 + r) = C^*$. $C^*$ ist ein Parameter und diese Gleichung die Kapitalwertformel für den Zwei-Periodenfall. Es ist nun offensichtlich, daß $C^*$, der Kapitalwert, bei einer Investition von *TT'* maximal ist. D. h. *TT'* stellt *die* optimale (Real)Investition dieses Wirtschaftssubjektes dar.

Das vollständige Präferenzoptimum *B* wird jedoch erst erreicht, wenn der Betrag *T'D* am Kapitalmarkt aufgenommen wird, um die Investition zu „finanzieren" und zusätzlichen gegenwärtigen Konsum in Höhe von *TD* zu ermöglichen. Das Investitionsoptimum *A* ist daher nur dann eine sinnvolle Lösung, wenn die Möglichkeit besteht, auf der Marktlinie *M* zu *B* zu gelangen, anderenfalls wäre die Größe der optimalen Investition durch *C'* bestimmt. Bei vollkommenem Kapitalmarkt, d. h. gegebener Marktlinie *M*, führt die Kapitalwertmethode immer zur optimalen Investition. Sie setzt aber gleichzeitig — wie gezeigt — ein individuelles Präferenzoptimum voraus, das, von Ausnahmen abgesehen, generell Finanztransaktionen erfordert, die im Kapitalwertkriterium selbst aber außer Ansatz bleiben.

Formal lautet dieses Kriterium:

(4.1) Maximiere $V \geqq 0$ !

(4.1a) $$V(x) = \sum_{t=1}^{H} [B_t(x) - C_t(x)] (1 + r)^{-t} - K_0(x)$$

mit

$V$ = Kapitalwert
$B_t$ = Ertrag in Periode $t$
$C_t$ = Kosten in Periode $t$
$x$ = proportionale Skalenvariable
$K_0$ = Kapitalausgaben zum Zeitpunkt $t = 0$
$H$ = Lebensdauer des Projektes
$r$ = Marktzinssatz

$V$ ist maximal, wenn für (4.1 a) gilt:

(4.2) $$\sum_{t=1}^{H} \frac{dB_t}{dx} (1 + r)^{-t} = \sum_{t=1}^{H} \frac{dC_t}{dx} (1 + r)^{-t} + \frac{dK_0}{dx}.$$

Formal stellt diese intertemporale Gewinnmaximierungsregel nichts anderes dar, als eine zeitbezogene Variante des technischen Effizienzkriteriums. Die Kapitalwertmethode beinhaltet nämlich einen Ertragsvergleich zwischen der zu beurteilenden Investition und einer gegebenen Vergleichsinvestition — im vollkommenen Konkurrenzmodell einer Finanzinvestition —, deren Ertragsrate (der Marktzinssatz) als Opportunitätskosten der zu beurteilenden Investition angesehen wird. Beide Investitionen sind in der Lage, dem Investor mindestens den gleichen, zeitlich datierten Einkommensstrom zu gewähren[18]. Da kein anderes Investitionskriterium dem Kapitalwert im vollkommenen Konkurrenzmodell gleichwertig ist[19] — eine Ausnahme für den Zwei-Periodenfall bildet nur die interne Zinsfußmethode[19], — muß die Kapitalwertmethode als dasjenige Kriterium interpretiert werden, mit dessen Hilfe eine notwendige Bedingung der allokativen Effizienz, nämlich die technische Effizienz, realisiert werden kann.

Um allerdings vollständig den Annahmen der vollkommenen Konkurrenz zu entsprechen, müßte $H = \infty$ gesetzt werden. Denn die Annahme einer endlichen Lebensdauer des Investitionsobjektes in einem Modell, in dem es keine Zeit gibt, ist nicht sinnvoll. Das einzelne Investitionsobjekt könnte z. B. als Glied einer unendlichen Kette identischer Investitionen mit endlicher Lebensdauer gedacht werden. Eine Prämisse $H < \infty$ impliziert also ganz bestimmte Annahmen über die Bewertung des terminalen Kapitalstocks der Volkswirtschaft[20].

Um nun die spezielle Konsistenzbedingung für Investitionen zu erhalten, brauchen die allgemeinen Konsistenzvoraussetzungen des vorigen Abschnitts nur analog angewendet zu werden: Die Maximierung des Kapitalwertes stellt dann *das* konsistente SOK für Investitionen im vollkommenen Konkurrenzmodell dar, wenn (1.) die implizierte Produktionsfunktion alle Eigenschaften aufweist, die in diesem Modell für diese postuliert werden, und wenn (2.) alle Kosten und Erträge zu Marktpreisen bewertet werden.

(1.) leuchtet unmittelbar ein; (2.) scheint auf den ersten Blick überflüssig zu sein. Da die Marktpreise im vollkommenen Konkurrenzmodell die gesamtwirtschaftliche Bewertung der Güter richtig wiedergeben, fordert (2.) implizit aber, daß die Marktpreise normativ inter-

---

[18] Vgl. *Arrow*, K. J., Criteria for Social Investment, in: WRR, vol. 1, 1 (1965); im Folgenden zitiert als *Arrow*, Social Investment; S. 2.

[19] *Hirshleifer*, Optimal Investment, S. 330 ff.; jedoch hat Mishan ein normalisiertes Investitionskriterium entwickelt, mit dessen Hilfe sich immer eine eindeutige, invariable Rangfolge der (öffentlichen) Investitionen ableiten läßt, gleichgültig, ob der Normalisierung das Kapitalwert- oder das interne Zinsfußkriterium zugrunde gelegt wird; *Mishan*, E. J., A Proposed Normalisation Procedure for Public Investment Criteria, in: EJ, vol. 77 (1967), S. 777 - 796, und ders., Comment on Normalisation Procedure for Public Investment Criteria, in: EJ, vol. 79 (1969), S. 669 ff.

[20] Siehe *de Graaff*, a.a.O., S. 98 ff.

pretiert werden dürfen, d. h. die auf die postulierte ökonomische Wohlfahrtsfunktion bezogene Bewertung von Faktoren und Produkten durch die Wirtschaftssubjekte adäquat reflektieren.

Legen alle Unternehmungen ihren Investitionsentscheidungen dieses SOK zugrunde, sind die Bedingungen (1.) und (2.) gewährleistet, und alle Investitionen mit nicht-negativem Kapitalwert durchgeführt, dann wird die genannte Optimalitätsbedingung der allokativen Effizienz erfüllt.

Das Modell der vollkommenen Konkurrenz enthält nur die Wirtschaftseinheiten Haushalte und Unternehmungen, nicht aber den Staat. Daher stellt sich nun die entscheidende Frage, ob das abgeleitete konsistente Investitionskriterium auch für diejenigen Investitionen gewählt werden muß, die von einem staatlichen Investor vorgenommen werden.

## § 5. Die Konsistenz des öffentlichen Investitionskriteriums bei vollkommenem Marktmechanismus

Zu untersuchen ist, ob öffentliche Investitionen die gleichen Eigenschaften aufweisen, wie sie im vollkommenen Konkurrenzmodell für die privaten postuliert werden. Stellt sich heraus, das dies nicht zutrifft, dann ist das Kapitalwertkriterium, wie es eben spezifiziert wurde, für öffentliche Investitionen ein inkonsistentes Suboptimierungskriterium (SOK). In diesem Fall muß geprüft werden, wie dieses Investitionskriterium dann modifiziert werden muß, damit es wieder konsistent wird. Da die GNKA nur zur Bewertung einer bestimmten Art von staatlichen Investitionen, nämlich der Sozialinvestitionen, herangezogen wird, untersuchen wir im Folgenden deren Besonderheiten.

### 1. Besonderheiten öffentlicher Sozialinvestitionen

Um die Eigenschaften öffentlicher Sozialinvestitionen zu erörtern, ist es zweckmäßig, zuerst den Begriff einer (öffentlichen) Sozialinvestition zu umreißen. Diesen leiten wir aus einer allgemeineren Definition einer öffentlichen Investition ab.

#### *1.1. Zum Begriff der Sozialinvestition*

In der Nationalökonomie versteht man unter einer Investition den Einsatz von Produktionsfaktoren außerhalb des Bereichs privater Haushalte, vorgenommen in der Absicht einer Vergrößerung und/oder Verbesserung des Produktionsapparates, mit dem Ziel einer besseren zukünftigen Versorgung[21]. Wird dieser Faktoreinsatz aus öffentlichem Einkommen finanziert und unterliegt seine dispositive Gestaltung einer staatlichen Entscheidungseinheit, dann wollen wir diesen investiven Faktoreinsatz als eine öffentliche Investition bezeichnen.

Hedtkamp versteht unter einer öffentlichen Investition dagegen alle diejenigen Staatsausgaben, „die die Produktionskapazität des Staates oder der Privaten cet. par. erhöhen, d. h. in diesem Sinne einen Kapazitätseffekt haben, gleichgültig, ob es sich um soziale (Sozialkapital) oder erwerbswirtschaftliche Investitionen handelt"[22]. Diese Definition öffentlicher Investitionen enthält auch zins- und/oder kreditsubventionierte private Investitionen und ist auf reine Kapazitätseffekte beschränkt. Deshalb ziehen wir den aus der Meinholdschen Definition abgeleiteten Begriff einer öffentlichen Investition vor. Dieser berücksichtigt nämlich auch alle direkten Wachstumseffekte und die indirekten ebenfalls, wenn wir den Produktionsapparat nicht als volkswirtschaftlichen Kapitalstock auffassen, sondern umfassender interpretieren. Rüstungsausgaben und Ausgaben für Arbeitsbeschaffungsmaßnahmen sowie Finanzinvestitionen sind ausgeschlossen.

Bisher steckt der Begriff der öffentlichen Investition nur generell den staatlichen Bereich einer investiven Einkommensverwendung gegenüber dem privaten sowie dem staatlichen konsumptiven ab. Die Bewertungsverfahren der GNKA werden aber nicht auf alle öffentlichen Investitionen schlechthin angewendet, sondern hauptsächlich auf Investitionen in die Infrastruktur. Als staatliche Infrastrukturinvestitionen lassen sich diejenigen Staatsausgaben aussondern, „die zwar für öffentliche Güter getätigt werden, jedoch insofern Investitionen darstellen, als gegenwärtigem Aufwand künftige Erträge entsprechen[23]. Diese Fassung hat den Vorteil, den Ertragsaspekt öffentlicher Investitionen explizit einzuführen und sich nicht auf eine ihrer Wirkungen, den Kapazitätseffekt, als konstitutives Merkmal zu beschränken. Andererseits ist der Zweck der Staatsausgaben, nämlich die Verwendung für öffentliche Güter, für unser Ziel zu eng umrissen, denn nicht alle Infrastrukturinvestitionen erzeugen Kollektivgüter.

---

[21] *Meinhold*, H., Artikel: Investition, in: HdSW, Bd. 5, S. 334.

[22] *Hedtkamp*, G., Bestimmungsgründe für Struktur und Umfang der öffentlichen Ausgaben, in: SVSP, NF 47 (1967), S. 85; ähnlich, jedoch undifferenzierter auch Littmann, K., Zunehmende Staatstätigkeit und wirtschaftliche Entwicklung, Köln und Opladen 1957, S. 104. Die fiskalische Definition Hallers, öffentliche Investitionen seien nur diejenigen Staatsausgaben, die das staatliche Sachvermögen erhöhen, ist für unsere Zwecke völlig unbrauchbar; *Haller*, H., Zur Problematik der Kreditfinanzierung öffentlicher Ausgaben, in: FA, NF 19 (1959), S. 81.

[23] *Stohler*, J., Zur rationalen Planung der Infrastruktur, in: KP, vol. 11 (1965); im Folgenden zitiert als *Stohler*, Planung der Infrastruktur; S. 294; auch *Jürgensen*, H., Wachstums- und Verteilungseffekte bei Investitionen, in:

Am besten glauben wir den prinzipiellen Anwendungsbereich der GNKA durch Einführung des Terminus Sozialinvestition abklären zu können. Diese werden nicht „wegen der direkten Wirkung auf die Höhe und Struktur des Sozialprodukts für notwendig gehalten, sondern weil sie erst seine Erzeugung möglich machen, die dann die Endnachfrage befriedigt“[24]. Zu den Sozialinvestitionen rechnen hauptsächlich einmal die Bildungs-, Forschungs- und Gesundheitsinvestitionen, sowie zum anderen alle Investitionen in die materielle Infrastruktur. Diese besteht aus „1. (der) Gesamtheit aller Anlagen, Ausrüstungen und Betriebsmittel in einer Volkswirtschaft ..., die zur Energieversorgung, Verkehrsbedienung und Telekommunikation dienen, 2. (den) Bauten usw. zur Konservierung der natürlichen Ressourcen und Verkehrswege im weitesten Sinne (z. B. Deichbau und Flutschutz, Ent- und Bewässerung, Verhinderung von Wind-, Wasser- und Temperaturerosion, Abwässer- und Abraumbeseitigung zur Erhaltung der Gewässer) und 3. (den) Gebäude(n) und Einrichtungen der staatlichen Verwaltung, des Erziehungs- und Forschungs- sowie des Gesundheits- und Fürsorgewesens“[25]. Die gesamtwirtschaftliche Bedeutung der Wirkungen von Sozialinvestitionen ist oft nur im Zusammenhang der gesamten Volkswirtschaft zu erfassen, denn ihr „Erscheinungsbild ... rückt die Problemstellung der Marktform, der Divergenzen zwischen den privaten und sozialen Kosten- und Ertragsrechnungen ... in den Vordergrund“[26].

Meinholds Investitionsbegriff und alle anderen Fassungen sind nicht speziell betriebswirtschaftlich orientiert. Ein dem betriebswirtschaftlichen Investitionsbegriff ähnlicher, mikroökonomischer Begriff einer öffentlichen Sozialinvestition existiert nicht[27]. Erstmals sind in den Cost-Benefit-Ansätzen Versuche unternommen worden, ein Konzept einer öffentlichen Investition zu entwickeln, das insbesondere auf die bei der Vornahme von Sozialinvestitionen entstehende Problematik zugeschnitten ist. Die Schwierigkeit bei diesen Investitionen liegt besonders in der sachgerechten Feststellung, Messung und Bewertung der relevanten tatsächlichen und/oder hypothetischen Zahlungsströme[28]. Da

---

Wirtschaftskreislauf und Wirtschaftswachstum, Festschrift für C. Föhl, Tübingen 1966, S. 82, verwendet diese Definition.

[24] *Jochimsen*, R., Theorie der Infrastruktur, Tübingen 1966; im Folgenden zitiert als *Jochimsen*, Infrastruktur, S. 105.

[25] *Jochimsen*, Infrastruktur, S. 103.

[26] Ders., S. 108.

[27] Zum betriebswirtschaftlichen Investitionsbegriff siehe zwei extreme Positionen: *Schneider*, E., Wirtschaftlichkeitsrechnung, 4. Aufl., Tübingen und Zürich 1962, S. 1, versteht unter einer Investition Umwandlung von Geld in Anlage- und Umlaufvermögen; *Boulding*, K. E., The Theory of a Single Investment, in: QJE, vol. 49 (1935), S. 476, jedoch "the complete history of an income account from the day of its inception to the day of its final liquidation".

unsere Betrachtungen ausschließlich auf die gesamtwirtschaftlichen Interdependenzwirkungen einer abstrakten, exemplarischen Sozialinvestition abstellen, tritt dieser konkret-einzelwirtschaftliche Bezug öffentlicher Investitionen im Gegensatz zu praktischen Untersuchungen hier in den Hintergrund. Für unsere theoretische Analyse ist es vorteilhaft, den gedanklichen Ansatzpunkt Fishers[29], der in der auf das vollkommene Konkurrenzmodell bezogenen Interpretation Hirshleifers schon dargestellt wurde, auf öffentliche Sozialinvestitionen zu übertragen, und diese als ein staatliches Instrument zur intertemporalen Umverteilung des Volkseinkommens zu interpretieren.

### *1.2. Eigenschaften der Sozialinvestitionen*

Als Ausgangspunkt der Überlegungen bietet sich eine Übersichtstabelle von Stohler an — vgl. Tabelle I —, in der neun Infrastruktursektoren — eigentlich: Funktionen der Infrastruktur — unterschieden, und die für diese typischen Eigenschaften in elf Kriterien, unter technischen, ökonomischen und institutionellen Gesichtspunkten, erfaßt werden[30]. Ein Plus- bzw. Minuszeichen bedeutet, daß ein Kriterium zutrifft bzw. nicht zutrifft.

Der vorgenommenen Abgrenzung folgend, wird der Sektor Verteidigung (VII) nicht zu den Sozialinvestitionen gezählt; statt dessen wäre aber ein Sektor Kommunikation hinzuzufügen. Das Kriterium (10) „generell verwendeter Input" kann vernachlässigt werden, weil das, was es bezeichnet, sowieso im Begriff der materiellen Infrastruktur enthalten ist; ebenso die Kriterien (9) und (11), da sie für unsere Betrachtungen irrelevant sind. Die Kriterien (9) bis (11) sind daher in der Tabelle I ausgekreuzt.

Es ist plausibel anzunehmen, daß öffentliche Investitionen in die verschiedenen Infrastruktursektoren auch deren spezielle Merkmale aufweisen. Soll die Kapitalwertmethode für diese Sozialinvestitionen das konsistente SOK sein, dann müssen erstens alle für vollkommene Entscheidungskriterien geforderten Eigenschaften erfüllt sein, und zweitens darf weder die „technische" noch die „institutionelle" Modellprämisse der vollkommenen Konkurrenz verletzt werden. Der Kapital-

---

[28] Siehe *Prest/Turvey*, a.a.O., S. 177 ff., und die Fachberichte in den PP der XXII. Sitzung des International Institute of Public Finance in York, 1966, abgedruckt in: PF, vol. 22, 1/2, (1967), sowie die Conference Papers in: Schaller, H. G. (Hrsg.), Public Expenditure Decisions in the Urban Community, Washington, D. C., 1962/63.

[29] Siehe *Fisher*, I., The Theory of Interest, New York 1930, Kap. 9 - 11, und vgl. S. 46 ff. dieser Arbeit.

[30] *Stohler*, Planung der Infrastruktur, S. 288.

*Tabelle I:* **Kriterien der Infrastruktur**

| Kriterien / Sektoren | Ungültigkeit des exclusion principle (1) | Economies of sale; (Unteilbarkeit) (2) | Finanzierung aus öffentlichen Mitteln (Defizit der Anlagen) (3) | Mängel der Konsumentensouveränität (4) | Mängel an individ. Voraussicht und/oder lange Lebensdauer (5) | Ausgeprägte externe Effekte (6) | Strukturelle Interdependenz innerhalb des Sektors (7) | Zentrale Planung und/oder Betriebsführung (8) | Großer Umfang und hohes Risiko der Investition (9) | Generell verwendeter Input („essential") (10) | Bedeutender Anteil d. Gemeinkosten (komplementäre Leistungen einer Anlage) (11) |
|---|---|---|---|---|---|---|---|---|---|---|---|
| I Verkehr | ± | + | ± | + | + | + | + | ± | + | + | + |
| II Energie | − | + | − | − | + | + | + | ± | + | + | − |
| III Ausbildung | − | − | + | + | + | + | + | ± | − | + | ± |
| IV Forschung | ± | ± | ± | + | + | + | + | ± | + | + | + |
| V Gesundheit | + | − | ± | + | + | + | + | − | − | + | + |
| VI Wasserwirtschaft und -bau | + | + | + | + | + | + | + | + | + | + | + |
| VII Verteidigung | + | + | + | + | + | + | + | + | + | + | + |
| VIII Justiz, Polizei, Verwaltung | + | − | + | − | − | + | − | + | − | + | + |
| IX Wohnungsbau | − | − | − | − | + | + | − | ± | − | + | − |

wertmethode liegt für jedes Investitionsobjekt eine Produktionsfunktion zugrunde, und wir werden prüfen, ob diese bei Sozialinvestitionen die erforderlichen Eigenschaften besitzt.

Von Stohlers Tabelle gehen wir deshalb aus, weil sie u. E. alle in der Literatur als Eigenschaften der Infrastruktur genannten Charakteristika enthält, und wir zeigen können, daß sich (fast) alle Kriterien auf vier ökonomische Grundeigenschaften zurückführen lassen, nämlich auf drei technische Eigenheiten der in Sozialinvestitionen fixierten Technologie (Unteilbarkeiten im Input, im Output und direkte Interdependenzen)[31] und auf (externe) monetäre marktmäßige Transfers. Nur diese vier Kriterien sind im Hinblick auf die geforderten Konsistenzbedingungen relevant. Des weiteren ergibt die Untersuchung dieser vier Kriterien, daß keines irgendwelche gerade für öffentliche Investitionen spezifischen Eigenschaften charakterisiert. Wir behandeln die vier Grundeigenschaften jetzt in der Reihenfolge der Kriterien (2), (1) und (6); letzteres enthält auch das nicht-technologische Grundphänomen.

### 1.21. Unteilbarkeiten bei Investitionen

Unteilbarkeiten des Inputs liegen vor, wenn bei beliebiger Teilbarkeit des Outputs mindestens einer der bei einer Investition benötigten Inputs aus technologischen Gründen Beschränkungen hinsichtlich seiner kleinsten zulässigen Menge unterworfen ist. Oder aber auch, wenn rationellere Produktionsverfahren erst bei bestimmten, größeren Ausbringungsmengen eingesetzt werden können. Dies hat zur Folge, daß diese Investition eine gewisse, von diesem Faktorminimum determinierte, nicht unterschreitbare Mindestgröße erfordert. M.a.W., die Kapazität des Investitionsprojektes kann nicht beliebig verringert, bzw. nur um ganzzahlige Vielfache vergrößert werden. Die Technologie weist zunehmende Skalenerträge auf, eine Eigenschaft der zugrunde liegenden Produktionsfunktion[32]. Die Bedeutung der Inputunteilbarkeiten liegt vor allem in den durch sie verursachten Auslastungseffek-

---

[31] Diese technologischen Merkmale staatlicher Infrastrukturinvestitionen werden übereinstimmend genannt von *Krutilla/Eckstein*, a.a.O., S. 42 - S. 44, *Lind*, R. C., Cost-Benefit-Analysis, Discussion Paper, Stanford o. J., S. 14 ff., und *Arrow*, Social Investment, S. 3; die Unteilbarkeit der Anlagen (Inputs) und direkte Interdependenzen von *Stohler*, Planung der Infrastruktur, S. 281. Einige Autoren erwähnen auch die lange (technische) Lebensdauer der Anlagen, so *Preiser*, E., Investition und Zins, in: Preiser, E., Bildung und Verteilung des Volkseinkommens, 3. Aufl., Göttingen 1963, S. 193, und *Stohler*, Planung der Infrastruktur, S. 288.

[32] Zur mathematisch-analytischen Behandlung von Inputunteilbarkeiten in der Produktionsfunktion siehe die klassische Arbeit von *Smithies*, A., The Boundaries of the Production and the Utility Function, in: Exploration in Economics, London 1936, S. 326; zu Begriff und Definition zunehmender Skalenerträge siehe *Allen*, Economics. S. 334/5.

ten: Über den gesamten relevanten Outputbereich der betreffenden Investition sinken die totalen Durchschnittskosten des Outputs, und sind die Grenzkosten immer kleiner als jene[33].

Im vollkommenen Konkurrenzgleichgewicht führt die Preis-gleich-Grenzkosten-Regel dazu, daß der Finanzertrag dieser Investition nicht ihre Kosten deckt. Der Investor/Produzent wird bei dieser Investition folglich Verluste machen, da ihr Kapitalwert negativ sein wird. Unter diesen Modellbedingungen würde dieses Gut daher nicht produziert werden, und es müßte ersatzweise als staatliche Leistung von einer öffentlichen Institution angeboten werden. Auch der öffentliche Investor/Produzent müßte seine Leistungen (Outputs) modellgemäß zum Grenzkostenpreis anbieten. Das bei der Verfolgung dieser Unter-Vollkosten-Preisfestsetzung eintretende Defizit wird aus öffentlichen Mitteln gedeckt, im Wege der „Selbstauferlegung eines allgemeinen Finanzierungszwanges der Gemeinschaft“[34]. Inputunteilbarkeiten (Kriterium [2]) können eine Finanzierung aus öffentlichen Mitteln und eine zentrale Planung und/oder Betriebsführung (Kriterien [3] und [8]) zur Folge haben, sofern nicht eine dezentrale, private Produktion, reguliert durch eine staatlich beaufsichtigte Preispolitik, an die Stelle der staatlich angebotenen Leistung tritt.

### 1.22 Kollektivguteigenschaften

Zwei Typen von Unteilbarkeit beim Output eines Investitionsprojektes müssen unterschieden werden, die vollständige Unteilbarkeit und die nicht beliebige Teilbarkeit des Produktionsergebnisses.

Im ersten Fall ist bei gegebener Kapazität einer staatlichen Investition das Produktionsergebnis physisch überhaupt nicht teilbar. „Produkte“ dieser Art heißen Kollektivgüter oder öffentliche Dienstleistungen und sind nicht marktfähig, weil jeder Konsument in ihren Genuß gelangen kann, ohne dafür einen Preis zahlen zu müssen. Kollektivgüter werden dadurch definiert, daß “each individual's consumption of such good leads to no subtraction from any other individual's consumption of that good”[35], d. h. “it differs from a private consumption good in that each man's consumption of it ... is related to the total ... by a condition of *equality* rather than of summation”[36].

[33] *De Scitovsky*, Welfare, S. 126 ff.

[34] *Stohler*, Planung der Infrastruktur, S. 282; ähnlich auch *Jochimsen*, Wohlstandsökonomik, S. 82, und *Littmann*, a.a.O., S. 105, indem er auf die Unabhängigkeit der Sozialinvestitionen von privaten Ersparnissen hinweist.

[35] *Samuelson*, P. A., The Pure Theory of Public Expenditures, in: REcsta, vol. 36, 4 (1954); im Folgenden zitiert als *Samuelson*, Pure Theory; S. 387.

[36] *Samuelson*, P. A., Diagrammatic Exposition of a Theory of Public Goods, in: REcsta, vol. 37 (1955); im Folgenden zitiert als *Samuelson*, Diagrammatic Exposition; S. 350.

Diese Eigenschaft ist Ausdruck der Nutzendiffusion, d. h. der Tatsache, daß kein Individuum vom Genuß dieses Produktes (Dienstleistungen) ausgeschlossen werden kann, ohne daß es allen verwehrt werden würde[37].

Als Beispiele seien genannt: der Schutz, den ein Deichbau gewährt, der Output eines Leuchtturmes, die Ausstrahlung eines Radioprogrammes oder die künstliche Beregnung durch chemische Behandlung von Wolken. Fälle reiner Kollektivgüter sind selten; auch private Güter weisen oft deren Merkmale auf; z. B. der private Garten, dessen Anblick Spaziergänger erfreut; die Mauer, die darum gebaut wird, um den Einblick zu verwehren. In jedem Falle gilt, daß der mit der Wahl der Größe eines derartigen Projektes eindeutig bestimmte Gesamtausstoß nur variiert werden kann, indem die Investition als solche größer oder kleiner gewählt wird. In diesem Zusammenhang ist darauf hinzuweisen, daß der invariable, durch die gegebene Kapazität determinierte Output nicht vom Grad der Inanspruchnahme durch Wirtschaftssubjekte abhängt; nur sein gesellschaftlicher Wert wird mit zunehmender Nutzung größer.

Erzwingen technisch-organisatorische, d. h. außerökonomische Faktoren eine nicht unterschreitbare Mindestgröße, die die öffentliche Investition aufweisen muß, um den gewünschten Zweck überhaupt zu erreichen, z. B. beim Bau eines Leuchtturmes, dann haben wir den zweiten Fall, das begriffliche Gegenstück zu den Inputunteilbarkeiten, vor uns. Wie dieses Beispiel zeigt, können beide Erscheinungen, d. h. Diskontinuitäten bei der Erzeugung von Kollektivgütern, als Mischung in einem öffentlichen Investitionsprojekt auftreten.

Die Nutzendiffusion bei Kollektivgütern bewirkt, daß das Ausschlußprinzip (Kriterium [1]), ein akzessorisches Kennzeichen privater Güter, nicht wirksam ist[38]. Da es keine Märkte für solche Güter geben kann, existieren auch keine Marktpreise, an denen sich die Konsumenten mit ihrer Nachfrage orientieren könnten. Das Prinzip der Konsumentensouveränität, welches in freien Marktwirtschaften die Güterproduktion nach Art und Umfang steuert, wird hiermit durchbrochen — Kriterium (4) der Tabelle[39]. Selbst wenn es einen Markt gäbe, würden die Wirt-

---

[37] *Krutilla/Eckstein*, a.a.O., S. 42. Der Ausdruck Nutzendiffusion wird in diesem Zusammenhang verwendet von *Stohler*, Planung der Infrastruktur, S. 283, und von *Jochimsen*, Wohlstandsökonomik, S. 96.

[38] *Krutilla/Eckstein*, a.a.O., S. 42; vgl. auch *Lind*, Cost-Benefit-Analysis, S. 14; anders aber Bator, der die Aufhebung des Ausschlußprinzips bei öffentlichen Gütern als Ausnahme beurteilt; *Bator*, F., The Anatomy of Market Failure, in: QJE, vol. 72 (1958); im Folgenden zitiert als *Bator*, Market Failure; S. 374 f.

[39] Zum Begriff der Konsumentensouveränität siehe *de Scitovsky*, T., On the Principle of Consumer Sovereignty, in: AER (PP), vol. 52 (1962); im Folgenden zitiert als *de Scitovsky*, Consumer Sovereignty; S. 262 ff.

schaftssubjekte tendenziell dazu verleitet werden, ihre wahren Präferenzen zu verbergen, in der Hoffnung, daß andere diese Güter gegen Entgelt erwerben, und sie selbst dann unentgeltlich in deren Genuß gelangen. Das Angebot an öffentlichen Gütern und Dienstleistungen sowie ihre Bewertung bestimmen sich daher aus einem politischen Entscheidungsprozeß.

Eine private Unternehmung wird Investitionen, deren Outputs bedeutende Kollektivguteigenschaften aufweisen, nicht vornehmen, weil "consumption of (these) goods or services can not be made contingent on the payment of a price"[40]. Sollen spezifisch öffentliche Bedürfnisse (social wants proper)[41] in einer Marktwirtschaft nicht unbefriedigt bleiben, dann muß der Staat als Investor/Produzent tätig werden. Hieraus folgen erneut — diesmal aber zwangsläufig — die beiden Charakteristika Finanzierung aus öffentlichen Mitteln via kollektiven Finanzierungszwang und zentrale Planung und Betriebsleitung, Kriterien (3) und (8) der Tabelle.

### 1.23. Externe Ersparnisse

Wir betrachten im Folgenden nur die „Output-" oder „Benutzungsseite" einer Sozialinvestition, d. h. ihre externen positiven, Dritte begünstigenden Wirkungen, vernachlässigen also Effekte, die sich darin zeigen, daß öffentliche Investitionen volkswirtschaftliche Kosten erzeugen können. Dieses vereinfachende Vorgehen kann so interpretiert werden, das zwar "external diseconomies" entstehen, diese per saldo aber von den externen Ersparnissen mehr als aufgewogen werden. Um den Sachzusammenhang mit den beiden anderen technisch bedingten Kriterien zu wahren, werden zuerst die außermarktmäßigen, dann die marktmäßigen externen Ersparnisse eingeführt.

Außermarktmäßige externe Ersparnisse sind vornehmlich statische Phänomene, die die Profitabilität einer Investition nicht direkt berühren. Diese direkten Interdependenzen wirken weder über den Marktpreis noch über die vom betroffenen Unternehmen bzw. Konsumenten am Markt angebotenen und/oder nachgefragten Gütermengen, sondern über die Produktions- bzw. die Nutzenfunktionen auf den Output bzw. das Befriedigungsniveau des betroffenen Unternehmens bzw. Konsumenten. Zwischen Unternehmungen wird diese Beziehung "external economies in production" genannt, zwischen Konsumenten und Unternehmungen "producer's direct influence on satisfaction"[42].

---

[40] *Krutilla/Eckstein*, a.a.O., S. 42.

[41] *Musgrave*, R. A., Finanztheorie, Tübingen 1966, S. 8.

[42] Zur genauen Definition siehe *de Scitovsky*, External Economies, S. 144; zu Definition und modellmäßiger Darstellung der produktionsmäßigen exter-

Obgleich das tatsächliche Vorkommen der producer's external economies als sehr gering erachtet wird, ist strukturelle Interdependenz der Investitionen eines Infrastruktursektors — Kriterium (7) — ein quantitativ sehr wichtiges und häufiges Charakteristikum öffentlicher Sozialinvestitionen[43]. Auch die positiven direkten Effekte staatlicher Investitionen auf das Befriedigungsniveau der Konsumenten können sehr beachtlich werden. Im Sektor „Kommunikation" liefert der Fernsprechdienst ein Beispiel. Das Befriedigungsniveau der Teilnehmer wird in der Regel positiv von der Größe des Gesamtnetzes beeinflußt werden.

Die marktmäßigen externen Ersparnisse, "pecuniar external economies" genannt, dagegen sind dynamische Phänomene und Kennzeichen ökonomischer Ungleichgewichtssituationen[44]. Monetäre externe Ersparnisse lassen sich theoretisch alternativ auf mehrere auslösende Ursachen zurückführen, nämlich auf kostensparende Erfindungen, Kostensenkung bei exogenen Inputs der Investition, Kostensteigerung in der Produktion von Substituten des Outputs dieser Investition, allgemeine Expansion der Nachfrage und koordinierte Planung der Investitionen[45]. Wegen zeitlicher Unvollkommenheiten des Marktmechanismus können diese Faktoren dazu führen, daß die gesamtwirtschaftliche Profitabilität von Investitionen, die derartige Effekte bei Dritten (Investitionen) auslösen, unterschätzt wird, wenn die gegenwärtig gegebenen Marktpreise der Ertrags- und Kostenmessung zugrunde gelegt werden.

Das Bewirken monetärer externer Ersparnisse, eine hervorragende Eigenschaft öffentlicher Investitionen, wurde von einigen Autoren sogar gewählt, um Sozialinvestitionen zu definieren: „Im allgemeinen sind es Investitionen, die den privaten Unternehmen Kostenvorteile gewähren und den privaten Haushalten (abgesehen von der Besteuerung) ohne Gegenleistung zur Verfügung stehen"[46]. Damit wird die Funktion des Sozialkapitals in der Marktwirtschaft angesprochen, in der es „... aus der Perspektive der marktwirtschaftlichen Rechnung einen kostenlosen Produktionsfaktor dar(stellt), der standortbestimmend wirkt"[47]. Daher wählen private Unternehmer in einer Marktwirtschaft

nen Ersparnisse siehe *Meade*, J. E., External Economies and Diseconomies in a Competitive Situation, in: EJ, vol. 42 (1952), S. 54 ff.

[43] Siehe als Beispiel die Systemeffekte in der Energieproduktion in: *Krutilla/Eckstein*, a.a.O., S. 61 ff.; skeptisch bezüglich häufigen Auftretens urteilt generell *de Scitovsky*, External Economies, S. 144, der dabei jedoch nur an negative Wirkungen denkt.

[44] Zur Definition siehe *de Scitovsky*, External Economies, S. 147.

[45] Siehe *Chenery*, H. B., The Interdependence of Investment Decisions, in: *Abramovitz* et al., The Allocation of Economic Resources, Stanford 1959, S. 95.

[46] *Wittmann*, W., Staatliche Aktivität, wirtschaftliche Entwicklung und Preisniveau, Zürich 1964, S. 21, und ähnlich *Littmann*, a.a.O., S. 107.

[47] *Littmann*, a.a.O., S. 111.

tendenziell diejenigen Produktionsmethoden und Standorte, von denen sie sich die größte Differenz zwischen den gesamtwirtschaftlichen und ihren individuellen Kosten versprechen. Oder anders gesehen: Sie suchen von den von Sozialinvestitionen bewirkten externen Ersparnissen so gut wie möglich zu profitieren.

Wegen externer monetärer Ersparnisse bei Sozialinvestitionen entstehen Rückwirkungen, die von den Konsumenten und Unternehmungen in ihren dezentralisierten Entscheidungen nicht berücksichtigt werden können: Sowohl bei der Bestimmung der Zusammensetzung des Sozialkapitals wie auch bei seiner Erzeugung versagt die Konsumentensouveränität (Kriterium [4]), und es resultiert ein Mangel an individueller Voraussicht — Kriterium (5).

Gibt es Gründe, deretwegen private Unternehmungen diejenigen Investitionen tendenziell meiden, deren Outputs positive externe Effekte für Dritte bewirken? Die Antwort wurde zum Teil schon gegeben. Bei monetären externen Ersparnissen wird die Investition im allgemeinen einen negativen Kapitalwert aufweisen. M.a.W., sie rentiert sich einzelwirtschaftlich nicht. Im Fall der technologischen Effekte ähnelt die Antwort der für Kollektivgüter. Da für denjenigen Teil der erbrachten Leistungen, der außerhalb des Kontrollbereichs der Unternehmung anfällt, sich unter marktwirtschaftlichen Bedingungen kein Preis fordern läßt, streben private Unternehmer danach, die anläßlich der Investition (Produktion) bei anderen bewirkten "external economies" zu minimieren[48]. Zwar werden die Unternehmungen versuchen, den Marktpreis wegen dieser „Verluste" kompensatorisch zu erhöhen, doch je vollkommener die Konkurrenzbeziehungen, desto weniger wird dies gelingen.

In beiden Fällen werden diese Güter bei starken externen Ersparnissen infolgedessen von der öffentlichen Hand hergestellt und angeboten — jedenfalls der Tendenz nach. Die Finanzierung der erforderlichen Investitionen aus öffentlichen Mitteln kann dann notwendige politische Konsequenz sein — Kriterium (3); eine zentrale Betriebsführung oder Planung der Produktionseinrichtungen (Kriterium [8]) folgt ebenfalls nicht zwingend.

### *1.3. Zusammenfassung und Auswertung der Ergebnisse*

Als Resultat unserer Überlegungen haben wir folgende Beziehungen: Aus Kriterium (2) folgt (3) und (8); aus (1) folgt (4) sowie (3) und (8), und aus (6) folgt (4), (5) sowie (3) und (8), bzw. bei der technischen Variante (7) sowie (3) und (8) — vgl. Tabelle I, S. 54. Unteilbarkeiten

---

[48] Vgl. auch *McKean*, Divergences, S. 2.

des Inputs (2), des Outputs (1) und externe Effekte (6), das sind die grundsätzlichen Eigenschaften der Sozialinvestitionen. Alles andere sind „abgeleitete" Merkmale, die aus diesen, teils als notwendige ökonomische Konsequenz, teils als institutionell bedingte Möglichkeit, hervorgehen. Es sind also keine Eigenschaften entdeckt worden, die ausschließlich bei staatlichen Investitionen vorkommen; auch bei privaten Investitionen findet man sie häufig. Dieser Befund ist inhaltlich der Forderung Littmanns verwandt, daß „eine Theorie der öffentlichen Investitionen ... provozierend an den Anfang den Satz stellen (sollte), daß es historisch kaum eine staatswirtschaftliche Anlage gegeben hat, die nicht auch einmal dem privaten Sektor — zumindest vorübergehend — angehörte, ..."[49]. Die beiden Kriterien, die am ehesten als Charakteristika gerade öffentlicher Investitionen anzusprechen wären, staatliche Finanzierung (3) und zentrale Planung u. Ä. (8), kennzeichnen nur „abgeleitete" Eigenschaften. Mit Ausnahme bei den Kollektivgütern sind sie immer nur mögliche, nie aber zwingende Konsequenz eines der ökonomischen Grundphänomene. Erst durch außerökonomische, politisch-gesellschaftlich determinierte Entscheidungen werden sie realisiert. Anders bei den Kollektivgütern: Will man sie in einer Marktwirtschaft anbieten, dann wird kollektives Handeln erforderlich, weil spezifisch-öffentliche Bedürfnisse nicht individuell am Markt befriedigt werden können. Diesbezügliche Konsumentenwünsche müssen daher in einem außermarktmäßigen Prozeß registriert werden. Wenn der Staat als Investor/Produzent auftritt, dann sind (3) und (8) zwingend.

Da vorläufig am statischen Charakter des Modells festgehalten werden soll, müssen die dynamischen externen Effekte bei der Würdigung dieser Ergebnisse zunächst unberücksichtigt bleiben.

Eine Gegenüberstellung der Prämissen und Annahmen der übrigbleibenden technologischen Phänomene von Sozialinvestitionen mit den Konsistenzbedingungen ergibt folgende Resultate: Die Annahme direkter Interdependenzen — Kriterium (6) — stellt offensichtlich eine Verletzung des Vollkommenheitspostulats für konsistente Entscheidungskriterien dar. Es werden außermarktmäßige Einflüsse auf das Befriedigungsniveau der Konsumenten bzw. auf den Gewinn der Unternehmung zulässig, die zu einer Abweichung der gesamtwirtschaftlichen von der einzelwirtschaftlich-marktmäßigen Bewertung der Güter durch die Wirtschaftssubjekte führen.

Die beiden anderen Kriterien, (1) und (2), kennzeichnen Eigenschaften, die auf ein und dieselbe ökonomische Ursache zurückgehen. Input- wie Outputunteilbarkeiten verletzen die technische Konsistenzvorausset-

---

[49] *Littmann*, a.a.O., S. 105.

zung der beliebigen Teilbarkeit der Güter, allerdings mit unterschiedlicher Konsequenz. Die zunehmende Skalenerträge begründende Annahme von Inputunteilbarkeiten stellt einen indirekten Verstoß gegen das Vollkommenheitspostulat dar, da dieses für die Produktionsfunktionen konstante Skalenerträge voraussetzt. Die gleiche technologische Annahme, auf den Output einer Investition bezogen, führt dagegen zu einer schweren Verletzung des institutionellen Rahmens des vollkommenen Konkurrenzmodells, insofern Kollektivgüter nicht marktfähig, d. h. einer dezentralisierten Allokation unzugänglich sind.

Etwas anders gesehen läßt sich auch sagen, daß die Entscheidungsgrenzen des *individuellen* Entscheidungsbereiches des Investors verwischt werden. Seine Dispositionen „überragen" den Raum, der kalkulierbar ist.

Jede der drei elementaren Eigenschaften einer Sozialinvestition impliziert daher mindestens eine Verletzung der Voraussetzungen für die Gültigkeit des Äquivalenztheorems über allokative Effizienz und vollkommenes Konkurrenzgleichgewicht. Das bisherige Investitionskriterium wird daher zu einem inkonsistenten SOK, wenn es zur Bewertung und Auswahl öffentlicher Sozialinvestitionen unter vollkommenen Konkurrenzbedingungen herangezogen wird. Bei der nun zu diskutierenden Frage, wie die Kapitalwertmethode modifiziert werden muß, um ihre Konsistenz auch für öffentliche Investitionen zu gewährleisten, werden wir den pathologischen Fall der Kollektivgüter ausschalten müssen, weil diese mit einer fundamentalen Prämisse des zugrunde liegenden Modells unvereinbar sind.

## 2. Konsistenzerfordernisse für das öffentliche Investitionskriterium

Im Folgenden führen wir aus, welche Konsequenzen im einzelnen aus der Annahme von Inputunteilbarkeiten und direkten Interdependenzen für die normative Interpretierbarkeit von Marktdaten im vollkommenen Konkurrenzmodell gezogen werden müssen. Anschließend werden die neuen Konsistenzbedingungen dem tatsächlichen Vorgehen der GNKA gegenübergestellt.

### *2.1. Konsistenztheoretische Implikationen aus Inputunteilbarkeiten und direkten Interdependenzen*

Wenn alle Voraussetzungen des betrachteten Modells perfekt erfüllt sind, dann können im totalen Marktgleichgewicht alle Marktdaten normativ interpretiert werden — das besagt das Äquivalenztheorem unter anderem. Die aus dem totalen Marktgleichgewicht der vollkommenen Konkurrenz resultierenden Marktpreise determinieren einen Satz gesamtwirtschaftlicher Grenzraten der Transformation, beide numerisch einander gleich, die die Optimalitätsbedingungen der allokativen Effizienz erfüllen. Die durch den Marktprozeß entstandene, gleichgewichtige gesamtwirtschaftliche Input-Output-Konfiguration ist allokativ-effizient. Beides, Marktpreise und -mengen, besitzt deshalb eine normative Bedeutung. Bei Inputunteilbarkeiten und direkten Interdependenzen hingegen werden sowohl die gesamtwirtschaftliche Input-Output-Konfiguration als auch der resultierende Satz von Marktpreisen von dem optimalen Wert generell abweichen. Zuerst wenden wir uns den weniger problematischen Inputunteilbarkeiten zu.

Es sei angenommen, daß die einer Sozialinvestition zugrunde liegende Produktionsfunktion zunehmende Skalenerträge aufweise und dies auf Unteilbarkeiten des Inputs zurückzuführen sei. Es ist nun möglich, daß der Investor/Produzent den nicht beliebig teilbaren Faktor nicht mehr in denjenigen Mengen einsetzen kann, die die Grenzkosten des Outputs dem gegebenen Marktpreis gleich machen. In diesem Fall hört der gewählte einzelwirtschaftliche Input-Output-Vektor auf, allokativ-effizient zu sein. Da entweder mehr oder weniger am Markt angeboten bzw. nachgefragt wird als die gesamtwirtschaftlich optimalen Mengen, weichen auch die Marktpreise der betroffenen Güter von ihren optimalen Werten ab. Der Interdependenzzusammenhang aller Märkte bewirkt im Endergebnis, daß die Marktpreise prinzipiell, und konsequenterweise auch alle anderen individuellen Input-Output-Relationen, nicht mehr allokativ-effizient zu sein brauchen. M.a.W.: Es gibt einen Unbestimmtheitsbereich der Marktlösung. Das tatsächlich produzierte Outputbündel der Volkswirtschaft wird nicht mehr mit dem allokativ-effizienten übereinstimmen.

Bezogen auf das Investitionskriterium folgt, daß die zweite Konsistenzbedingung — alle Kosten und Erträge sind zu Marktpreisen zu bewerten — nicht mehr zum Ziel führt. Das Preissystem ist zwar operativ, und die bestehenden Marktpreise sind ein exakter Ausdruck der gesellschaftlichen Bewertung der Güter, doch verhindert die nichtbeliebige Teilbarkeit (wenigstens eines) der Inputs, daß durch den Marktmechanismus der vollkommenen Konkurrenz die gesamtwirtschaftlich optimale, d. h. allokativ-effiziente Preis- und Outputrelation verwirklicht wird.

Bei direkten Interdependenzen kamen wir zur Feststellung, daß das Investitionskriterium unvollkommen wird. Welche konsistenztheoretischen Konsequenzen ergeben sich daraus? Zur Beantwortung dieser Frage ist es zweckmäßig, das Kapitalwertkriterium

$$V(x) = \sum_{t=1}^{H} [B_t(x) - C_t(x)] \; (1 + r)^{-t} - K_0(x)$$

ein wenig umzuformulieren.

Wir lassen die Skalenvariable $x$ weg und führen statt dessen Outputs und Inputs einer Investition explizit ein,

mit

$$x_{it} \begin{Bmatrix} \geq 0 \\ \leq 0 \end{Bmatrix} \quad \text{für} \quad \begin{Bmatrix} i \text{ als Outputindex und} \\ i \text{ als Inputindex} \end{Bmatrix},$$

wobei der Index $i$ über alle $n$ Güter der Volkswirtschaft läuft ($i = 1, \ldots, n$). Weiterhin ziehen wir Erträge ($B_t$) und Kosten ($C_t$) zum Nettoertrag $\widetilde{B}_t \equiv B_t - C_t$ zusammen und definieren diesen als

$$\text{(5.1)} \qquad \widetilde{B}_t = \sum_{i=1}^{n} x_{it}\, p_{it} \quad \begin{Bmatrix} t = 0, \ldots, H \\ i = 1, \ldots, n \end{Bmatrix},$$

mit $p_{it} > 0$, den Marktpreisen der Güter für jede Periode innerhalb des Zeithorizonts. Da der Zeitindex von Null an läuft, werden die Kapitalausgaben ($K_0$) der Investition miterfaßt. Unter Verwendung von (5.1) kann der Kapitalwert jetzt als

$$\text{(5.2)} \qquad V = \sum_{t=0}^{H} \frac{\widetilde{B}_t}{(1+r)^t}$$

geschrieben werden.

Das Investitionskriterium (5.2) mißt den einzelwirtschaftlichen Gewinn des Investors, und wenn außer den allgemeinen auch alle speziellen Konsistenzbedingungen erfüllt sind, ist jener dem gesamtwirtschaftlichen Nettoertrag, abgekürzt als GNE, gleich. Ein jeder Investor genügt den Konsistenzbedingungen für das Kapitalwertkriterium, wenn er die Inputs bzw. Outputs $x_{it}$ seiner Investition mit den Marktpreisen $p_{it}$ bewertet. Da keine direkten Interdependenzen vorkommen, verbraucht jede Investition keine anderen Inputs, resp. erzeugt sie keine anderen Outputs als jene, die im individuellen Entscheidungsbereich des Investors anfallen. Mit Marktpreisen bewertet, messen die Kosten bzw. Erträge dieser Investition deshalb den gesamtwirtschaftlichen Wert des insgesamt verursachten Faktorverbrauchs bzw. den des insgesamt produzierten Outputs. Unter diesen Bedingungen sind folglich einzelwirtschaftlicher und gesamtwirtschaftlicher Nettoertrag einer Investition identisch-gleich.

Weist die Produktionsfunktion einer Sozialinvestition nun externe technologische Interdependenzen auf, dann wird entweder der totale Faktorverbrauch oder der gesamte Output dieser Investition nicht mehr vollständig in ihrem einzelwirtschaftlichen Input-Output-Vektor, definiert als ($\bar{x}_{1t}, \ldots, \bar{x}_{nt}$), erfaßt. Außerhalb des Entscheidungsbereichs dieses Investors fallen im ökonomischen System weitere Outputs an, bzw. werden zusätzliche Ressourcen in Anspruch genommen. Diese Auswirkungen dieser Investition bezeichnen wir durch einen „externen" Input-Output-Vektor $(\bar{\bar{x}}_{1t}, \ldots, \bar{\bar{x}}_{nt})$. Erzeugt die Inanspruchnahme von *Inputs* anderenorts external economies (diseconomies), dann erscheinen diese Wirkungen als „externer Output" („Input") im externen Input-Output-Vektor. Ruft der *Output* dieser Sozialinvestition external economies (diseconomies) hervor, dann gehen diese Auswirkungen als „externer Output" („Input") in den externen Input-Output-Vektor ein. Ist $\bar{\bar{x}}_{it} < 0$ $(\bar{\bar{x}}_{it} > 0)$ für wenigstens ein $i$, mit $i$ als Inputindex (mit $i$ als Outputindex), dann werden volkswirtschaftliche Kosten (Erträge) verursacht. Da diese Wirkungen für die auslösende Wirtschaftseinheit keine privatwirtschaftlichen Kosten verursachen bzw. keine privatwirtschaftlichen Erträge erbringen, erscheinen sie im Investitionskalkül des privaten Investors nicht. Dies folgt aus der Definition direkter technologischer Interdependenzen. Gesamtwirtschaftlich gesehen werden aber Outputs erzeugt (wird Nutzen gestiftet) oder entsteht ein Ressourcenverzehr (wird eine Nutzenaufgabe verursacht), dessen (deren) Wert nicht in die Marktpreise $\bar{p}_{it}$ eingeht.

Diese Divergenz zwischen einzelwirtschaftlichem und gesamtwirtschaftlichem Wert eines Gutes läßt sich auch unter Bezugnahme auf die realen Opportunitätskosten erklären. Solange keine externen Effekte in der Produktion existieren, können diese Opportunitätskosten als ein rein firmeninternes Konzept interpretiert werden. Unter konstanten Skalenerträgen geben sie gleichzeitig Auskunft über die marginalen volkswirtschaftlichen Transformationsmöglichkeiten. Bei externen Ersparnissen aber weichen die firmeninternen realen Opportunitätskosten von den Opportunitätskosten für die Volkswirtschaft als Ganzes ab. Letztere sind aber das korrekte Maß für die Gesellschaft[50].

Fazit: Werden der einzelwirtschaftliche Input-Output-Vektor einer derartigen Investition und Marktpreise zugrunde gelegt, dann erfaßt die intertemporale Gewinnmaximierungsregel „Kapitalwertmaximierung" nur den einzelwirtschaftlichen Nettoertrag $\bar{V}$ dieser Investition:

$$\bar{V} = \sum_{t=0}^{H} \frac{\bar{B}_t}{(1+r)^t}, \text{ mit } \bar{B}_t = \sum_{i=1}^{n} \bar{x}_{it}\,\bar{p}_{it}, \qquad (5.1a)$$

weil ihre volkswirtschaftlichen Erträge und Kosten außer Ansatz bleiben. Für die Optimalitätsbedingungen der allokativen Effizienz zählt aber einzig der gesamtwirtschaftliche Nettoertrag (GNE) dieser Investition:

50 *Henderson*, J. M. und R. E. *Quandt*, Microeconomic Theory, New York 1958, S. 214 ff.

(5.3)
$$GNE = \sum_{t=0}^{H} \frac{\bar{B}_t + \bar{\bar{B}}_t}{(1+r)^t}\,, \text{ mit } \bar{\bar{B}}_t = \bar{\bar{x}}_{it}\bar{\bar{p}}_{it} \text{ und}$$
$$(i = 1, \ldots, n;\ t = 0, \ldots H)\,,$$

wobei die $\bar{\bar{p}}_{it} > 0$ sogenannte non-market values sind. Kommen direkte Interdependenzen vor und wird (5.1) als Investitionskriterium verwendet, dann wird das bei vollkommener Konkurrenz tatsächlich produzierte Outputbündel der Volkswirtschaft nur zufällig mit dem allokativ-effizienten übereinstimmen[51].

Für öffentliche Investitionen mit außermarktmäßigen Effekten muß die Kapitalwertmethode in jedem Fall den gesamtwirtschaftlichen Nettoertrag (5.3) erfassen, d. h. es müssen die gesamtwirtschaftlichen Kosten und Erträge einer Sozialinvestition zugrunde gelegt werden. Da derartige Investitionen hauptsächlich externe positive Systemeffekte bewirken, wird $\bar{\bar{B}}_t$ generell positiv sein, d. h. volkswirtschaftliche Erträge signalisieren.

Die in (5.3) vorgenommene Zerlegung des gesamtwirtschaftlichen Wertes ($p_{it}$) eines Gutes in eine marktmäßige ($\bar{p}_{it}$) und eine außermarktmäßige Wertkomponente ($\bar{\bar{p}}_{it}$) ist nur symbolisch-formal möglich. Sie sollte zeigen, daß direkte Interdependenzen dazu führen, daß der gesamtwirtschaftliche Wert von Faktoren und Produkten nicht mehr ausschließlich über das Preissystem bestimmt werden kann. Tatsächlich läßt sich dieser nur noch als ein hypothetischer Preis definieren, "that would express its (eines Gutes, Verf.) marginal valuation if everybody whose welfare is affected by its consumption would express its preferences through the market mechanism"[52].

Sowohl bei direkten Interdependenzen wie bei Inputunteilbarkeiten verliert also das Äquivalenztheorem seine Gültigkeit und die gleichgewichtigen Marktpreise eines vollkommenen Konkurrenzgleichgewichts ihre normative Interpretierbarkeit. Bei Kollektivgütern war beides von vornherein nicht gegeben. Damit wird nun die Frage aufgeworfen, wie der gesamtwirtschaftliche Wert der Güter bestimmt werden kann, der für die Konsistenz des Investitionskriteriums so entscheidend ist.

In der Theorie ist die Bestimmung dieser hypothetischen Preise unproblematisch. Man formuliert zu diesem Zweck ein Modell der allo-

---

[51] Das Vorhandensein externer Effekte ist jedoch nicht schlechthin mit einem Zustand allokativer Effizienz unvereinbar. Es sind Situationen denkbar, in denen sich derartige Wirkungen exakt kompensieren, ohne die Marginalbedingungen zu beeinflussen. Zu dieser Unterscheidung in Pareto-relevante und Pareto-irrelevante Externitäten siehe *Buchanan*, J. M. und W. C. Stubblebine, Externality, in: EA, NS 29 (1962), S. 371 ff., die sie zuerst einführten.

[52] *De Scitovsky*, Welfare, S. 143.

kativen Effizienz, in dem die kritischen Annahmen, Inputunteilbarkeit und direkte Interdependenzen, ausdrücklich berücksichtigt werden. Die abgeleiteten Optimalitätsbedingungen spezifizieren dann einen Satz von Grenzraten der Substitution (Transformation), der die allokativ-effizienten „Rechenpreise" determiniert, die den Wirtschaftseinheiten dann statt der Marktpreise vorgegeben werden müssen. Formal ist dieses Verfahren einfach, doch "there seems to be no way... of translating these formal conditions of efficiency into institutional conditions"[53]. Es läßt sich nämlich nicht so einfach angeben, wie die Struktur des ökonomischen Systems beschaffen sein muß und welche Verhaltensweisen die Wirtschaftseinheiten annehmen müssen, damit der Marktmechanismus genau diesen Satz allokativ-effizienter Rechenpreise realisiert.

Wollte man allerdings alle theoretisch feststellbaren gesamtwirtschaftlichen Interdependenzzusammenhänge einer Sozialinvestition in einem einzigen, umfassenden Modell einfangen, dann wären dessen Ergebnisse wegen ihrer Komplexität praktisch kaum auswertbar. Deshalb werden auch in der Theorie nur die wesentlichsten Interdependenzwirkungen berücksichtigt. Bei Inputunteilbarkeiten wird z. B. angenommen, daß die Optimalitätsbedingungen der allokativen Effizienz in allen Sektoren eines vollkommenen Konkurrenzmodells, mit Ausnahme des betrachteten, realisiert sind, oder das Modell ist vollständig, aber sehr gering disaggregiert, so daß die wenigen berücksichtigten Effekte vollständig erfaßt und beurteilt werden können. Beide Fälle sind selbstverständlich unrealistisch, dafür aber vernünftig, weil sie zu operationalen Ergebnissen führen. Nach dem ersten Verfahren geht der Partialansatz der Wohlfahrtstheorie vor; dieser eignet sich daher für die Ableitung von Größen- und Preiskriterien öffentlicher Investitionen bei Inputunteilbarkeiten[54]. Der zweiten Methode bedient sich die Theorie bei direkten Interdependenzen[55]. Konkrete Konsistenzbedingungen für das öffentliche Investitionskriterium lassen sich daher nicht ableiten, ohne daß spezielle Modelle formuliert werden. Da dies aber nicht beabsichtigt ist, wenden wir uns nun den Investitionskriterien der GNKA zu und prüfen, inwieweit diese den bisher erarbeiteten Konsistenzerfordernissen genügen.

---

[53] *De Scitovsky*, Welfare, S. 183.

[54] Siehe *Margolis*, J., Welfare Criteria, Pricing and Decentralization of a Public Service, in: QJE, vol. 71 (1957), S. 448 ff., und *Williamson*, O. E., Peak-load Pricing and Optimal Capacity under Indivisibility Constraints, in: AER, vol. 56 (1966), S. 810 ff., sowie *Turvey*, R., Optimal Pricing and Investment in Electricity Supply, London 1968.

[55] Siehe *Meade*, a.a.O., und die Optimalitätsbedingungen für dessen von Bator ausgeführtes Bienen-Apfelblüten-Beispiel; *Bator*, Market Failure, S. 360 ff.

## 2.2. Zur Konsistenz des Vorteilhaftigkeitskriteriums der gesamtwirtschaftlichen Nutzen-Kosten-Analyse

Obgleich in der Cost-Benefit-Literatur fast alle Investitionsrechnungsmethoden, die auch bei privaten Investitionen Anwendung finden[56], vorgeschlagen und manchmal teilweise sogar als gleichwertig empfohlen werden, ist man sich in der Theorie der GNKA weitgehend darüber einig, daß alle theoretischen Argumente auch bei Sozialinvestitionen für die Kapitalwertmethode sprechen[57]. Völlige Übereinstimmung herrscht darin, daß bei öffentlichen Investitionen dieses Kriterium den gesamtwirtschaftlichen Nettoertrag zu messen habe. Denn da unterstellt wird, daß der Staat die gesamtwirtschaftliche Wohlfahrt zu maximieren trachtet, muß folglich auch die Gesamtheit der ökonomischen Wirkungen und Interdependenzeffekte einer staatlichen Investition in das öffentliche Investitionskriterium eingehen. Als *das* fundamentale Vorteilhaftigkeitskriterium der GNKA ist daher der GNE in Form seines Kapitalwertes anzusehen:

$$GNE = \sum_{t=1}^{H} [B_t(x) - C_t(x)] (1 + r)^{-t} - K_0(x) , \tag{5.4}$$

wobei die $C_t(x)$ und $B_t(x)$ jetzt als (unspezifizierte) gesamtwirtschaftliche Kosten und Erträge zu interpretieren sind, und $r$ die sogenannte normative Diskontrate darstellt. Sie wird definiert als derjenige Kalkulationszins, der bei Entscheidungen über öffentliche (Sozial)Investitionen verwendet werden sollte[58]. Alle anderen Symbole behalten ihre alte Bedeutung. Dabei sind jetzt auch die marktmäßigen externen Effekte einer Sozialinvestition zu berücksichtigen, denn das öffentliche Investitionskriterium soll ja ‚global' orientiert sein: „‚Global' heißt hier: Unter Berücksichtigung aller Kosten und Erträge ..., so wie sie in der Volkswirtschaft unter Einbeziehung aller anderen gleichzeitig vorgenommenen Investitionen erscheinen"[59]. Aus dieser zwingenden Folgerung resultieren schwerwiegende Meß- und Bewertungsprobleme bei öffentlichen Investitionen, weil die gesamtwirtschaftlichen Kosten und

---

[56] Vgl. *Prest/Turvey*, a.a.O., S. 175, und siehe z. B. Elsholz, E., Cost-Benefit-Analysis, in: HJWG, 12. Jg. (1967), S. 297 f., und *Due*, J. F. und W. L. *Holmes*, Evaluation of Government Investment Projects, in: PF, vol. 22 (1967), S. 254 ff.

[57] Siehe *Malinvaud*, a.a.O., S. 227 ff., und die dort genannten Vertreter dieser Methode für öffentliche Investitionen, und vor allem *Marglin*, St. A., Economic Factors Affecting System Design, in: *Maass*, A. et al., Design of Water Resource Systems, 3. Aufl., London, Melbourne und Toronto 1967; im Folgenden zitiert als *Marglin*, Economic Factors; S. 164, der diese Methode dort für ein- und mehrperiodige, ein- und mehrfache Budgetrestriktionen ansetzt und die zugehörigen Optimalitätsbedingungen ableitet und diskutiert.

[58] *Bernan*, E. B., The Normative Interest Rate, Santa Monica 1959, S. 1.

[59] *Jochimsen*, Infrastruktur, S. 202.

vor allem die gesamtwirtschaftlichen Erträge außermarktmäßige Bewertungskomponenten enthalten. Diese Tatsache führt zur totalen oder teilweisen Nichtaneignungsfähigkeit des gesamtwirtschaftlichen Ertrages für den öffentlichen Investor/Produzenten.

Im Modell des vollkommenen Konkurrenzgleichgewichts kann eine "nonappropriability of benefits" nicht vorkommen[60]. Im Marktpreis eines Gutes werden alle zu seiner Produktion beitragenden marginalen Faktorleistungen voll entlohnt. Da der Preis genau dem Grenznutzen jedes Konsumenten proportional ist, d. h. der marginalen, individuellen wie gesamtwirtschaftlichen Bewertung eines Gutes entspricht, kann sich ein Produzent diesen mit dem Konsumakt einer Gutseinheit erzeugten, gesellschaftlichen Wert (= individueller Grenznutzen) im Marktpreis voll „aneignen". Diese Grundsituation ist im Auge zu behalten, wenn wir hier von der Nichtaneignungsfähigkeit des gesamtwirtschaftlichen Ertrages einer öffentlichen Sozialinvestition sprechen.

Bei Kollektivgütern kann sich der staatliche Investor (Produzent/Anbieter) den gesamtwirtschaftlichen Ertrag seiner Investition überhaupt nicht aneignen, weil es keine Marktpreise für diese Güter gibt. Der gesamtwirtschaftliche Ertrag ist hier technisch nicht aneignungsfähig. Bei einer Sozialinvestition mit externen Ersparnissen und/oder Auslastungseffekten hingegen bleibt das Preissystem operativ. Doch im ersten Fall ist der gesamtwirtschaftliche Ertrag dieser Investition technisch nicht voll aneignungsfähig, weil der Marktpreis der öffentlichen Leistung (Produkt) kleiner als ihr gesamtwirtschaftlicher Wert pro Einheit Output ist. Im zweiten Fall ist zwar der gesamtwirtschaftliche Ertrag technisch voll aneignungsfähig, doch zieht es der staatliche Anbieter in der Regel vor, diese Leistungen statt zu Marktpreisen zu administrativ festgesetzten Entgelten abzugeben. Diese sind in der Regel kleiner als jene, wenn die staatlichen Outputs meritorische Bedürfnisse befriedigen. Damit entschließt sich die Gesellschaft via staatliche Entgeltpolitik — aus sozialpolitischen oder anderen Gründen — zu einer Korrektur der in den Marktpreisen zum Ausdruck gelangenden individualistischen Geschmacksstruktur[61]. In allen drei Fällen deutet der einzelwirtschaftliche Ertrag einer Sozialinvestition nur eine Untergrenze der gesamtwirtschaftlichen Bewertung der betreffenden öffentlichen Güter und Leistungen durch die Konsumenten an. Denn diese ziehen aus deren Konsum einen Nutzen, der betragsmäßig das (den) zu entrichtende(n) Entgelt (Marktpreis) übersteigt. Da wir mit Ausnahme der Kollektivgüter zwangsweisen Konsum ausschließen

---

[60] Zum Folgenden siehe *Arrow*, Social Investment, S. 3 ff.

[61] Siehe *Musgrave*, a.a.O., S. 15 ff.

können, stellt das Entgelt (der Marktpreis) das Minimum des individuellen Nutzens eines Konsumenten dar[62].

Aus allem folgt, daß Sozialinvestitionen durch ihre Eigenschaften Bedingungen setzen, unter denen "some Paretian costs and benefits remain external to decentralized cost-revenue calculations in terms of prices"[63]. Um im Folgenden eine wiederholende Aufzählung aller diese Bedingungen erzeugenden ökonomischen Eigenschaften der Sozialinvestitionen zu vermeiden, nennen wir deren, im Bator-Zitat beschriebenen Auswirkungen „Batorsche Externitäten".

Aus der Diskussion über die partielle bzw. totale Nichtaneignungsfähigkeit des gesamtwirtschaftlichen Ertrages folgt, daß die Bewertung der gesamtwirtschaftlichen Kosten und Erträge einer Sozialinvestition sich nur teilweise auf Marktpreise stützen kann, da diese wegen Batorscher Externitäten nicht mehr die gesellschaftlich richtigen Werte der Güter und Produktionsfaktoren anzeigen. Hypothetische, d. h. berechnete Preise werden insoweit die Marktpreise ersetzen müssen. Da eine systematische Übersicht über alle in der Realität möglichen Rück- und Querwirkungen sowie über die Art und Weise ihrer Berücksichtigung in der Ertrags- und Kostenmessung für die Beurteilung der Konsistenz nicht notwendig ist[64], braucht hier nur das grundlegende Prinzip der praktischen Bewertung von gesamtwirtschaftlichen Erträgen und Kosten genannt zu werden.

Generell fragt man sich, ob der gesamtwirtschaftliche Wert eines Gutes, gedacht als Resultante aller markt- und außermarktmäßigen Bewertungen durch die Wirtschaftseinheiten, größer oder kleiner als sein tatsächlicher Marktpreis sein wird. Es muß also eine Differenz geschätzt werden, und alle praktischen Verfahren laufen mehr oder minder auf eine Korrektur der gegebenen Marktpreise jener Güter hinaus, die stark von Batorschen Externitäten „befallen" sind[65]. Alle

---

[62] Zur Frage, welche Faktoren bei der theoretischen Bestimmung dieser Benutzergebühren eine Rolle spielen, siehe: *Milliman*, J. W., Beneficiary Charges and Efficient Public Expenditure Decisions, in: The Analysis and Evaluation of Public Expenditures, vol. I, Joint Economic Committee, Washington D. C. 1969, S. 291 - 318.

[63] *Bator*, Market Failure, S. 362.

[64] Hierzu siehe *Eckstein*, Survey, S. 463 ff.

[65] Zu Einzelheiten dieser Korrektur der Marktpreise siehe *Marglin*, St. A., Objectives in Water Resource Development, in: *Maass* et al., a.a.O.; im Folgenden zitiert als *Marglin*, Objectives; S. 40 - 58; *Margolis*, J., Shadow Prices for Incorrect or Nonexistent Market Values, in: The Analysis and Evaluation of Public Expenditures, vol. I, Joint Economic Committee, Washington, D. C. 1969, S. 533 - 546, und *Feldstein*, M. S. und J. *Flemming*, Shadow Prices in Industrial Project Evaluation, in: UN Industrial Development Organisation, Evaluation of Industrial Projects, New York 1968, S. 163 - 174, sowie *Haveman*, R. H. und J. V. *Krutilla*, Unemployment, Idle Capacity, and the Evaluation of Public Expenditures, Baltimore 1968, Chapt. IV. Zur praktischen Kosten- und Ertragsmessung siehe *Little*, I. M. D. und J. A. *Mirlees*, Manual of Industrial Project

anderen Marktpreise gehen unverändert in den GNE einer Sozialinvestition ein.

Nachdem sowohl die theoretischen Anforderungen an ein öffentliches Investitionskriterium, das mit der gesamtwirtschaftlichen Zielvorstellung der allokativen Effizienz konsistent sein soll, diskutiert wurden, als auch das tatsächliche Vorgehen der theoretischen Kosten-Nutzen-Analyse skizziert worden ist, sind wir in der Lage, letzteres konsistenztheoretisch zu beurteilen.

Grundlegendes Vorteilhaftigkeitskriterium der GNKA ist der GNE einer Sozialinvestition, der mit Hilfe der Kapitalwertmethode ermittelt wird. Damit sind zwei der herausgearbeiteten Konsistenzvoraussetzungen erfüllt. Die dritte, die Bewertung der gesamtwirtschaftlichen Kosten und Erträge mit allokativ-effizienten, d. h. den gesellschaftlichen Wert der Güter richtig erfassenden (Rechen)Preisen, wird allerdings zur kritischen Bedingung. Denn in der GNKA werden die hypothetischen Marktpreise nicht explizit errechnet, sondern es wird der Partialansatz der Wohlfahrtstheorie verwendet. M.a.W.: Es wird implizit postuliert, daß in allen Sektoren der Volkswirtschaft, ausgenommen in den von Batorschen Externitäten einer Sozialinvestition unmittelbar betroffenen sowie in dem Sektor, in dem diese öffentliche Investition vorgenommen wird, alle Bedingungen eines vollkommenen Konkurrenzgleichgewichts erfüllt sind.

Urteilen wir nun strikte, dann ist eine Partialanalyse der ökonomischen Wirkungen öffentlicher Investitionen theoretisch unzulässig, weil sie nur bei vollständiger Erfüllung aller Annahmen des vollkommenen Konkurrenzmodells und seiner impliziten Prämissen wissenschaftlich legitim ist[66]. Wir können nämlich die allokativ-effizienten Rechenpreise, die zur Ermittlung des GNE einer Sozialinvestition benötigt werden, nur dann bestimmen, wenn die Batorschen Externitäten gegeben sind. Dies ist aber nur dann der Fall, wenn die Größe dieser Investition schon determiniert ist. Um aber ihre optimale Größe via Kapitalwertkriterium zu bestimmen, bedarf es dieser (nicht vorhandenen) hypothetischen Preise. Wir bewegen uns daher in einem Zirkel, und eine ausführliche Totalanalyse, die Rechenpreise und optimale Größe der öffentlichen Investition simultan liefert, ist prinzipiell unerläßlich.

---

Analysis in Developing Countries, Vol. II, Social Cost Analysis, OECD, Paris 1969; *Ciriacy-Wantrup*, S. V., Benefit-Cost-Analysis and Public Resource Development, in: *Smith*, St. C. und E. N. Castle (Hrsg.), Economics and Public Policy in Water Resource Development, Ames 1964; im Folgenden zitiert als *Ciriacy-Wantrup*, Benefit-Cost-Analysis; S. 11 - 21, und *Arrow*, Social Investment, S. 4 ff., sowie die kritisch abwägende Betrachtung von *Hines*, L. G., The Hazards of Cost-Benefit-Analysis as a Guide to Public Investment Policy, in: PF, vol. 18 (1962), S. 101 ff.

[66] *Marglin*, Objectives, S. 23, und *Eckstein*, Survey, S. 463.

In der Theorie der GNKA werden diese Klippen bewußt und zumeist stillschweigend umschifft, indem implizit angenommen wird, daß die verursachten Batorschen Externitäten sehr gering sind. Folglich weichen auch die gesamtwirtschaftlichen Werte jener von diesen Effekten betroffenen Güter vernachlässigbar gering von ihren Marktpreisen ab. Die durch die Vornahme einer Sozialinvestition verursachten Abweichungen in den individuellen, angebotenen bzw. nachgefragten Mengen dieser Güter von der allokativ-effizienten Konfiguration sind deshalb ebenfalls unbedeutend. Nur die Preise der unmittelbaren Outputs einer Sozialinvestition werden eventuell beeinflußt. Vereinzelten, extremsignifikanten Externitäten wird durch eine geschätzte Korrektur des betreffenden Preises fallweise Rechnung getragen.

Im Endergebnis bleibt also eine Partialanalyse — cum grano salis — zulässig, und es ist unbestritten, daß die GNKA ihre operationale Tragweite diesem pragmatischen Vorgehen verdankt. Uns kam es hier darauf an, die zugrunde liegenden theoretischen Beschränkungen aufzuzeigen.

Die Bedingtheit dieses Ansatzes hat aber auch noch eine andere Ursache. Offensichtlich besteht eine Diskrepanz zwischen der Wirklichkeit marktwirtschaftlich organisierter Volkswirtschaften und den Annahmen der vollkommenen Konkurrenz, deren Erfüllung von der Theorie der GNKA für alle von einer Sozialinvestition nicht „betroffenen" Sektoren postuliert wird. Wie eigentlich wird die wirtschaftspolitische Anwendung von SOK'en gerechtfertigt, deren Konsistenz auf das Optimalitätskonzept der allokativen Effizienz ausgerichtet ist, ohne daß deren Optimalitätsbedingungen jedoch nur annähernd in der Volkswirtschaft realisiert sind? Ist es überhaupt sinnvoll, diese Optimalitätsbedingungen in einem Sektor realisieren zu wollen, wenn dies nicht gleichzeitig in allen übrigen Sektoren möglich ist? Kann ein solcher "piecemeal-approach" ein ökonomisches System überhaupt näher an einen Zustand der allokativen Effizienz heranführen?

Mit diesen Fragen, die zum Problembereich der Theorie des Zweitbesten führen, werden wir uns später in einem anderen konsistenztheoretischen Zusammenhang noch beschäftigen. Ohne auf die Begründetheit der verschiedenen Ansichten einzugehen, sei hier nur festgestellt, daß die Empfehlung, derartige konsistente SOK'en auf reale Situationen anzuwenden, auf der Überzeugung gründet, daß auch eine nur partielle Erfüllung der allokativen Effizienzbedingungen die ökonomische Wohlfahrt der Gesellschaft steigere. Dabei sind drei Argumentationsrichtungen unterscheidbar: (1) McKean, dem plausibel erscheint, "that increased production where price exceeds costs would usually be a step toward efficiency"[67], und Hitch, der meint, "if we

---

[67] *McKean*, Efficiency, S. 130 f.

can make choice more efficiently at any level, we are likely to improve the efficiency of the whole system"[68], stellen nur auf die technische Effizienz der Produktion ab. (2) Eckstein dagegen hat die allokative Effizienz im Blickfeld, wenn er die Abweichungen von den Bedingungen der vollkommenen Konkurrenz für so unbedeutend und diffundierend hält, daß "they (Marktpreise, Verf.) are generally adequate for the range of policy decisions concerned"[69] An anderer Stelle behaupten er und Krutilla, daß (3) im dynamischen Zusammenhang die Optimalitätsbedingungen gerade deshalb angewendet werden müßten, weil die bestehenden Abweichungen, trüge man ihnen Rechnung, sonst in das System zurückgeleitet würden und kumulierten: "... if systematically applied ... our efficiency criteria will lead to an increase in social product valued at market (or imputed) prices"[70]. Welche dieser Ansichten zutrifft und unter welchen Bedingungen, soll hier offen bleiben. Wir unterstellen vorläufig, daß eine piecemeal-policy imstande ist, die Wohlfahrt zu steigern, und akzeptieren den wohlfahrtstheoretischen Partialansatz, um eine weitere konsistenztheoretische Frage im Rahmen der gegebenen Postulate der GNKA untersuchen zu können. Den Funktionen, die der Marktzins bei der konsistenten Spezifizierung des öffentlichen Investitionskriteriums übernimmt, wenden wir uns nun zu.

## § 6. Die Bedeutung des Marktzinses für die Konsistenz des öffentlichen Investitionskriteriums im vollkommenen Konkurrenzmodell

Damit die Bedeutung des Marktzinses untersucht werden kann, die diesem bei der konsistenten Spezifizierung des Vorteilhaftigkeitskriteriums zukommt, müssen zuerst der Begriff der gesamtwirtschaftlichen Opportunitätskosten des öffentlichen Kapitals präzisiert sowie die Konzepte der privaten und sozialen Zeitpräferenz eingeführt werden. Da die gesamtwirtschaftlichen Opportunitätskosten des öffentlichen Kapitals später, bei unvollkommenem Marktmechanismus, explizit eine sehr wichtige Funktion übernehmen, werden wir diesen Opportunitätskostenbegriff ausführlich diskutieren. Dann folgt eine Ableitung der konsistenztheoretischen Funktionen des Marktzinses aus den Gleichgewichtsbedingungen für den Kapitalmarkt einer evolutorischen Wirtschaft, wobei im Rahmen des vollkommenen Konkurrenzmodells alternativ eine private bzw. soziale Zeitpräferenz unterstellt wird.

---

68 *Hitch,* a.a.O., S. 23 f.

69 *Eckstein,* Water Resource Development, S. 29.

70 *Krutilla/Eckstein,* a.a.O., S. 77 und S. 73, Anm. 32; ähnlich auch *Fisher,* F. M., Income Distribution, Value Judgements and Welfare, in: QJE, vol. 70 (1956), S. 381 f.

## 1. Zum Begriff der Opportunitätskosten des öffentlichen Kapitals

### *1.1. Grundsätzliches zum Opportunitätskostenbegriff*

In den Wirtschaftswissenschaften trifft man auf verschiedene Opportunitätskostenbegriffe, jeder auf eine bestimmte Problematik zugeschnitten. Generell werden Opportunitätskosten (OK) als „Kosten im Sinne des anderweitig entgehenden Nutzens, alternative Kosten" definiert[71]. Ihr Gegenstück sind die pagatorischen Kosten, der bewertete Verzehr von Gütern und Dienstleistungen zum Zweck der betrieblichen Leistungserstellung. Dies ist ein monetärer Kostenbegriff, der aus tatsächlich geleisteten Zahlungen abgeleitet wird[72]. Im Opportunitätskosten-Ansatz werden die Ressourcen, Produkte oder Investitionen mit dem anderweitig entgehenden Nutzen bewertet, während pagatorische Kosten irgendwelche Preise als Werte beinhalten, je nach dem der Kostenrechnung gesetzten Zweck. Anderweitig entgeht, bedingt durch die Vornahme des investiven Faktoreinsatzes, ein Wert in Höhe des Grenznutzens, den diese Faktoren für den Disponenten in der nächstbesten ihm zugänglichen Verwendung gehabt hätten. Welche konkreten Maße den Wertausdruck des anderweitig entgehenden Nutzens bilden, ob entgangener Gewinn oder aufgegebener Konsum oder sonst etwas anderes, hängt vom Ziel der Untersuchung ab. Unter bestimmten Bedingungen können auch Marktpreise ein adäquates Maß der Opportunitätskosten sein. In diesem, aus der subjektivistischen Wertlehre abgeleiteten psychologischen Kostenbegriff werden „Kosten als eine spezifische Wertkategorie begriffen, wobei unter Wert die Nutzenbeziehung zwischen einem Gut und dem dieses Gut gebrauchenden oder nachfragenden Wirtschaftssubjekt verstanden wird"[73].

In der Betriebswirtschaftslehre hat sich aus diesem psychologischen der bonitäre Kostenbegriff entwickelt, als dessen früher Hauptvertreter Schmalenbach anzusehen ist[74]. Sowohl die moderne betriebswirtschaft-

---

[71] *Preiser*, E., Erkenntniswert und Grenzen der Grenzproduktivitätstheorie, in: Preiser, E., Bildung und Verteilung des Volkseinkommens, 3. Aufl., Göttingen 1963; im Folgenden zitiert als *Preiser*, Grenzproduktivitätstheorie; S. 286.

[72] *Gutenberg*, E., Einführung in die Betriebswirtschaftslehre, Wiesbaden 1958, S. 132, und vgl. zum Folgenden auch *Koch*, H., Zur Diskussion über den Kostenbegriff, in: ZfhF, vol. 10 (1958), S. 358 ff.

[73] *Koch*, a.a.O., S. 357.

[74] Schmalenbach unterscheidet zwei grundverschiedene Situationen einer Unternehmung, gehemmte Beschaffung und gehemmten Absatz; *Schmalenbach*, E., Kostenrechnung und Preispolitik, 7. Aufl., Köln und Opladen 1957, S. 147 - S. 179. Der hier interessierende Fall gehemmter Beschaffung kennzeichnet sich dadurch, daß keine zusätzlichen Produktionsfaktoren mehr erhältlich sind, jedoch Nachfrage für die damit erzeugten Produkte reichlich vorhanden ist. Der entgangene (Grenz)Nutzen besteht hier aus dem Preis des Produktes, von dem nun keine zusätzliche Einheit mehr hergestellt und abgesetzt werden kann. Die eingesetzten Faktoren werden mit dem Verkaufs-

liche Investitions- wie auch die Produktionstheorie gründen ganz auf Opportunitätskostengedanken[75]. Als Grundmaxime gilt: „Eine Entscheidung (ist) dann ... besser als eine andere, wenn der Gewinn, auf den man verzichten muß, um diese Entscheidung treffen zu können, mehr als aufgewogen wird von dem Gewinn, den man durch diese Entscheidung realisieren kann“[76]. Auf das unternehmerische Investitionskalkül hin interpretiert besagt dieses Prinzip in etwa, daß eine Investition dann besser ist als eine andere, wenn ihre Erträge größer sind als ihre „Kosten“, wobei diese Kosten aber nach Maßgabe der mit der anderen Investition realisierbaren Gewinnmöglichkeiten bewertet werden müssen und nicht mit den tatsächlich verursachten Kapitalkosten: "The cost of an investment is the benefit that would have been derived by using the resources in some other activity"[77].

Die makroökonomische Version des Opportunitätskosten-Prinzips birgt der Begriff der gesamtwirtschaftlichen Grenzrate der effizienten Transformation. Wir haben diese bei der Ableitung der volkswirtschaftlichen Effizienzkontur schon kennengelernt. Haberler hat dieses Konzept seiner Opportunitätskostentheorie des Wertes zugrunde gelegt, die die bis dahin in der Theorie des internationalen Handels vorherrschende, klassische Arbeitswerttheorie verdrängt hat[78]. Haberlers Theorie selbst geht jedoch auf Ricardos Gesetz der komparativen Kosten zurück[79].

Nachdem das Grundsätzliche dieses Begriffes nun umrissen ist, können wir uns der Erörterung der in der Theorie der GNKA vorkommenden Typen von Opportunitätskosten (OK) zuwenden.

---

preis des Produktes (Opportunitätskosten) und nicht mit den tatsächlich gezahlten Faktorpreisen bewertet.

75 Siehe z. B. *Albach*, H., Investition und Liquidität, Wiesbaden 1962, und ders., Produktionsplanung auf der Grundlage technischer Verbrauchsfunktionen, Köln und Opladen 1962. Das aus dem Problem der Wahl eines optimalen Produktions- bzw. Investitionsprogrammes resultierende lineare Programm erzeugt Schattenpreise (Opportunitätskosten), die genau dem Wert der Grenzprodukte der Faktoren (Ressourcen) entsprechen; siehe *Dreyfus*, S. E. und N. *Freimer*, A New Approach to the Duality Theory of Mathematical Programming, in: R. E. *Bellman* und S. E. *Dreyfus*, Applied Dynamic Programming, Princeton 1962, S. 340 ff.

76 *Albach*, Investition und Liquidität, S. 81.

77 Arrow, K. J., Discounting and Public Investment Criteria, in: *Kneese*, A. V. und St. C. Smith (Hrsg.), Water Research, Baltimore 1966, wieder abgedruckt als Stanford Reprint No. 90; im Folgenden zitiert als *Arrow*, Public Investment Criteria; S. 1.

78 *Haberler*, G., Die Theorie des internationalen Handels, Berlin 1933, S. 132 ff., und vgl. Rose K., Entwicklung und Stand der Außenwirtschaftstheorie, in: *Rose*, K. (Hrsg.), Theorie der internationalen Wirtschaftsbeziehungen, Köln und Berlin 1965, S. 14 ff.

79 Vgl. *Rose*, a.a.O., S. 14.

## *1.2. Opportunitätskosten anläßlich der Vornahme öffentlicher Investitionen*

### 1.21. Öffentliche, private und soziale Opportunitätskosten

Die möglichen Grundtypen von OK bei öffentlichen Investitionen lassen sich am besten in Anlehnung an Steiners 4-Sektoren-Modell einer gemischten Volkswirtschaft aufzeigen[80]. Darin werden zwei öffentliche und zwei private Sektoren unterschieden, einer jeweils für supramarginale und für marginale Investitionen des öffentlichen bzw. des privaten Bereichs. Während die im Sektor der supramarginalen öffentlichen Investitionen zu beurteilenden Projekte einzeln spezifiziert sind, enthält der marginale öffentliche Sektor nur unspezifizierte, homogene Projekte. Gleiches gilt auch analog für beide private Sektoren.

Tätigt die öffentliche Hand nun eine supramarginale öffentliche Investition, dann entstehen gewisse intersektorale externe Effekte, deren Ursprung einmal in der Herkunft der Finanzierungsmittel, zum anderen in der physischen bzw. ökonomischen Interdependenz dieses Investitionsobjektes zu suchen ist. Um die Höhe der gesamtwirtschaftlich optimalen Investitionsausgaben des öffentlichen Sektors zu bestimmen, müssen diese außermarktmäßigen Interdependenzen im Gesamtsystem erfaßt und im Vorteilhaftigkeitskalkül berücksichtigt werden. Denn: "... for efficient resource allocation, the capital in a specific use must yield as much satisfaction as in the opportunity which is forgone"[81].

Die Vornahme einer supramarginalen öffentlichen Investition bindet Mittel aus dem staatlichen Investitionsbudget, die nun nicht mehr für andere, marginale öffentliche Investitionen verfügbar sind. In dieser Verwendung würde eine DM den geringeren Ertrag öffentlicher Investitionen im marginalen öffentlichen Sektor erzielen. Dieser Marginalertrag muß folglich als OK einer DM Investitionsausgaben im supramarginalen öffentlichen Sektor veranschlagt werden. Hiermit wird anerkannt, daß unbenutzte Budgetmittel einen produktiven Wert haben, *öffentliche* Opportunitätskosten einer öffentlichen Investition genannt.

Der Sektor der privaten supramarginalen Investitionen enthält alle physischen Alternativen, die durch die relevante öffentliche Investition, z. B. aufgrund eines staatlichen Präemptivrechts, tatsächlich verdrängt werden. Sogenannte *private* Opportunitätskosten einer öffentlichen In-

---

[80] *Steiner*, P. O., Choosing Among Alternative Public Investments in the Water Resource Field, in: AER, vol. 49 (1959); im Folgenden zitiert als *Steiner*, Alternative Public Investments; S. 893 ff., der mit dieser grundlegenden Arbeit zum Initiator der Opportunitätskosten-Modelle in der Theorie der GNKA wurde.

[81] *Eckstein*, Survey, S. 461.

vestition entstehen aus dem Verlust des Mehrertrages, den die investierbaren privaten Mittel in diesem privaten Sektor erwirtschaftet hätten. Diese erbringen, jetzt zur Anlage im Sektor der privaten marginalen Investitionschancen gezwungen, nunmehr den niedrigeren Ertrag privater Marginalinvestitionen.

Erfordert die Durchführung der öffentlichen Investition über das gegebene Budgetvolumen hinaus noch zusätzliche Mittel, die den Privaten in Form von Steuern oder Anleihen entzogen werden müssen, dann verursacht dieser Transfer eine dritte Art von Opportunitätskosten, die *sozialen* Opportunitätskosten einer staatlichen Investition. Diese sind transferbedingt und durch die Reduktion des privaten Investitionsvolumens infolge des bewirkten Einkommensentzugs verursacht. Zwar entstehen auch bei den privaten Opportunitätskosten private Einkommensverluste, doch das private Investitionsvolumen bleibt unverändert. Statt dessen verringert sich dort der Ertrag der im privaten Sektor investierten Mittel.

Eine Gegenüberstellung der Bedingung allokativer Effizienz für Investitionen und der postulierten Unterschiedlichkeit der marginalen sektoralen Ertragsraten zeigt, daß das Pareto-Kriterium bei Maximierung des Kapitalwertes einer öffentlichen Investition nicht erfüllt werden kann. Steiners Modell institutionalisiert gewisse Unvollkommenheiten des (Kapital)Marktmechanismus, die grundsätzlich bei der Vornahme öffentlicher Investitionen vorhanden sein können. Wenn die institutionelle Prämisse des vollkommenen Konkurrenzmarktmechanismus verletzt ist, dann braucht der GNE nicht mehr das konsistente SOK zu sein. Dabei spielt es dann keine Rolle, ob die Voraussetzungen vollkommener Entscheidungskriterien gegeben sind oder nicht (Sozialinvestitionen).

### 1.22. Interne und externe Opportunitätskosten

Dieser theoretischen, auf den gewählten ökonomischen Bezugsrahmen der Opportunitätskosten abstellenden Unterscheidung kommt nur bei der praktischen Anwendung der GNKA Bedeutung zu. Sie bietet keine begriffliche Schwierigkeit und wird hier nur vollständigkeitshalber erwähnt. Werden Investitionsentscheidungen bei beschränktem Kapitalbudget getroffen und ist diese Beschränkung wirksam, dann liefert der Optimierungsprozeß entweder Lagrange-Multiplikatoren oder Dualitätspreise, die als Knappheitspreise zu interpretieren sind. Diese sind größer als die Geldkosten (Preise) der beanspruchten Ressourcen und repräsentieren den Wert der *innerhalb* des gesamten Investitionsprogramms verdrängten Güter, wenn eine marginale DM Investitionsmittel von einem Projekt zu einem anderen bzw. von einem Unterprogramm zu einem anderen transferiert wird. Wegen der Budgetbezogenheit des Konzepts werden diese Schattenpreise interne Opportunitätskosten genannt[82]. Sie sind ein Anwendungsbeispiel für den eingangs genannten mikroökonomisch-betriebswirtschaftlichen Opportunitätskostenbegriff. Das Gegenstück, die externen Opportunitätskosten, werden bestimmt "by differences between the goods displaced and their money costs *outside*..." des betrachteten Investitionsbudgets[83]. Private Opportunitätskosten einer öffentlichen Investition stellen zum Beispiel ein derartiges Konzept externer Knappheitspreise dar, nämlich die Ertragsdifferenz zwischen den supramarginalen und den marginalen privaten Investitionen.

Die hier umrissene, getroffene Unterscheidung reflektiert den Grad der Unvollständigkeit der Optimierung im öffentlichen Sektor. Externe OK drücken immer eine Bezogenheit des Optimierungskalküls auf explizit berücksichtigte, makroökonomische Faktoren aus. Weichen interne und externe OK voneinander ab, so leuchtet es unmittelbar ein, daß der größere Wert die effektiv bindende Beschränkung darstellt.

### *1.3. Gesamtwirtschaftliche Opportunitätskosten bei öffentlichen Investitionen als Erscheinungen außermarktmäßiger Interdependenzen*

Fritsch hat gezeigt, wie sich "social opportunity costs" in ein System außermarktmäßiger Interdependenzen einordnen lassen. Sie sind bei ihm das begriffliche Komplement zu den volkswirtschaftlichen Kosten im Sinne von transferbedingten Zusatzkosten, die entstehen, „wenn der verursachte Schaden im aktualisierten Bereich der Abhängigkeit (Interdependenz, Verf.) größer ist als der Umfang der nicht bezahlten (abgewälzten) Kosten“[84]. "Social opportunity costs" treten dann auf, wenn

(1.a) „... die abwälzungsbedingten Vorteile für die Allgemeinheit größer sind als die Summe der durch die Abwälzung (von Kosten, Verf.) Dritten zugefügten Nachteile“, oder wenn

(1.b) „die Aufwendungen eines Sektors kleiner sind als die der Allgemeinheit ermöglichten Einsparungen“, *sofern*

(2.) diese Möglichkeiten nicht ausgeschöpft sind[85].

Auf eine Kurzformel gebracht: "Social opportunity costs" müssen, diesem speziellen Begriff zufolge, als nicht realisierte externe Erspar-

---

[82] *Marglin,* Objectives, S. 34.

[83] Ders., S. 53.

[84] *Fritsch,* B., Private und volkswirtschaftliche Kosten, in: SVSP, NF 29 (1963), S. 227; im Folgenden nehmen wir Bezug auf die Ergebnisse dieser Analyse.

[85] Ders., S. 228.

nisse im weiteren Sinne angesprochen werden. Als Beispiele werden genannt: Das Bestehen einer Inkonsistenz in der Wohlfahrtsfunktion, wenn sich gleichzeitig eine Präferenz für gegenwärtigen Konsum mit einer für schnelles Wachstum verbindet, denn der gegenwärtige Konsumverzicht wäre kleiner als der langfristig durch zusätzliche Investitionen realisierbare Konsumzuwachs; die positiven Wirkungen des aufgrund der Kostenüberwälzungen überhaupt erst möglich gewordenen technischen Fortschritts; und die Vornahme einer zentralen Wasserenthärtung, bei der die Kosten geringer sind als die Summe aller den Haushaltungen ermöglichten Einsparungen. Auf nicht-marktmäßige Interdependenzen, „die sich zwischen dem Staat und der Allgemeinheit ergeben", weist Fritsch ausdrücklich hin[86]. Seine formal-abstrakte Behandlung der Beziehungen zwischen privaten und gesamtwirtschaftlichen Kosten (von Fritsch volkswirtschaftliche Kosten genannt) erlaubt jedoch keinen konkreten Bezug auf die beiden Arten externer OK, die bei der Vornahme von öffentlichen (Sozial)Investitionen entstehen. Doch das von Fritsch angeführte Salin-Zitat „... und die Analyse der gesellschaftlichen Kosten in einer partiellen oder totalen Staatswirtschaft wäre daher ein sehr lohnendes Thema weiterer Studien"[87], verdeutlicht u. E. allerdings, daß gewisse, anläßlich staatlicher Investitionstätigkeit auftretende, außermarktmäßige Wirkungen unbedingt in den Rahmen seiner Überlegungen hineingehören. Interpretiert als Erscheinungen außermarktmäßiger Vorgänge, konfrontieren uns private wie soziale Opportunitätskosten einer öffentlichen Investition genau mit den gleichen Bewertungsproblemen wie andere Arten der außermarktmäßigen Interdependenzen auch. Marktpreise können nicht verwendet werden, weil die Folgen der außerhalb des Marktmechanismus wirkenden Effekte — z. B. die bei der Inanspruchnahme öffentlichen Kapitals resultierenden — nicht als einer der Bestimmungsfaktoren des Preisbildungsprozesses in die Marktpreise — z. B. in den Kapitalmarktzins — eingehen. Eine subjektive, quasi-diktatorisch vorgenommene Bewertung dagegen kann den Erfordernissen der Optimalitätsbedingungen der allokativen Effizienz nur zufällig entsprechen. Jedoch lassen sich weder soziale noch private OK einer öffentlichen Investition sinnvoll in Fritschs Kategorie der "social opportunity costs" einordnen — selbst bei extensiver Interpretation nicht. Zudem verzichtet Fritsch auf Hinweise zur Herkunft des von ihm gewählten "social opportunity cost"-Begriffes; uns ist eine Verwendung dieses Terminus im Fritschschen Sinne in der Literatur unbekannt.

---

86 *Fritsch*, a.a.O., S. 233.

87 Ebenda, Anm. 65; Zitat aus dem Vorwort in: *Kapp*, K. W., Volkswirtschaftliche Kosten der Privatwirtschaft, Tübingen und Zürich 1958, S. viii.

Unseres Erachtens kann der Terminus "social opportunity costs" den von Fritsch in die deutsche Terminologie eingeführten Sinn einer Oberkategorie für bestimmte außermarktmäßige Interdependenzen behalten. Für die *Gesamtheit* der bei der Vornahme einer öffentlichen Investition auftretenden *externen* Opportunitätskosten führen wir statt dessen den deutschen Ausdruck ‚gesamtwirtschaftliche Opportunitätskosten' ein[88]. Sie werden definiert als "a measure of the value to society of the next best alternative use to which funds employed in the public project might otherwise have been put"[89]. Angenommen, die für das öffentliche Projekt benötigten Mittel wären, wenn diese Investition nicht vorgenommen worden wäre, in den Anteilen $\beta$ und $(1-\beta)$ für private Investitionen und für privaten Konsum verwendet worden, und $\beta$ bzw. $(1-\beta)$, die marginalen Entzugskoeffizienten, seien konstant. Wird der gesellschaftliche Wert pro DM privaten Konsums bzw. der pro DM privater Investitionen nun mit $r^*$ bzw. mit OK bezeichnet, dann lassen sich die gesamtwirtschaftlichen Opportunitätskosten (GOK), bezogen auf *eine* DM öffentlichen Kapitals, formal angeben als

$$GOK = \beta \cdot OK + (1-\beta)\, r^* \,, \quad \text{mit } 0 \leq \beta \leq 1 \,. \tag{6.1}$$

Dies ist die von nun an verwendete Grundform, die wir vor Augen haben, wenn wir von den GOK des öffentlichen Kapitals sprechen. Der gesellschaftliche Wert pro DM privater Investitionen bemißt sich generell nach dem (intertemporalen marginalen) gesamtwirtschaftlichen Ertragspotential einer DM privaten Kapitals, und die Bezeichnung OK soll diesen makroökonomischen Opportunitätskostenbezug symbolisch andeuten.

Eine andere naheliegende Bezeichnung für denselben Begriffsinhalt, nämlich ‚gesamtwirtschaftliche Alternativkosten', scheidet aus, weil Alternativkosten einer öffentlichen Investition ein fester terminus technicus der GNKA ist. Er bezeichnet die Kosten der nächstbesten,

---

[88] Das Adjektiv gesamtwirtschaftlich wählen wir einmal in Anlehnung an McKean (vgl. Anm. 5, S. 15), zum anderen, um die Funktion dieser Opportunitätskosten im Rahmen öffentlicher SOK'en hervorzuheben. Inhaltlich deckt sich diese Benennung völlig mit der in der angelsächsischen Literatur zur GNKA geläufigen "social opportunity cost of public investment"; siehe *Feldstein,* Net Social Benefit, S. 117. Wir verwenden von nun an für diese gesamtwirtschaftlichen Opportunitätskosten die Abkürzung GOK.

[89] *Feldstein,* M. S., The Social Time Preference Discountrate in Cost-Benefit-Analysis, in: EJ, vol. 74 (1964); im Folgenden zitiert als *Feldstein,* Social Time Preference; S. 361.

technischen oder ökonomischen Alternative einer Sozialinvestition und findet in der Ertragsberechnung Anwendung[90].

Der Begriff der GOK des öffentlichen Kapitals ist umfassend; er enthält u. a. sowohl die "social opportunity costs" von Steiner als auch dessen private Opportunitätskosten einer öffentlichen Investition. Mit dieser Abgrenzung der GOK bei öffentlichen Investitionen besitzen wir aber erst einen der beiden Begriffe, mit denen wir die Rolle des Marktzinses erklären können. Den zweiten, die private Zeitpräferenz, werden wir nun ebenfalls einführen und diese dabei der sozialen Zeitpräferenz gegenüberstellen. Letztere wird in der GNKA alternativ zur gesellschaftlichen Bewertung zukünftigen Outputs (Konsums) herangezogen.

### 2. Private versus soziale Zeitpräferenz

Die Konsistenz des öffentlichen Investitionskriteriums kann nicht unabhängig von der Entscheidung über die intertemporale Gültigkeit der Konsumentensouveränität begründet werden. Daß überhaupt eine Entscheidung für oder gegen die intertemporale Gültigkeit dieses marktwirtschaftlichen Grundprinzips notwendig ist, liegt in dem Zwang begründet, wegen der Zukünftigkeit der Erträge einer Investition und eines Teils ihrer Kosten, für die Bewertung von Sozialinvestitionen einen Kalkulationszinsfuß, eben die normative Diskontrate, spezifizieren zu müssen. Von trivialen Ausnahmen abgesehen, können die Nettoertragsströme verschiedener Investitionen nämlich nur dann sinnvoll miteinander verglichen werden, wenn diese als kommensurable Größen dargestellt sind. Das Kapitalwertkriterium bewirkt diese Transformation, indem es — bei gegebenen Austausch(Diskont)raten für die zu unterschiedlichen Zeitpunkten anfallenden Erträge und Kosten — eindimensionale Werte liefert. Die normative Diskontrate kann im Zeitablauf konstant sein oder variieren, je nachdem, ob die Bewertung der Nettoerträge, interpretiert als potentieller zukünftiger Konsum, zeitabhängig ist oder nicht[91].

Da sich die Funktion der beiden einzuführenden Zeitpräferenzkonzepte im Rahmen unserer Konsistenzbetrachtungen darin erschöpft, als

---

[90] *Steiner*, P. O., The Role of Alternative Cost in Project Design and Selection, in: QJE, vol. 79 (1965); im Folgenden zitiert als *Steiner*, Alternative Cost; S. 417 ff.

[91] Siehe z. B. *Vosgerau*, H. J., Zur makroökonomischen Theorie des Investitionsoptimums, in: SVSP, NF 42 (1965), S. 100, der die Nichtkonstanz der relativen Bewertung des zukünftigen Konsums durch eine mit steigendem Niveau des Prokopfkonsums abnehmende Elastizität der Grenznutzenfunktion einführt; ähnlich, aber allgemeiner auch *Diamond*, P. A., *Koopmans*, T. C. und R. E. *Williamson*, Stationary Utility and Time Perspective, in: ECO, vol. 30 (1962), S. 96 ff.

normative Diskontrate bei der Ermittlung des GNE verwendet zu werden, haben wir kein weitergehendes Interesse an ihnen. Im Folgenden werden deshalb nur ihre Hauptzüge, die wir aus den verschiedenen Ansätzen herausgearbeitet haben, vorgetragen.

Dem individualistischen Grundzug der für unsere Überlegungen postulierten gesamtwirtschaftlichen Zielvorstellung wird zweifellos am besten entsprochen, wenn die Konsequenzen der Konsumentensouveränität in ihren intertemporalen Aspekten anerkannt werden. M.a.W.: Die Frage nach dem von der Regierung bei ihren Investitionsentscheidungen zu wählenden Kalkulationszinsfuß ist dahingehend zu beantworten, daß der Kapitalmarktzins eines Gleichgewichtsmodells (vollkommene Konkurrenz auf allen Märkten) auch für die kollektiven Investitionsentscheidungen Verbindlichkeit besitzt[92]. Seinen normativen Gehalt im Sinne allokativer Effizienz gewinnt der Marktzins in diesem Zusammenhang durch die Tatsache, daß er im vollkommenen Konkurrenzgleichgewicht der marginalen individuellen Zeitpräferenz eines jeden Konsumenten größengleich ist[93]. Unter marginaler Zeitpräferenz verstehen wir dabei mit Marglin einen bestimmten Wert der privaten Zeitpräferenzfunktion, die eine "functional relationship between, on the one hand, individual marginal rate of substitution of consumption at one time for consumption at another and on the other hand, the levels of consumption at different times" ausdrückt[94]. Derjenige Wert, den diese Funktion auf der (45°)Linie konstanten Konsums im Zeitablauf annimmt, heißt reine marginale Zeitpräferenz, da Einflüsse eines sich ändernden Konsumniveaus eliminiert sind.

Für jeden Konsumenten stellt der Zinssatz des vollkommenen Kapitalmarktes nichts anderes dar als ein Preisverhältnis zwischen gegenwärtigem und zukünftigem Konsum, dem er sich durch Transaktionen am Kapitalmarkt anpaßt, um sein intertemporales Konsumprogramm

---

[92] So *Eckstein*, Water Resource Development, S. 42 ff. und S. 99 f., *McKean*, Efficiency, S. 76 und passim, *Kuhn*, T. E., Public Enterprise Economics and Transport Problems, Berkeley und Los Angeles 1962, S. 125 f., *Lind*, Cost-Benefit-Analysis, und *Hirshleifer* et al., S. 117 ff., sowie *Strotz*, R., Discount Rates Appropriate for Public Investment, Paper delivered at Mid-Western Economic Association Meeting 1964 (Xerokopie), S. 8. Zur grundsätzlichen Kritik an diesem Vorgehen siehe *Feldstein*, Social Time Preference, S. 326 ff., sowie die in *Krutilla/Eckstein*, a.a.O., S. 92, Anm. 9, genannten Autoren Dobb, Pigou und Baumol, die die Konsumentensouveränität sogar für die intertemporalen *privaten* Konsum-Sparentscheidungen der Wirtschaftssubjekte ablehnen. Eine der frühesten Übersichten vermittelt *Bernan*, a.a.O., der noch keinen Anlaß sieht, zwischen dem Opportunitätskostenaspekt und der normativen Diskontrate unterscheiden zu müssen; ähnlich auch *Miller*, E. L., The Magnitude of the Discount Rate for Government Projects, in: SEJ, vol. 28 (1962), S. 348 ff.

[93] *De Scitovsky*, Welfare, S. 219 f.

[94] *Marglin*, St. A., The Social Rate of Discount and the Optimal Rate of Investment, in: QJE, vol. 77 (1963); im Folgenden zitiert als *Marglin*, Social Rate of Discount; S. 95, Anm. 1.

zu optimieren. Im individuellen Dispositionsgleichgewicht stimmt die Grenzrate der Substitution zwischen heutigem und zukünftigem Konsum, die marginale Zeitpräferenz für Konsum, mit dem gegebenen Marktzinssatz überein.

Dieser Richtung zufolge ist der Kapitalmarktzins auch dann zu wählen, wenn die Modellannahmen nicht alle und/oder nur unvollständig erfüllt sind. Da der Wert der privaten Zeitpräferenzrate nun nicht mehr direkt vom Kapitalmarkt übernommen werden kann, soll ein hypothetischer Zinsfuß ermittelt werden, der *alle* Eigenschaften des normativ interpretierbaren, vollkommenen Kapitalmarktzinses aufweist[95].

Dieser individualistischen These steht der „politische" Quantifizierungsansatz gegenüber, dessen Vertreter sich in der Ablehnung der intertemporalen Konsumentensouveränität einig sind. Das klassische Ablehnungsmotiv, begründet von Pigou und Ramsey, vertreten auch von Harrod, läßt sich auf folgenden Nenner bringen[96]: In die Bestimmung des Kapitalmarktzinses geht die reine Zeitpräferenz der Wirtschaftssubjekte ein. Da die Gesellschaft als Ganzes aber unsterblich ist, dürfen kollektive Investitionsentscheidungen nicht von der Tatsache beeinflußt werden, daß die Wirtschaftssubjekte ihren zukünftigen Konsum lediglich ob seiner Unsicherheit und Zukünftigkeit geringer bewerten — die Pigou-These vom "defect of telescopic faculty". Da die intertemporale Konsumentensouveränität dieser Ansicht zufolge nicht zu einem sozialen Optimum führt, wird anstelle des Marktzinses als normative Diskontrate eine soziale Zeitpräferenzrate vorgeschlagen, d. h. "society's evaluation of the relative desirability of consumption at different points in time"[97]. Quantitativ wird dabei generell für eine niedrigere normative Diskontrate plädiert als es dem vollkommenen Marktzins entsprechen würde, und zwar mit folgendem Argument. Da in die Bestimmung des Marktzinses ausschließlich die Präferenzen der gegenwärtigen Generation eingehen, die Wohlfahrt der zukünftigen aber durch heutige Investitionsentscheidungen negativ beeinflußt werde, müsse der Staat, als Wächter der Wohlfahrt aller Generationen, die privatwirtschaftlich determinierte, zu geringe Investitionsquote erhöhen. Statt die "intertemporal selfishness" der gegenwärtigen Generation zu unterstützen, müsse er für seine eigenen Investitionsentschei-

---

95 Vgl. *Miller*, a.a.O., S. 349, und die nach diesem Konzept vorgehenden empirischen Arbeiten von *Reuber*, G. und R. *Wonnacott*, The Cost of Capital in Canada, Washington, D. C. 1961, S. 69 ff., und in *Krutilla/Eckstein*, a.a.O., Kap. IV.

96 Siehe *Pigou*, a.a.O., S. 23 ff., *Ramsey*, F. P., A Mathematical Theory of Saving, in: EJ, vol. 38 (1928), S. 543, und *Harrod*, R. Towards a Dynamic Economics, London 1948, S. 40.

97 *Feldstein*, Social Time Preference, S. 361.

dungen wenigstens kompensatorisch eine niedrigere, eben eine soziale Diskontrate ansetzen.

In der Konstruktion dieser Rate sowie in den unterschiedlichen ökonomischen, politischen und ethischen Begründungen dieser Ansätze zeigen sich aber erhebliche Unterschiede. Zwei scharf getrennte Richtungen sind erkennbar.

Einmal wird die normative Diskontrate aus Beziehungen zwischen reiner Zeitpräferenz, Kapitalproduktivität, Wachstumsrate des Sozialprodukts (der Bevölkerung) und ähnlichen Größen eines manchmal rudimentären Wachstumsmodells abgeleitet[98]. Ex post ist es zulässig, mit Hilfe der in diesen Modellen verwendeten Variablen den Wert der normativen Diskontrate einer bestimmten Periode zu verifizieren. Doch über die ex ante-Zulässigkeit einer derartig ermittelten Rate in einem Vorteilhaftigkeitskriterium bestehen starke Zweifel, weil die Unabhängigkeit der exogenen Variablen dieser Modelle nicht gewährleistet werden kann[99].

Im anderen Fall dienen als Ausgangspunkt psychische externe Effekte in der Zeit, die sich über den Kapitalmarkt auswirken. D. h. die individuelle Zeitpräferenzfunktion wird sowohl als vom eigenen gegenwärtigen wie zukünftigen Konsum, als auch als vom gegenwärtigen und zukünftigen Präferenzniveau Dritter abhängig angesehen. Unter diesen Annahmen erreicht der Marktmechanismus den allokativeffizienten Zustand nicht. Die Vornahme öffentlicher Investitionen im Wege des kollektiven Finanzierungszwangs ermöglicht eine Erhöhung des Nutzenniveaus aller Konsumenten[100]. Sen hat den Marglin-Ansatz verallgemeinert und versucht, die Größenordnung der relevanten Parameterwerte abzugrenzen, die sicherstellt, daß — wie von Marglin behauptet — die individuelle soziale Diskontrate eines Wirtschaftssubjektes kleiner ist als seine für unilaterale Konsum-Investitionsentscheidungen geltende private Rate. Gegen die Marglin-Hypothese, daß kollektive (politische) und unilaterale (marktmäßige) Entscheidungen in einem völlig anderen Präferenzfeld desselben Wirtschaftssubjektes gefällt werden, der Musgrave zufolge in etwa auch Colms anhängt,

---

[98] So *Bernan*, a.a.O., Steiner, Alternative Public Investment, *Eckstein*, Survey, S. 454 f., *Tinbergen*, J., The Optimum Rate of Saving, in: EJ, vol. 66 (1956), S. 603 ff., und *Arrow*, Public Investment Criteria, sowie *Feldstein*, M. S., The Derivation of Social Time Preference Rates, in: KY, vol. 18 (1965), S. 277 ff., der die Einkommensverteilung in die Bestimmung dieser Rate miteinbezieht.

[99] *Dobb*, M., An Essay on Economic Growth and Planning, London 1960, S. 20 f.

[100] *Marglin*, Social Rate of Discount, und ders., The Discountrate in Public Investment Evaluation, in: The Discountrate in Public Investment Evaluation, Water Resources and Economic Development of the West, Report No. 17, Denver 1968, S. 71 - 82. Siehe aber auch die kritischen Kommentare von *Tullock*, G., *Lind*, R. und *Usher*, D., The Social Rate of Discount and the Optimal Rate of Investment, Comment, alle in: QJE, vol. 78 (1964).

wendet sich Phelps und bezeichnet sie als eine "unreasonable assumption"[101].

Da wir nur die Grundzüge der Problematik soziale versus private Diskontrate aufzeigen wollten, nehmen wir zu diesen verschiedenen Ansätzen nicht im einzelnen Stellung. Dies würde auch über den Rahmen unserer Aufgabenstellung hinausgehen. Beide politischen Richtungen stehen unter demselben Zwang, mehr oder weniger starke ethische Normen postulieren zu müssen, zumeist stillschweigend in Gestalt von Annahmen über die Grenznutzenfunktion des Konsums und über die Wohlfahrtsfunktion. Diese sind u. E. jedoch nur noch philosophisch-anthropologisch deduzierbar. Obwohl die Diskussion in der Literatur gezeigt hat, daß die Vertreter der privaten Diskontrate in die Defensive gedrängt worden sind, bieten auch die politisch-ökonomischen Lösungen keinen Ausweg aus dem Dilemma. So oder so: "... the choice of the interest rates must remain a value judgement"[102], dessen Variationsbreite sich jedoch mit Hilfe ökonomischer Modellüberlegungen abgrenzen läßt. Objektive und eindeutige Normen lassen sich aber (noch) nicht gewinnen[103]. Statt wie im ersten, marktbezogenen Ansatztyp versteckte Werturteile zu akzeptieren, sollten ausdrücklich ethische Wertprämissen gesetzt werden — sei es durch eine nationale Planungsbehörde administrativ oder durch einen politisch-demokratischen Entscheidungsprozeß. Auf dieser Basis sollte dann ein Wert der normativen Diskontrate abgeleitet werden.

### 3. Konsistenztheoretische Funktionen des Kapitalmarktzinses

Im Folgenden wird nun die Grundstruktur der Beziehungen zwischen den OK des öffentlichen Kapitals, der gesellschaftlichen Bewertung zukünftigen Konsums (Outputs) und dem Kapitalmarktzins in einem totalen Marktgleichgewicht der vollkommenen Konkurrenz dargestellt und für die konsistente Spezifizierung der normativen Diskontrate ausgewertet.

---

101 Siehe *Sen,* A. K., Isolation, Insurance and the Social Rate of Discount, in: QJE, vol. 81 (1967), S. 112 ff., *Musgrave,* R. A., The Theory of Public Finance, New York 1959, S. 87 f., und *Phelps,* E. S., Fiscal Neutrality towards Economic Growth, New York 1965, S. 78.

102 *Eckstein,* Survey, S. 460, der seine frühere Ansicht geändert hat, und nun auch eine mehr „politisch" bestimmte Diskontrate akzeptiert und Quantifizierungshilfen aus Angaben über die Lebenserwartung der Bevölkerung zu gewinnen sucht; ebenda, S. 454 ff.; zu diesem Problem der „biologischen" Diskontrate siehe auch *Asimakopulos,* A., The Biological Interest Rate and the Social Utility Function, in: AER, vol. 57 (1967), S. 185 ff.

103 Inzwischen wurde die Diskussion um die „richtige" normative Diskontrate fortgesetzt; siehe die Beiträge von *Nichols,* A., *James,* E., *Landauer,* C., *Ramsey,* D., *Usher,* D. und *Baumol,* W. J., On the Social Rate of Discount: Comment, alle in: AER, vol. 59 (1969), S. 909 - 930.

Bisher hatten wir das statische Gleichgewichtsmodell der vollkommenen Konkurrenz als Interpretation einer stationären Wirtschaft ausgelegt: Die Nettoinvestition war Null; Kapitalmarkt und Zins kamen nicht vor. Dasselbe Modell kann jedoch auch als Beschreibung einer wachsenden Wirtschaft interpretiert werden[104]; unausgesprochen haben wir des öfteren schon davon Gebrauch gemacht. Alle Güter haben dann einen Zeitindex und physisch gleiche Güter, die zu verschiedenen Zeiten anfallen, sind nun ökonomisch zu unterscheiden. Jeder Konsument entscheidet über seinen optimalen Konsumplan und sein Präferenzfeld enthält eine Ordnung aller möglichen Konsumpläne. Diese quasi-dynamischen Aspekte des „statischen" Modells werden bei der Betrachtung der intertemporalen Allokationsfunktion des Kapitalmarktes im Vordergrund stehen.

Unsere Fragestellung lautet: Wie gehen die normativen Implikationen der gesamtwirtschaftlichen Zielvorstellung allokative Effizienz via Marktzins in das öffentliche Investitionskriterium ein? Und im weiteren Sinne: Welche normativen Informationen im Sinne der postulierten Zielsetzung sind dem Kapitalmarktgeschehen für unser Problem zu entnehmen? Aus der stationären Interpretation des Modells wissen wir, daß gleichgewichtige Marktpreise die gesellschaftliche Bewertung der Güter und Ressourcen voll reflektieren. Hier müssen wir nun die gleiche Frage für den Marktpreis des Kapitals beantworten. Eine heroische Annahme über staatliche Investitionen hilft, das Problem zu isolieren. Wir vernachlässigen sämtliche „störenden" Einflüsse der Sozialinvestitionen, die bisher herausgearbeitet wurden, denn diese würden das Äquivalenztheorem a priori suspendieren.

### *3.1. Konsistenzerfordernisse bei privater Zeitpräferenz*

Eine nicht-stationäre Wirtschaft im vollkommenen Konkurrenzgleichgewicht befindet sich in einem Zustand der allokativen Effizienz, und der Marktzins, der Gleichgewichtspreis für die Periodennutzung des knappen Wirtschaftsgutes Kapital, ist folglich normativ zu interpretieren. Dies folgt aus dem Äquivalenztheorem, das natürlich auch für eine quasi-dynamische Interpretation dieses Modells gilt[105]. Analog zum Vorgehen bei der statischen Interpretation bestimmen wir aus den Eigenschaften des gleichgewichtigen Marktzinses dessen konsistenztheoretisch relevanten Funktionen.

In diesem Modell determiniert die private Zeitpräferenz über den Zins zusammen mit dem (Netto)Grenzertrag der Investitionen die ge-

---

[104] *Koopmans*, Allocation of Resources, S. 60 f.

[105] *Koopmans*, Allocation of Resources, S. 60 f., und vgl. *Krutilla/Eckstein*, a.a.O., S. 39 f.

samtwirtschaftlich optimale Investitionsquote; folglich ist auch die aus dieser resultierende Wachstumsrate des Volkseinkommens optimal. Über den Kapitalmarkt wird das Investitionsvolumen, die intertemporale Faktorallokation und damit intertemporale Produktion und Einkommensverteilung reguliert[106]. Der Kapitalmarktzins übernimmt u. a. hierbei die Funktion der allokativ-effizienten zukünftigen wie gegenwärtigen Aufteilung des für die Vornahme von Investitionen verfügbaren Teils des Periodeneinkommens auf die Sektoren der Volkswirtschaft. Sein normativer Gehalt gründet einerseits auf der Anerkennung der intertemporalen Konsumentensouveränität, andererseits auf der Gleichgewichtsbedingung der allokativen Effizienz für die Vornahme von Investitionen. Der gleichgewichtige Marktzins weist deshalb zwei für die Bewertung öffentlichen Kapitals grundlegende konsistenztheoretische Eigenschaften auf. Eine haben wir schon diskutiert, den Zins als Ausdruck der gesellschaftlichen Bewertung des zukünftigen Konsums. Die erste konsistenztheoretische Forderung beinhaltet die Berücksichtigung der Konsumentensouveränität: Der durch öffentliche Investitionen bewirkte, gegenwärtige und zukünftige Einkommenstransfer muß entsprechend der gleichgewichtigen marginalen privaten Zeitpräferenz, bezeichnet mit $r'$, bewertet werden. Der zweite Aspekt leitet sich aus dem Effizienzerfordernis der Größengleichheit der Grenzeffizienz des Investierens (GEI) für alle Sektoren ab. Im vollkommenen Konkurrenzmodell ist die marginale (Netto)Ertragsrate der privaten Investitionen, mit $\bar{\varrho}$ bezeichnet, das Maß für die GEI. Da jene Rate aber im totalen Marktgleichgewicht für alle Sektoren den Wert des Marktzinses $\tilde{r}$ annimmt[107], ist die geforderte Konsistenzbedingung erfüllt. Hieraus leitet sich die zweite konsistenztheoretische Forderung für das öffentliche Kapitalwertkriterium ab. Dem im Kriterium enthaltenen Ertragsvergleich zwischen einer normierten Vergleichsinvestition und der zu beurteilenden Sozialinvestition muß als Ertragsnorm diese gemeinsame, zeitliche marginale Ertragsrate der privaten Investitionen als OK zugrunde gelegt werden.

Fazit: Um die Konsistenz des öffentlichen Investitionskriteriums mit der gesamtwirtschaftlichen Zielsetzung zu gewährleisten, hat die normative Diskontrate unter den Bedingungen der vollkommenen Konkurrenz diesen beiden Aspekten gleichzeitig Rechnung zu tragen. Als ihr Wert muß der des gleichgewichtigen Marktzinses angesetzt werden, denn in diesem werden sowohl die gesellschaftliche Bewertung zu-

---

[106] Zu diesem intertemporalen Bezug des Kapitalmarktes im quasi-dynamischen vollkommenen Konkurrenzgleichgewicht siehe *Eckstein*, Water Resource Development, S. 42 ff., und *Krutilla/Eckstein*, a.a.O., S. 33 ff., auf die wir uns stützen.

[107] *Lerner*. Recent Capital Theory, S. 285.

künftigen Konsums als auch die OK des öffentlichen Kapitals in einem einzigen Wert simultan und richtig berücksichtigt: Im totalen Marktgleichgewicht sind marginale private Zeitpräferenz $r'$, marginale Ertragsrate der privaten Investitionen $\bar{\varrho}$ und Marktzins $\tilde{r}$ alle einander größengleich. Im vollkommenen Konkurrenzgleichgewicht mißt der Zinssatz einerseits den genauen Wert des Nutzenverlustes aus der Aufgabe einer marginalen DM Konsum, andererseits den Kapitalwert der marginalen privaten Investitionen, konstanter Jahresertrag vorausgesetzt. Diese Gleichgewichtsbedingung folgt aus der Homogenitätsannahme für den Kapitalmarkt und aus der Tatsache, daß Konsumenten wie Unternehmungen sich im individuellen intertemporalen Dispositionsgleichgewicht befinden. Jeder Konsument ist indifferent zwischen dem Konsum einer DM jetzt und dem Konsum ihres zukünftigen Ertrages, wenn diese DM heute gespart wird. Aus diesem Grunde spielt es bei der Bestimmung der normativen Diskontrate keine Rolle, ob die Aufbringung des öffentlichen Kapitals den privaten Konsum oder private Investitionen marginal verdrängt. Aus gesellschaftlicher Sicht wird beides gleich bewertet.

Unter Bezugnahme auf (6.1) und Verwendung der dort (S. 80) eingeführten Bezeichnungen lassen sich die GOK des öffentlichen Kapitals schreiben als

$$GOK = \beta\,\bar{\varrho} + (1-\beta)\,r' \,, \tag{6.2}$$

und da $\bar{\varrho} = \tilde{r} = r'$, folgt GOK $= \tilde{r}$. D. h., die GOK des öffentlichen Kapitals werden vollständig im Kapitalmarktzins erfaßt und werden bei der Berechnung des GNE einer öffentlichen Investition voll berücksichtigt, wenn der Kapitalmarktzins als normative Diskontrate angesetzt wird. Dieser besitzt daher die konsistenztheoretische Doppelfunktion, simultaner Ausdruck der Opportunitätskosten des öffentlichen Kapitals (OK $= \bar{\varrho}$) und der gesellschaftlichen Bewertung ($r^* = r'$) zu sein. Das Vorteilhaftigkeitskriterium (5.4) — vgl. S. 68 — ist konsistent. Die eben abgeleiteten Konsistenzbedingungen waren in (4.1) — vgl. S. 48 — in der speziellen Konsistenzvoraussetzung (2.) (Alle Kosten und Erträge sind mit Marktpreisen zu bewerten) enthalten.

Lassen wir zum Schluß die technologisch bedingten Anomalien der Sozialinvestitionen nun wieder zu, und erinnern wir uns ihrer Auswirkungen! Das eben gefundene Ergebnis ändert sich bei Berücksichtigung dieser Batorschen Externitäten grundlegend. Wegen der totalen Interdependenz des Marktmechanismus übertragen sich ihre verfälschenden Effekte auch auf den Kapitalmarkt. Deshalb wird der gleichgewichtige Marktzins jetzt nur noch zufällig den allokativ-effizienten Wert aufweisen, und die Konsistenz des öffentlichen Investitionskriteriums ist nicht mehr gewährleistet.

### 3.2. Konsistenzerfordernisse bei sozialer Zeitpräferenz

Auf der Basis einer sozialen Zeitpräferenzfunktion sei nun im Unterschied zur vorhergehenden Betrachtung eine niedrigere, marginale „soziale" Zeitpräferenz als normatives Datum vorgegeben. Der gesellschaftlichen Bewertung zukünftigen Einkommens (= potentieller Konsum) wird eine sogenannte soziale Diskontrate, abgekürzt als SDR, zugrunde gelegt.

Die GOK des öffentlichen Kapitals werden jetzt nicht mehr im unveränderten Gleichgewichtszinssatz korrekt wiedergegeben, da die gesellschaftliche Bewertung zukünftigen Konsums und die OK des öffentlichen Kapitals nun betragsmäßig differieren. Durch Ersetzung von $r'$ durch die SDR in (6.2) erhält man

$$GOK = \beta \cdot \bar{\varrho} + (1-\beta) \cdot SDR \ , \quad \text{mit} \quad \bar{\varrho} = \tilde{r} \ , \tag{6.3}$$

und da $0 \leq \beta < 1$ vorausgesetzt wird, folgt wegen $\tilde{r} >$ SDR, daß GOK $< \bar{\varrho} = \tilde{r}$. Die mit der Einführung einer SDR bewirkte Aufhebung der Doppelfunktion des Kapitalmarktzinses hat zur Folge, daß dieser als normative Diskontrate im GNE untauglich wird, weil er nicht mehr die GOK des öffentlichen Kapitals voll erfaßt. Wird $\bar{\varrho}$ als normative Diskontrate angesetzt, dann wird zwar der Effizienzbedingung Rechnung getragen, aber nicht der gesellschaftlichen Zeitpräferenz; wird der Wert der SDR als normative Diskontrate gewählt, dann wird die Effizienzbedingung verletzt. Auch der nächstliegende Ausweg, den Wert der GOK gemäß (6.3) als normative Diskontrate zu nehmen, würde die Effizienzbedingung verletzen, denn aus dem privaten Investitionsbereich würden auch Mittel entzogen, die als öffentliche Investition einen geringeren Ertrag als $\bar{\varrho}$ erbringen würden. Da das Auseinanderfallen von gesellschaftlicher Bewertung ($r^*$ = SDR) und Opportunitätskosten des öffentlichen Kapitals (OK = $\bar{\varrho}$) sich formal als ein untergeordneter Spezialfall von Kapitalmarktunvollkommenheiten behandeln läßt, werden wir dieses Problem bei der Erörterung jener wieder aufnehmen. Jetzt werden wir auf eine andere ökonomische Konsequenz aus der Annahme einer SDR eingehen.

Mit der SDR wird eine modellexogene Bewertungsnorm eingeführt und die gesamtwirtschaftliche Zielsetzung der allokativen Effizienz für den öffentlichen Sektor von vornherein negiert. Insoweit die SDR einen kleineren Wert als der gleichgewichtige Marktzins aufweist, wird die intertemporale Komponente der Konsumentensouveränität korrigiert. Eine kleinere SDR impliziert nämlich, daß die privatwirtschaftlich bestimmte optimale Investitionsquote im Verhältnis zur politisch determinierten als zu klein angesehen wird. Ein staatlicher Eingriff, der entweder den Zins und/oder die Investitionsquote manipuliert, ist aber im Rahmen dieses Modells mit der intertemporalen Konsumentensouveränität unvereinbar[108]. Mit der Annahme einer SDR wird folglich gegen eine Voraussetzung des Äquivalenztheorems verstoßen. Dieses gilt nicht mehr, und damit wird das öffentliche Investitionskriterium (5.4) selbstverständlich inkonsistent. Um die verschiedenen konsistenztheoretischen Konsequenzen aus dieser Divergenz von Opportunitätskosten des öffentlichen Kapitals und gesellschaftlicher Bewertung des zukünftigen Konsums aufzeigen zu können, müssen vorher die Optimalitätsbedingungen für die neue, politisch optimale Investitionsquote eingeführt werden.

Da sich die Dispositionen der Unternehmungen und Konsumenten im Gleichgewicht befinden, werden im privaten Sektor in dieser Periode keine neuen Investitionen mehr vorgenommen werden. Der Staat selbst wird daher versuchen müssen, das gegebene Investitionsvolumen zu erhöhen. Zwei Möglichkeiten bieten sich dabei an: Entweder ein direktes Vorgehen durch staatliche Investitionstätigkeit oder die indirekte wirtschaftspolitische Beeinflussung der Investoren. Im Folgenden skizzieren wir die Grundzüge dieser beiden Lösungen und stellen anschließend ihre konsistenztheoretischen Implikationen heraus[109].

Im ersten, von allen Vertretern einer SDR anvisierten Fall würde die Differenz zwischen gesellschaftlich und privatwirtschaftlich optimaler Investitionsquote voll mit öffentlichen Investitionen „aufgefüllt" werden. Als normative Diskontrate wird die SDR verwendet, denn nur dann haben zusätzliche Investitionen einen positiven GNE. Die neue Investitionsquote kennzeichnet sich dann durch folgende Beziehungen. Im öffentlichen Sektor ist die GEI abgesunken auf die Höhe der SDR.

---

108 Anders urteilen grundsätzlich *de Graaff*, a.a.O., S. 99 und passim, *de Scitovsky*, Welfare, S. 226, sowie andeutungsweise auch *Baumol*, W. J., Welfare Economics and the Theory of State, 1. Aufl., London, New York und Toronto 1952, S. 91 f., die alle besondere, *zeitliche* externe Effekte der individuellen Konsum-Sparentscheidungen im vollkommenen Konkurrenzmodell dafür verantwortlich halten, daß eine dezentralisierte Abstimmung der einzelnen Konsum- und Investitionspläne (mangels vollständiger Koordinierung) zu keiner optimalen Investitionsquote führen kann. Wir stoßen hier auf die Kontroverse um die Bestimmung der optimalen Investitionsquote; hierzu siehe *Hertje*, A., On the Optimum Rate of Savings, in: WA, vol. 90/91 (1963), sowie den neuen Ansatz von *Vosgerau*, a.a.O., in dem wohlfahrtstheoretische Gedanken mit neoklassischer Wachstumstheorie verbunden werden. Für unsere Problematik bietet dieser Ansatz jedoch nichts, da wir die Unvollkommenheit des Marktmechanismus explizit einführen wollen. Zur optimalen Investitionsquote unter dem speziellen Blickwinkel der Vornahme öffentlicher Investitionen siehe *Feldstein*, Social Time Preference, und *Marglin*, Social Rate of Discount.

109 Siehe *Marglin*, Opportunity Costs, S. 275 f., *Hirshleifer* et al., a.a.O., S. 118 ff., und *Arrow*, Social Investment, S. 6 ff., sowie *Feldstein*, Opportunity Cost Calculation, deren Einwände gegen diese Lösungen unseren Konsistenzüberlegungen hauptsächlich zugrunde liegen.

Beide sind nun größengleich und kleiner als die OK des öffentlichen Kapitals, d. h. die GEI im privaten Sektor.

Der erste, effizienztheoretische Einwand gegen dieses Vorgehen ist selbstverständlich. Eine notwendige Bedingung der allokativen Effizienz, der Ausgleich der GEI in allen Sektoren der Volkswirtschaft, wird verletzt. Das öffentliche Investitionskriterium wäre inkonsistent. Der Ansatz einer SDR im vollkommenen Konkurrenzmodell führt in letzter Konsequenz zu Unvollkommenheiten des Kapitalmarktes und gerät damit in einen Widerspruch zu einer der institutionellen Modellprämissen[110]. Zweitens widerspricht diese Lösung unausgesprochen dem erklärten Zweck einer niedrigeren Zeitpräferenzrate. Denn bei gegebenem Gesamtvolumen der Investitionen pro Periode ist die Versorgung der zukünftigen Generation hier geringer als wenn produktivere (private) Investitionen getätigt worden wären.

Außer diesen Einwänden, die für jede beliebige, größere Investitionsquote als die privatwirtschaftlich optimale zutreffen, d. h. sowohl im angestrebten Optimum als auch auf dem Wege dorthin, ergibt sich ein dritter, empirisch-faktischer Einwand, der die institutionelle Zulässigkeit dieser zusätzlichen staatlichen Investitionen betrifft: "Government does not allow itself to exploit most of the opportunities for which the future gain, when evaluated at a social rate of discount lower than market rates, justifies the present sacrifice; most of these opportunities for better or worse, lie in the sector that in the present institutional structure has been marked off as 'private' "[111]. Wir treffen hier auf zwei in gemischtwirtschaftlichen Marktwirtschaften regelmäßig vorhandene, traditionell begründete, institutionelle Beschränkungen der Größe des öffentlichen Sektors, die wir den Modellprämissen gegenüberstellen müssen. Erstens werden öffentliche Investitionen überwiegend in Bereichen getätigt, die von der Privatinitiative vernachlässigt werden, weil dort entweder der erwartete einzelwirtschaftliche Ertrag der privaten Investitionen als zu niedrig oder/und ihr Risiko als zu groß angesehen werden. Die wichtigsten ökonomischen Gründe für dieses Investorenverhalten, nämlich diejenigen, die sich letztlich alle in der Nichtaneignungsfähigkeit des von privaten Investitionen erzeugten gesamtwirtschaftlichen Ertrages niederschlagen, lassen sich aus unseren Überlegungen zu den Eigenschaften der Sozialinvestitionen

---

110 Einen modell-endogenen Lösungsversuch dieses Widerspruchs mit dem Ziel, diejenigen öffentlichen Investitionsprojekte auszuwählen, die die Einkommensverteilung in Richtung auf eine Erhöhung der Sparquote verändern, um damit die Investitionsquote ohne direkte Manipulation des Zinses zu erhöhen, hat Eckstein unternommen: *Eckstein,* O., Investment Criteria for Economic Development and the Theory of Intertemporal Welfare Economics, in: QJE, vol. 71 (1957); im Folgenden zitiert als *Eckstein,* Investment Criteria; S. 56 ff.

111 *Marglin,* Opportunity Costs, S. 257.

ableiten[112]. Zweitens gelten gleichzeitig gewisse, den Umfang der wirtschaftlichen Aktivität der öffentlichen Hand beschränkende Bedingungen traditioneller Art. Der öffentliche Sektor darf diejenigen Investitionschancen realiter nicht nutzen, die institutionell zwar zum privaten Sektor gehören, doch von privaten Investoren nicht ergriffen werden, weil ihr Kapitalwert beim herrschenden Zinssatz negativ wäre[113]. Dieses Phänomen führt zu einer Verstärkung der effizienztheoretischen Bedenken, sobald eine „Lücke" zwischen dem Ertrag der letzten noch getätigten privaten Investition und dem der ersten zusätzlich vorgenommenen öffentlichen Investition entsteht. Wenn diesem Kritikpunkt Realitätsnähe zukommt, dann resultiert ein weiterer Widerspruch zu einer der institutionellen Prämissen des Modells: Implizit wird der freie Zugang zu allen Sektoren bzw. Märkten aufgegeben.

Die zweite, vor allem von Hirshleifer et al.[114] vorgetragene Alternative löst das Problem eleganter, indem versucht wird, das Auseinanderfallen von gesellschaftlicher Bewertung und Opportunitätskosten überhaupt zu vermeiden, um den effizienztheoretischen Einwand von vornherein zu unterlaufen. Mittels der Geld-, Fiskal- und Schuldenpolitik sowie mit anderen wirtschaftspolitischen Instrumenten soll das Kapitalangebot bei sinkender Zinsrate kräftig erhöht werden. Die daraus resultierende Vergrößerung der Investitionsquote würde die Grenzproduktivität des Kapitals verringern. Dies würde im Gleichgewicht schließlich eine Absenkung der GEI zur Folge haben, d. h. den langfristigen (realen) Zins nachziehen. Die marginale private Zeitpräferenz würde dieser Zinsbewegung ebenfalls folgen. Ohne gegen die Effizienzbedingung zu verstoßen, könnte die öffentliche Investitionstätigkeit ebenfalls ausgedehnt werden. Durch eine hohe Besteuerung des Konsums soll das durch die ausgelöste, starke Investitionsgüternachfrage geschaffene, inflationäre Potential abgeschöpft werden. Am Ende dieses Anpassungsprozesses wären dann die private marginale Zeitpräferenz und die OK des öffentlichen Kapitals bis auf die SDR abgesenkt worden. Die Konsistenz des öffentlichen Investitionskriteriums bliebe gewahrt, denn die SDR wird ganz von Opportunitätskosten-Überlegungen dominiert und würde die GOK des öffentlichen Kapitals korrekt messen.

Auch dieser theoretische Ratschlag zur Perfektion ist illusorisch. Das zur Lenkung von Richtung und Umfang der privaten Investitions-

---

112 Siehe S. 56 ff. Wegen der Annahme vollkommener Voraussicht blieb die Risikokomponente dort unerklärt.

113 Allgemein zu dieser Frage der Grenzen der Staatstätigkeit siehe *Schmidt*, K., Zur ordnungspolitischen Problematik wachsender Staatsausgaben, und *Geyer*, H., Kritische Anmerkungen zur Frage nach den Grenzen der staatlichen Aktivität in der Marktwirtschaft, beide in: SVSP, NF 47 (1967), S. 126 ff. bzw. S. 174 ff.

114 *Hirshleifer* et al., a.a.O., S. 120.

tätigkeit praktisch einsatzbereite und politisch tatsächlich durchsetzbare wirtschaftspolitische Instrumentarium wäre wegen immanenter Schwächen und zu geringer Differenzierung für diese Aufgabe überfordert. Akzeptieren wir diese institutionellen Hindernisse einer Politik der indirekten öffentlichen Beeinflussung privater Investitionen, dann müssen wir feststellen, daß der Wert der OK (= marginale Ertragsrate der privaten Investitionen), größengleich der marginalen privaten Zeitpräferenz, über dem Wert der SDR liegen wird. Und damit trifft wieder der effizienztheoretische Einwand zu.

Beide Alternativen führen also letztlich zum gleichen Ergebnis: Ermittelt man den GNE einer Sozialinvestition unter Verwendung einer SDR, dann wird das öffentliche Investitionskriterium inkonsistent, weil die OK des von dieser Investition beanspruchten Kapitals im Wert der normativen Diskontrate nicht vollständig berücksichtigt werden. Die Einführung einer SDR hat zur Folge, daß der Sachbereich der gesamtwirtschaftlichen Optimierung, die gesamte Volkswirtschaft, auf den öffentlichen Sektor eingeschränkt wird. Doch selbst wenn für diesen Sektor die Zielsetzung der allokativen Effizienz suspendiert und damit die Erreichung einer allokativ-effizienten Gesamtsituation verhindert wird, muß der Staat auf Grund seiner Verantwortung für das ökonomische Gesamtsystem dem Rationalitätspostulat Folge leisten. M.a.W.: Er hat darauf zu achten, daß die intertemporale Optimalitätsbedingung der technischen Effizienz der Produktion für das Gesamtsystem erfüllt wird. Die durch den staatlichen Eingriff bewirkte Unvollständigkeit der gesamtwirtschaftlichen Optimierung darf nicht zu einer nur noch sektoralen Optimierung degenerieren. Doch auch eine stillschweigende Ersetzung der gesamtwirtschaftlichen Zielvorstellung allokative Effizienz durch die unvollständigere der technischen Effizienz verhindert nicht, daß das öffentliche Investitionskriterium weiterhin inkonsistent bleibt. Auch die Bedingung der technischen Effizienz wurde durch Einführung einer SDR verletzt. Der GNE, das Kapitalwertkriterium (5.4), muß daher so modifiziert werden, daß dem Effizienzerfordernis durch Berücksichtigung der OK des öffentlichen Kapitals Genüge getan wird, ohne der normativen Diskontrate die Funktion der politisch determinierten, gesellschaftlichen Bewertung zukünftigen Konsums zu nehmen.

Theoretische Vorschläge zur Lösung dieses Problems werden später genannt. Jetzt heben wir die Prämisse der Vollkommenheit des Marktmechanismus auf. Dieses Vorgehen erlaubt es erstens, Kapitalmarktunvollkommenheiten explizit einzuführen und ihre Konsequenzen für die konsistente Spezifizierung des öffentlichen Investitionskriteriums zu untersuchen und zweitens, den schon verschiedentlich festgestellten

Verletzungen des institutionellen Rahmens dieses Modells, verursacht durch die Annahme einer SDR, Rechnung zu tragen.

## § 7. Zur Konsistenz des öffentlichen Investitionskriteriums bei unvollkommenem Marktmechanismus

Es wird nun der institutionelle Rahmen des vollkommenen Konkurrenzmodells aufgehoben und geprüft, ob die gesamtwirtschaftliche Konsistenz des SOK für öffentliche Investitionen erhalten bleibt, bzw. welche Veränderungen des öffentlichen Investitionskriteriums ihre Wahrung erfordert. Dabei zeigt sich, daß die Berücksichtigung hypothetischer, d. h. berechneter GOK des öffentlichen Kapitals die einzig vernünftige Konsistenzvoraussetzung bei Unvollkommenheit des Kapitalmarktes darstellt. Dieses Ergebnis legt es nahe zu erforschen, ob die Theorie des Zweitbesten einen Beitrag zur Lösung der Problematik der GOK leisten kann.

### 1. Eigenschaften und Ursachen des unvollkommenen Marktmechanismus

Der vollkommene Konkurrenzmarktmechanismus wird unvollkommen, wenn mindestens eine der fünf Voraussetzungen — vgl. S. 43 — für die Vollkommenheit des Marktmechanismus verletzt ist. Drei dieser Voraussetzungen werden nun völlig aufgegeben, eine vierte nur vorläufig. Wir postulieren unvollkommene Märkte, die Einschränkung von Faktormobilität und freiem Marktzugang sowie unvollkommene Voraussicht, behalten jedoch die fünfte Prämisse, atomistische Märkte, bei. Letzteres erspart es uns, auf Probleme eingehen zu müssen, die aus der Korrektur monopolistischer Marktpreise resultieren.

Während wir die vierte Eigenschaft eines unvollkommenen Marktmechanismus, die unvollkommene Voraussicht aller Wirtschaftssubjekte, als eine gegebene, elementare Grundlage jeglichen menschlichen Handelns akzeptieren, wollen wir bei den ersten drei nach möglichen Ursachen und nach Herkunft unterscheiden. Marktunvollkommenheiten sowie Beschränkungen der freien Faktormobilität und des freien Marktzugangs können einmal im privaten Sektor selbst ihren Ursprung haben, zum anderen aber auch im öffentlichen Bereich, wenn durch staatlichen Hoheitsakt der Datenkranz exogen verändert wird. In gemischtwirtschaftlichen Marktwirtschaften, in denen der Staat nicht nur ausschließlich für den Datenkranz verantwortlich ist, verstärken ökonomisch-unrationales Verhalten der öffentlichen Wirtschaftseinheiten, ihre Dispositionen wider die Spielregeln der vollkommenen Konkurrenz, die staatliche Wirtschaftspolitik, die Instrumente zur Einkommensredistribution sowie die Aufbringungsmechanismen bei den Staatseinnahmen die Unvollkommenheit des Marktmechanismus.

Aber auch unabhängig von all diesen Faktoren läßt sich bei vollkommener Konkurrenz aus der Vornahme von Sozialinvestitionen eine Unvollkommenheit des Marktmechanismus ableiten. Es sind nämlich theoretische Situationen denkbar, in denen sich aus Inputunteilbarkeiten und externen Effekten zwar nicht eine Behinderung des rechtlich-institutionellen, wohl aber eine des freien *ökonomischen* Zugangs zum Markt ergeben kann. Auch diese Art der Zugangsbeschränkung ist nach herrschender Lehre im institutionellen Rahmen enthalten[115]. Damit wäre die in der Einleitung aufgestellte These belegt, daß die Annahme einer gemischtwirtschaftlichen Marktwirtschaft (Sozialinvestitionen) prinzipiell den institutionellen Rahmen des vollkommenen Konkurrenzmodells verletzt.

Im Folgenden können wir uns auf die Betrachtung des unvollkommenen Kapitalmarktes konzentrieren, ohne die Unvollkommenheiten der Gütermärkte ebenfalls ausdrücklich berücksichtigen zu müssen. Denn erstens schlagen sich ihre Unvollkommenheiten in den Güterpreisen nieder und gehen damit in die Berechnung des GNE einer öffentlichen Investition ein, und zweitens werden sie sowohl durch die dezentralisierten Investitionsentscheidungen der Unternehmungen wie auch durch die Konsum-Sparentscheidungen der Konsumenten auf die Kapitalmärkte übertragen[116].

### 2. Marktzins, Opportunitätskosten und gesellschaftliche Bewertung bei Unvollkommenheiten des Kapitalmarktes

Die Tatsache, daß Anbieter wie Nachfrager von Kapital bei ihren Marktentscheidungen zeitliche, sachliche, örtliche sowie persönliche Vorlieben mit in das Kalkül einbeziehen, stellt einen Verstoß gegen die Rationalitätsannahme dar. Dieser, das Vorhandensein von Zugangsbeschränkungen sowie Risikoüberlegungen schlagen sich als äußere Anzeichen der Kapitalmarktunvollkommenheiten in der Mannigfaltigkeit der Zinssätze sowie in dem breiten Fächer von Konditionen und Fristen nieder. Die vier Prämissen des vollkommenen Kapitalmarktes:

(1) Es gibt nur ein homogenes, knappes Wirtschaftsgut Kapital;

(2) es gibt nur einen Marktzins, der im Zeitablauf konstant ist;

(3) wegen vollkommener Voraussicht gibt der Zins alle gegenwärtigen und zukünftigen Erwartungen korrekt wieder; und

(4) Kapitalangebot und -nachfrage sind zum geltenden Zinssatz für einen einzelnen Anbieter oder Nachfrager unendlich elastisch[117],

---

[115] Vgl. *Ott*, a.a.O., S. 43.

[116] *Albach*, Investition und Liquidität, S. 30.

treffen nicht mehr zu. Denn: "... rationing, ignorance, differential tax treatments, reluctance to finance investment from external funds, slow adjustment processes etc.... destroy the normative significance of the rates found in the market"[118].

Diametral entgegengesetzt zu dieser Erklärung von Unvollkommenheiten des Kapitalmarktes behauptet die „Risiko-Hypothese", daß die Vielfalt der zu beachtenden Marktzinssätze eigentlich gar nicht auf echte Marktunvollkommenheiten und Zugangsbeschränkungen zurückzuführen sei, sondern aus der unterschiedlichen Risikobehaftetheit der einzelnen Investitionsobjekte resultiere[119]. Dieser Ansicht zufolge paßt jeder Konsument (Investor) seine marginale Risikovorliebe den risikoverzerrten Marktzinssätzen solange an, bis sein intertemporales Konsumprogramm (Produktionsprogramm ≡ Investition) optimal ist. Wird diese Risikokomponente aus dem Zinsgefüge eliminiert, dann läßt sich eine eindeutige, risikobereinigte Zinsrate finden, die ihre normative Doppelfunktion auch bei „Marktunvollkommenheiten" ungeschmälert erfüllt. Dieser „reine" Marktzinssatz ist dann als normative Diskontrate anzusetzen, und auch bei Marktunvollkommenheiten bleiben alle Ergebnisse des vorhergehenden Abschnitts gültig.

Beide Erklärungen schließen einander nicht aus, doch welchen quantitativen Umfang der Einfluß von Risiko einerseits und echten Marktunvollkommenheiten andererseits auf das Marktgeschehen hat, kann nur durch empirische Untersuchungen festgestellt werden. Da es hier unser Ziel ist, den Einfluß von „echten" Marktunvollkommenheiten auf die Konsistenz des öffentlichen Investitionskriteriums zu untersuchen, kehren wir wieder zur Prämisse vollkommener Voraussicht zurück. Aus demselben Grunde werden auch steuer-induzierte Ver-

---

117 Ebenda; aus (1) bis (4) folgt, daß eine Unterscheidung zwischen Eigen- und Fremdkapital sowie die Fristigkeit der Transaktionen unbedeutsam, d. h. eine Frage der Terminologie sind.

118 *Eckstein*, Survey, S. 503.

119 Hierzu siehe *Hirshleifer*, J., Risk, the Discountrate and Investment Decisions, in: AER (PP), vol. 51 (1961), S. 112 ff., ders., Investment Decisions under Uncertainty — Choice-Theoretic Approaches, in: QJE, vol. 79 (1965), S. 509 ff., und ders., Efficient Allocation of Capital in an Uncertain World, in: AER (PP), vol. 54 (1964), S. 77 ff. Hirshleifer überträgt seine Markttheorie des Risikos auch auf das Problem der normativen Diskontrate: ders., Investment Decision under Uncertainty: Applications of the State-Preference-Approach, in: QJE, vol. 80 (1966), S. 266 ff. Hirshleifer hat sich inzwischen noch einmal mit dem Problem der adäquaten Erfassung von Risiko und Unsicherheit bei öffentlichen Investitionen auseinandergesetzt; siehe: *Hirshleifer*, J. und D. L. *Shapiro*, The Treatment of Risk and Uncertainty, in: The Analysis and Evaluation of Public Expenditures, vol. I, Joint Economic Committee, Washington D. C. 1969, S. 505 - 532. Zu einem Hirshleifer ähnlichen Ergebnis kommen auch *Bailey*, M. J. und M. C. *Jensen*, Risk and the Discount Rate for Public Investment, College of Business Administration, University of Rochester, Working Paper Series, No. 6911, Rochester, August 1969. Statt des State-Preference-Approach verwenden sie aber den Ansatz von *Harberger*, a.a.O.

zerrungen in der Struktur der Kapitalmarktzinssätze „hinweg"-postuliert; wir betrachten eine Volkswirtschaft ohne Steuern. Harberger hat ein Modell eines steuer-verzerrten, aber sonst vollkommenen Kapitalmarktes entwickelt, aus dem sich ein steuerbereinigter Marktzinssatz errechnen läßt. Dieser soll dann, analog zum „reinen" Zinssatz bei Risikoverzerrungen, als Wert der normativen Diskontrate angesetzt werden[120]. Als „echte" Unvollkommenheiten des Marktmechanismus verbleiben daher also Zugangsbeschränkungen, unvollständige Mobilität der Faktoren und die vier Eigenschaften unvollkommener Märkte. Ihr Einfluß auf die konsistente Bestimmung der normativen Diskontrate soll nun untersucht werden.

Als primäre Folge dieser Annahmen verliert der Marktzins seine normative Doppelfunktion, im Gleichgewicht Ausdruck sowohl der marginalen privaten Zeitpräferenz als auch der marginalen Ertragsrate der privaten Investitionen zu sein. Denn beide Voraussetzungen dieser Gleichgewichtsbedingung, die Annahme eines homogenen Kapitalmarktes und die des individuellen Dispositionsgleichgewichtes von Konsumenten und Unternehmungen, sind nicht mehr gegeben. Folglich fällt auch die dort implizierte Prämisse weg, jeder Konsument treffe seine Spar-Konsumentscheidungen unter der Annahme, daß der Grenzertrag seiner Ersparnis dem Grenzertrag der privaten Investitionen größengleich ist: "... capital rationing wrenches apart the rate of return in production and the pattern of time preference"[121]. Folglich muß auch die gesellschaftliche Bewertung zukünftigen Konsums von den OK des öffentlichen Kapitals abweichen; letztere werden größer als die private Zeitpräferenzrate sein. Damit stehen wir bei der Wahl der normativen Diskontrate vor einer ähnlichen Entscheidung wie im vollkommenen Konkurrenzmodell bei der Annahme einer SDR. Soll die normative Diskontrate wie bisher sowohl den Wert der aus dem privaten Konsum abgezweigten als auch den Wert der den privaten Investitionen entzogenen Ressourcen berücksichtigen, dann muß jetzt nach der Herkunft der Mittel und nach ihrer potentiellen Ertragsfähigkeit in der den betreffenden Investoren bzw. Konsumenten offenstehenden, privaten marginalen Anlagemöglichkeiten unterschieden werden.

Bisher wurde von *der* marginalen Zeitpräferenz und von *der* marginalen Ertragsrate gesprochen. Die Annahme eines unvollkommenen Kapitalmarktes bedingt jedoch, daß diesem Markt für keine dieser beiden Größen ein eindeutiger Wert entnommen werden kann. M.a.W.: Die bisherige Eindeutigkeit der OK des öffentlichen Kapitals und der

---

[120] *Harberger,* a.a.O.; siehe auch das Grundmodell von Baumol zur Bestimmung der normativen Diskontrate bei vollkommenem Kapitalmarkt, aber unterschiedlichen Steuersätzen; *Baumol,* W. J., On the Social Rate of Discount, in: AER, vol. 58 (1968); im Folgenden zitiert als *Baumol,* Social Rate; S. 789 ff.

[121] *McKean,* Efficiency, S. 117, Anm. 6.

gesellschaftlichen Bewertung zukünftigen Konsums geht verloren. Es gibt weder eine einzige, für alle Sektoren gleiche gesamtwirtschaftliche (Netto)Grenzertragsrate der privaten Investitionen, noch eine eindeutige private, für alle Konsumenten gleiche Zeitpräferenzrate. Auch die Annahme einer SDR vereinfacht nur wenig. Es erübrigt sich zwar eine Aggregation der Werte der individuellen Zeitpräferenzraten, ändert aber nichts Grundsätzliches an der Situation: Die SDR ist kleiner als der Wert der OK. Dieser ist dem Markt nicht mehr unmittelbar zu entnehmen, er muß berechnet werden. Die Frage der angemessenen normativen Diskontrate bleibt bestehen.

Wie sehen nun die konsistenztheoretischen Schlußfolgerungen aus, die wir aus dieser Erörterung der Folgen von Kapitalmarktunvollkommenheiten zu ziehen haben? Bevor wir uns jedoch der Beantwortung dieser Frage zuwenden, wollen wir erst die Ergebnisse dieses und des letzten Paragraphen in Form eines tabellarischen Überblicks zusammenfassen — vgl. Tabelle II, S. 99.

Drei eng zusammenhängende Probleme sind erkennbar: Das Auseinanderfallen von gesellschaftlicher Bewertung und OK, die Unbestimmtheit der OK und die der privaten Zeitpräferenzrate. Eine Divergenz zwischen dem Wertausdruck für die gesellschaftliche Bewertung zukünftigen Einkommens und dem der OK des von einer öffentlichen Investition in Anspruch genommenen Kapitals zeigt sich in drei Fällen, nämlich unter der Annahme unvollkommener Märkte sowohl bei sozialer wie bei privater Zeitpräferenz, sowie unter der Annahme vollkommener Märkte bei Geltung einer sozialen Zeitpräferenz. Hier kann die normative Diskontrate daher nicht in Übereinstimmung mit den aus der allokativen Effizienz abgeleiteten Optimalitätsbedingungen gewählt werden[122]. Werden die OK als normative Diskontrate angesetzt, dann wird zwar die Effizienzbedingung der intertemporalen Produktion erfüllt. Diese notwendige Bedingung der allokativen Effizienz trägt aber der gesellschaftlichen Bewertung keine Rechnung — gleichgültig, ob diese privat oder politisch determiniert ist. Wird die gesellschaftliche Bewertung in Form einer sozialen bzw. privaten Diskontrate als normative Diskontrate angesetzt, dann kommt der effizienztheoretische Einwand zum Tragen. Aus diesen Erwägungen heraus stellt sich folglich die Frage, ob überhaupt — und gegebenenfalls wie — der effizienztheoretische Aspekt sich mit der gesellschaftlichen Bewertung vereinbaren läßt.

---

122 Anders noch Eckstein in einer frühen Arbeit: "At the same time, it (normative Diskontrate, Verf.) can help to assure that capital channelled into this field of investment (öffentlicher Sektor, Verf.) yields as high a return as it would elsewhere"; *Eckstein*, Water Resource Development, S. 94.

*Tabelle II:* **Die Problematik der normativen Diskontrate**

| Annahme über atomistische Märkte | Gesellschaftliche Bewertung des zukünftigen Outputs | | | > = < | Opportunitätskosten des öffentlichen Kapitals | | | > = < | Normative Diskontrate | | Konsistenz des Investitions-Kriteriums |
|---|---|---|---|---|---|---|---|---|---|---|---|
| | (1) private bzw. politische Bestimmung | (2) Ausdruck für (1) | (3) numerische Bestimmtheit von (2) | | (4) Ausdruck dafür ist | (5) numerische Bestimmtheit von (4) | (6) Herkunft der Information | | (7) Ausdruck dafür ist | (8) numerische Bestimmtheit von (7) | |
| Vollkommene Märkte [1] | PZP | Marktzins | eindeutig | = | Marktzins | eindeutig | Kapitalmarkt | = | Marktzins | eindeutig | ja |
| Vollkommene Märkte [2] | SZP | SDR | eindeutig | < | Marktzins | eindeutig | Kapitalmarkt | ≠ | ? | unbestimmt | nein |
| Unvollkommene Märkte [3] | PZP | Struktur der Zinssätze | unbestimmt | < | ? | unbestimmt | Berechnung | ≠ | ? | unbestimmt | ? |
| Unvollkommene Märkte [4] | SZP | SDR | eindeutig | < | ? | unbestimmt | Berechnung | ≠ | ? | unbestimmt | ? |

*Abkürzungen:* PZP = private Zeitpräferenz – SZP = soziale Zeitpräferenz – SDR = soziale Diskontrate – ? = Problem.

Die realitätsnahen Annahmen „Unvollkommenheit der Märkte" und „Zugangsbeschränkungen" hatten zwei Konsequenzen. Sie ließen sowohl den Ausdruck für die OK wie den für die gesellschaftliche Bewertung unbestimmt werden. Dem unvollkommenen Kapitalmarkt kann weder ein eindeutiger Wert für die OK des öffentlichen Kapitals noch einer für die private Zeitpräferenzrate entnommen werden. Beides muß nunmehr berechnet werden. Die Ermittlung einer eindeutigen marginalen privaten Zeitpräferenz aus der Struktur des Zinsgefüges im Fall unvollkommener Märkte interessiert uns lediglich im Zusammenhang mit Versuchen, im Fall [3] der Tabelle II eine hypothetische Zinsrate abzuleiten, die sowohl dem Effizienzerfordernis wie dem der individuell determinierten, gesellschaftlichen Bewertung genügt. Da dieser letzte, allgemeine Fall sämtliche relevanten Aspekte der Gesamtproblematik enthält, lassen sich im Folgenden alle konsistenztheoretischen Konsequenzen daraus entwickeln.

### 3. Konsistenztheoretische Implikationen aus der Annahme eines unvollkommenen Kapitalmarktes

Durch die Aufhebung der Prämisse des vollkommenen Marktmechanismus wurde das bisherige Grundmodell in eines der (atomistischen) inhomogenen Konkurrenz überführt. Aus offensichtlichen Gründen kann ein solches System nicht mehr allokativ-effizient sein. Da die sektoralen Nettogrenzertragsraten der privaten Investitionen nicht mehr übereinstimmen, kann nicht einmal mehr die intertemporale Optimalitätsbedingung der technischen Effizienz der Produktion erfüllt werden. Diese Aussage beschränkt sich natürlich auf die volkswirtschaftliche Produktion, denn mikroökonomische Effizienz im Bereich der Unternehmungen ist nach wie vor möglich. Dennoch stellt der Versuch, das öffentliche Investitionskriterium gesamtwirtschaftlich konsistent zu spezifizieren, ein sinnvolles Unterfangen dar, sofern der auf S. 67 skizzierte wohlfahrtstheoretische Partialansatz auch bei unvollkommenem Marktmechanismus für zulässig gehalten wird. M.a.W.: Solange das Postulat, auch nur die Erfüllung der Optimalitätsbedingungen in lediglich einem einzigen Sektor der Volkswirtschaft steigere die Wohlfahrt, für akzeptabel gehalten wird, ist es wünschenswert, diese Bedingungen anzustreben.

Auf dieser Grundvoraussetzung fußend, sind in der Theorie der GNKA Versuche unternommen worden, eine hypothetische Zinsrate aus der Zinsstruktur der Kapitalmärkte bzw. aus der Struktur der sektoralen Grenzertragsraten der privaten Investitionen zu errechnen, die alle Eigenschaften des gleichgewichtigen Marktzinses eines vollkommenen Konkurrenzgleichgewichts aufweisen soll[123]. Wenn diese hypothetische Rate als normative Diskontrate angesetzt wird, dann — so ist das Vorgehen der Vertreter des traditionellen Ansatzes der GNKA zu interpretieren — bleibt der GNE einer öffentlichen Investition auch bei unvollkommenem Kapitalmarkt ein konsistentes SOK[124]. Wir werden zeigen, daß dem nicht so ist. Im Gegenteil, wird die Auswahl öffentlicher Projekte nach dieser Entscheidungsregel vorgenommen, dann verstärkt sich die im Vergleich zu einer allokativ-effizienten Ressourceneinweisung schon bestehende Mißallokation. Wir weisen darauf hin, daß im Folgenden immer ein Vollbeschäftigungsgleichgewicht (für alle Faktoren) unterstellt wird — genau wie im vollkommenen Konkurrenzgleichgewicht auch —, und staatliche Kreditfinanzierung, d. h. deficit spending durch Inanspruchnahme der Notenbank, ausgeschlossen wird.

Angenommen, $\bar{r}$ sei die hypothetische (= errechnete) Zinsrate und werde ermittelt als gewichteter Durchschnitt aus $\bar{\bar{r}}$, einer hypothetischen privaten Zeitpräferenzrate, und $\varrho$, einer hypothetischen Opportunitätskostenrate:

$$\bar{r} = \beta \cdot \varrho + (1-\beta) \cdot \bar{\bar{r}} \; . \tag{7.1}$$

Wie schon definiert, ist $0 \leqq \beta \leqq 1$ derjenige Teil einer aufgebrachten DM öffentlichen Kapitals, der private Investitionen verdrängt; $(1 - \beta)$ wird dem privaten Konsum entzogen. $\bar{\bar{r}}$ bzw. $\varrho$ ist ebenfalls ein gewichteter Durchschnitt der individuellen Zeitpräferenzrate der Konsumenten bzw. der sektoralen marginalen Ertragsraten der privaten Investitionen. Da auch im privaten Produktionssektor Batorsche Externitäten erzeugt werden, müssen die sektoralen Grenzertragsraten auf dem Schätzwege entsprechend korrigiert werden, weil diese nur die einzelwirtschaftliche, nicht aber die gesamtwirtschaftliche Profitabilität

---

123 Siehe Ecksteins Ansatz in: *Krutilla/Eckstein*, a.a.O., Chapt. IV; vor einiger Zeit hat auch Haveman dieses Vorgehen wieder aufgegriffen; *Haveman*, R. H., The Opportunity Cost of Displaced Private Spending and the Social Rate of Discount, in: The Discountrate in Public Investment Evaluation, Water Resources and Economic Development of the West, Report No. 17, Denver 1968, S. 51 - 70. Auch Baumol befürwortet diesen Ansatz im Prinzipiellen, jedoch liegt seine hypothetische Zinsrate über der von Eckstein und Haveman ermittelten. Denn er bewertet auch die im corporate sector verdrängten *Konsumgüter* mit der GEI dieses Sektors und nicht mit der von Eckstein und Haveman gewählten hypothetischen Zeitpräferenzrate der Konsumenten; siehe *Baumol*, W. J., On the Discountrate for Public Projects, in: The Analysis and Evaluation of Public Expenditures, Joint Economic Committee, vol. I, Washington D. C. 1969, S. 489 - 503; auch Schwartz geht in einem inzwischen erschienenen Artikel ähnlich vor; siehe *Schwartz*, E., The Cost of Capital and Investment Criteria in the Public Sector, in: JF, vol. 25 (1970), S. 135 - 142.

124 Zum Beispiel vertrat auch Arrow früher diesen Standpunkt; *Arrow*, Social Investment, S. 8.

der privaten Investitionen reflektieren. $\varrho_\nu$ ($\nu = 1, \ldots, z$) bezeichne diese sektoralen gesamtwirtschaftlichen Ertragsraten. Werden nun noch sektorale Entzugskoeffizienten $\gamma_\nu$ ($\nu = 1, \ldots, z$) definiert, die denjenigen Teil einer marginal verdrängten DM privater Investitionen angeben, der dem $\nu$-ten Sektor entzogen wird, wobei

$$\sum_{\nu=1}^{z} \gamma_\nu = 1 \text{ mit } 0 \leqq \gamma_\nu \leqq 1$$

gilt, dann bestimmt sich die hypothetische Opportunitätskostenrate als:

(7.1a) $$\varrho = \sum_{\nu=1}^{z} \gamma_\nu \varrho_\nu \, .$$

Sie mißt die GOK desjenigen Teils einer (marginalen) DM öffentlichen Kapitals, dessen Aufbringung private Investitionen verdrängt hat; $\bar{r}$ mißt die GOK desjenigen Teils dieser DM, der dem privaten Konsum entzogen worden ist. Dabei ist es wichtig, sich der Tatsache bewußt zu sein, daß die Mittel, die der Staat dem privaten Sektor entzieht, um seine Investitionen zu finanzieren, im allgemeinen nicht dieselben sind, die dort „verdrängt" werden, d. h. im Produktionsbereich nun nicht mehr für private Investitionen zur Verfügung stehen. Nur in der Höhe ihres Betrages stimmen entzogene und verdrängte Mittel überein, denn generell kann die Möglichkeit nicht ausgeschlossen werden, daß Wirtschaftseinheiten, die z. B. eine Steuer zu entrichten haben, diese auf andere abwälzen können. Der (fiskalische) Steuer*zahler* braucht nicht mit dem (ökonomischen) Steuer*träger* identisch zu sein.

Ähnlich wie bei der Opportunitätskostenrate nicht so sehr die Aggregationsmethode selbst, sondern Konzept und Bedeutung der Opportunitätskosten bei unvollkommenem Kapitalmarkt interessieren, geht es auch bei der hypothetischen Zeitpräferenzrate um dasselbe Problem. Kann eine aus der Zinsstruktur errechnete Zinsrate bei unvollkommenem Marktmechanismus überhaupt als Ausdruck der individuell-gesellschaftlichen Bewertung des zukünftigen Konsums interpretiert werden? Feldstein hat diese Frage untersucht und ablehnend beantwortet. In der Hauptsache führt er das überzeugende theoretische Argument ins Feld, daß "no single borrowing can be treated as marginal; an individual may make payments on a low-interest mortgage even though he has outstanding high-interest consumer credit. This may indicate not an irrationality of the borrower but a different set of time preferences for different amounts and durations of borrowing or set of time preferences for specific goods that can be purchased with 'tied' loans bearing different interest rates and institutional arrangements"[125]. Gleiches gilt analog für die "lending rate". Ist es mithin schon aussichtslos, eine geeignete Zinsrate zu finden, die die marginale Zeitpräferenz eines einzelnen Konsumenten wiedergibt, dann kann ein Durchschnitt dieser Raten theoretisch erst recht nichts Vernünftiges bringen.

Grundsätzliche Bedenken gegen eine wohlfahrtstheoretische Interpretation faktisch beobachteter Marktzinssätze äußert auch Arrow: "... if an observed interest rate is to be used for discounting investments, it ought to be true that individuals make their choice between saving and spending on the basis of this rate; ... under perfectly competitive conditions, an individual's consumption should be a function of his wealth and of the rate of interest"[126]. Da die Keynessche Konsumfunktion aber eine Absage an diese "perfectly competitive consumption"-Hypothese sei, und weder Zeitreihenanalysen der Konsumausgaben eine prinzipielle Zinsabhängigkeit ergeben hätten, noch die beträchtliche Spannweite verschiedener indirekt berechneter Zinsraten für diese Hypothese spräche, kommt er zu dem Schluß, daß die bei Kapitalmarktunvollkommenheiten bestehende "divergence between the rate of interest implicit in consumption decisions and any market rate is so great that it must be accepted that savings is largely independent of the latter ..."[127].

Ähnlich äußert sich auch Musgrave: "While this procedure (Ecksteins, Verf.) is ingenious, its meaning in a setting of *imperfect* capital markets is puzzling. If the rate of substitution of future for present consumption differs among consumers, and different rates of transformation apply in private investment, it is difficult to see why the rates applicable to the particular taxpayer should be controlling. To be sure, it is *his* consumption that is reduced, ... but I see little merit in applying the market rates available to him as a normative guide"[128].

Doch sollen diese Bedenken gegen eine hypothetische private Zeitpräferenzrate für einen Augenblick zurückgestellt werden, damit wir den konsistenztheoretischen Implikationen der hypothetischen Zinsrate $\bar{r}$ als normative Diskontrate im öffentlichen Investitionskriterium nachgehen können. Wegen der Annahme unvollkommener Kapitalmärkte kann $\bar{r} < \varrho$ vorausgesetzt werden. Hieraus folgt, daß $\bar{r} < \varrho$, solange $0 \leq \beta < 1$. D. h. bei Abwesenheit der öffentlichen Investitionen müßten diese Mittel in gleicher Höhe sonst für private Investitionen verfügbar

125 *Feldstein*, Opportunity Cost Calculations, S. 127.
126 *Arrow*, Public Investment Criteria, S. 17.
127 Ebenda, S. 18.
128 *Musgrave*, Cost-Benefit-Analysis, S. 803, Anm. 6; erste Hervorhebung vom Verfasser.

gewesen sein. Diese Bedingung ist jedoch selbstverständlich, entsteht dadurch doch erst das Problem, die OK des öffentlichen Kapitals und private Zeitpräferenz in einem einzigen Wert vereinigen zu müssen. Aus dem im Kapitalwertkriterium enthaltenen Ertragsvergleich können wir folgern, daß die gesamtwirtschaftliche Ertragsrate der letzten gerade noch durchgeführten öffentlichen Investition den Wert $\bar{r}$ aufweisen wird. Da $\bar{r} > \bar{\bar{r}}$, erwirtschaftet jede DM des insgesamt investierten öffentlichen Kapitals einen Ertrag, der ihren Wert übersteigt, wäre diese DM im privaten Konsum belassen worden. Dies rechtfertigt den Entzug von Mitteln aus dem privaten Konsum und ihren investiven Einsatz im öffentlichen Sektor. Aber für alle diejenigen öffentlichen Investitionen, deren gesamtwirtschaftliche Nettogrenzertragsrate kleiner als die Opportunitätskostenrate $\varrho$ ist, ist die Inanspruchnahme von Mitteln ungerechtfertigt, deren Aufbringung pivate Investitionen verdrängt. Diese hätten einen größeren GNE erbracht als jene, denn $\varrho - \bar{r} > 0$. Wenn die öffentliche Hand dem privaten Konsum Mittel entzieht, um diese selbst zu investieren, dann müßte jede DM, die als öffentliche Investition einen niedrigeren Ertrag als $\varrho$ erwirtschaftet, effizienztheoretisch gesehen, im privaten Sektor investiert werden. Der Wert der angesetzten Diskontrate müßte korrekterweise so gewählt werden, "that it leads to a positive number for the evaluated net benefits of a public project, if and only if its gross benefits exceed its opportunity costs in the private sector"[129]. Diese notwendige Bedingung wird hier offensichtlich verletzt. Dies gilt analog auch bei vollkommener Konkurrenz unter der Annahme einer SDR. Um dies zu erkennen, braucht $\bar{\bar{r}}$ bzw. $\varrho$ nur als SDR bzw. als gleichgewichtiger Marktzins (= Nettogrenzertragsrate der privaten Investitionen) reinterpretiert zu werden[130].

Fazit: Der GNE einer öffentlichen Investition mit einer hypothetischen Zinsrate als normativer Diskontrate ist gesamtwirtschaftlich inkonsistent, weil die wahren GOK des öffentlichen Kapitals, mit $\bar{r}$ bewertet, nicht vollständig in das Vorteilhaftigkeitskalkül eingehen. Nur wenn die zuviel investierten öffentlichen Mittel zufällig gerade einem Sektor entzogen worden wären, in dem sie genau die gleiche gesamtwirtschaftliche Ertragsrate wie als öffentliche Investition erwirtschaftet hätten, wäre dieser Einwand unzutreffend. Derartige Zufälle sind unter den getroffenen Annahmen jedoch ausgeschlossen.

Was also „übersehen" diejenigen Theoretiker, die den GNE auch bei Kapitalmarktunvollkommenheiten propagieren, und, unbewußt, auch

---

129 *Baumol,* Social Rate, S. 790.

130 Hierzu siehe *Mishan,* E. J., Criteria for Public Investment: Some Simplifying Suggestions, in: JPE, vol. 75 (1967); im Folgenden zitiert als *Mishan,* Simplifying Suggestions; S. 143, der diesen Fall ausführlich diskutiert.

die Praktiker, die diesen Ansatz verwenden? Wie eben bewiesen wurde, ist die Annahme eines unvollkommenen Marktmechanismus unvereinbar mit der implizit postulierten Prämisse, die hypothetische Zinsrate weise alle Eigenschaften des vollkommenen Kapitalmarktzinses auf. Bei unvollkommenem Kapitalmarkt sind die zur Finanzierung von staatlichen Investitionen aufgebrachten öffentlichen Mittel eben nicht alles „marginale" Einheiten, die bei investiver Verwendung im privaten Sektor nur *die* gesamtwirtschaftliche Ertragsrate der privaten Investitionen erwirtschaftet hätten. Die Vornahme einer öffentlichen Investition kann unter diesen Umständen private, in Bezug auf die hypothetische Zinsrate nicht-marginale Investitionen vollständig verdrängen. Dieser zusätzliche, aus den nun nicht mehr durchführbaren privaten Investitionen resultierende Ertrags- bzw. Einkommensverlust ist es, der in der hypothetischen Zinsrate außer Ansatz bleibt.

Das den staatlichen Eingriff (Investition) rechtfertigende Ziel, die Wohlfahrt zu steigern, läßt sich theoretisch so also nicht realisieren. Im Gegenteil, die erreichte Allokation wäre cet. par. schlechter als die vor Vornahme der öffentlichen Investition bestehende. Denn ohne Rücksicht darauf, ob die Optimalitätsbedingung realisiert werden kann oder nicht, bleibt technische Effizienz der intertemporalen Produktion doch die maßgebliche gesamtwirtschaftliche Zielvorstellung. Effizienztheoretisch wäre es daher in jedem Fall gesamtwirtschaftlich unvorteilhaft, wenn der Staat durch die Vornahme öffentlicher Investitionen den produktiveren privaten Investitionen Ressourcen entzöge.

Der GNE einer öffentlichen Investition ist daher nicht länger der korrekte Indikator ihres zukünftigen Nettoertrages für die Volkswirtschaft als Ganzes. Bei unvollkommenem Marktmechanismus zeigt er nämlich nur "... how much that activity (öffentliche Investition, Verf.) will add to future... income implying that, if the contribution is positive, the activity is profitable, and hence desirable", nicht aber, "how much more (or less) this activity will add to ... income than would be added if it were not undertaken; it (GNE, Verf.) does not tell us what income the nation must give up if the federal funds or their equivalence are not used in their alternative pursuits"[131]. Ganz ähnlich fordert auch Steiner: "Recognizing the general equilibrium nature of a public investment decision, the objective function is the present value of the difference between total benefits and costs in *all sectors of the economy*"[132]. Nur bei Berücksichtigung der Differenz zwischen dem von einer öffentlichen Investition erzeugten GNE und dem GNE aller von ihr verdrängten privaten Investitionen im öffentlichen Investitions-

---

[131] *Kelso,* M. M., Economic Analysis in the Allocation of the Federal Budget to Resource Development, in: *Smith/Castle,* a.a.O., S. 76.

[132] *Steiner,* Alternative Public Investments, a.a.O., S. 896/7.

kriterium, kann dem (technischen) Effizienzerfordernis bei Geltung der postulierten Annahmen Rechnung getragen werden.

Der GNE aller von einer DM staatlicher Investitionsausgaben insgesamt verdrängten privaten Investitionen, plus dem Wert des von dieser DM verdrängten privaten Konsums, das sind die GOK einer DM öffentlichen Kapitals. Jede DM Kapital, die im öffentlichen Sektor zusätzlich investiert wird, muß daher mit diesem Knappheitspreis bewertet werden. Seine Höhe bestimmt sich grundsätzlich nach den im privaten Sektor eintretenden gesamtwirtschaftlichen Ertrags- bzw. Produktivitätsverlusten, die durch die Vornahme einer DM öffentlicher Investitionen anläßlich des Mittelentzugs bzw. des Ressourcentransfers verursacht werden. Da es theoretisch denkbar ist, daß die Vornahme öffentlicher Investitionen auch private Investitionen induziert, müssen die GOK des öffentlichen Kapitals den Saldowert dieser beiden Effekte erfassen.

Da $\varrho$ also explizit angesetzt werden muß, wird die normative Diskontrate von ihrer Doppelfunktion entbunden, sowohl die OK wie auch die gesellschaftliche Bewertung erfassen zu müssen. Beides gelang nur unvollkommen, denn auch die Ermittlung einer hypothetischen privaten Zeitpräferenzrate erwies sich vom theoretischen Konzept her als unhaltbar. Aus diesem Grunde wird statt dessen eine SDR als normative Diskontrate angenommen, ohne daß im weiteren nach der Herkunft dieser Bewertungsnorm für zukünftigen Konsum gefragt wird. Das demgemäß modifizierte Investitionskriterium, von uns reiner gesamtwirtschaftlicher Nettoertrag (RGNE) einer öffentlichen Investition benannt, lautet formal daher nunmehr[133]:

(7.2) Maximierte RGNE $(x) \geqq 0$ ! mit

$$\text{RGNE}(x) = \sum_{t=1}^{H} [B_t(x) - C_t(x)] (1 + r)^{-t} - MK_0(x) \; ,$$

wobei $M > 1$ einen Ausdruck für den *Kapitalwert* der GOK einer DM öffentlichen Kapitals darstellt, und sich folglich von den Opportunitätskosten*raten*, die bisher betrachtet worden sind, unterscheidet. $r$ ist die vorgegebene SDR. $M$ ist ein Ausdruck, in den sowohl die privaten wie auch die sozialen OK einer öffentlichen Investition im Sinne Steiners — vgl. S 76 f. — Eingang finden müssen. Letztere sind diejenige theoretische Komponente der GOK des öffentlichen Kapitals, die bei der Aufbringung der öffentlichen Mittel durch staatliche Transfermechanismen (Steuer- und Anleihenfinanzierung) bei unvollkommenem Marktmechanismus verursacht wird. Es war vor allem dieser transfer-

---

133 Vgl. *Marglin*, Opportunity Costs, S. 278 ff.

induzierte Teil der GOK des öffentlichen Kapitals, den wir in dem von Fritsch entwickelten System der außermarktmäßigen Interdependenzen nicht unterbringen konnten.

Im vollkommenen Konkurrenzmodell kamen transfer-induzierte Opportunitätskosten (OK) nicht vor, denn private und soziale OK waren identisch-größengleich. Da unter den hier postulierten Annahmen beides nicht mehr aus Kapitalmarktdaten ermittelt werden kann, entsteht die Aufgabe, theoretische Konzepte zur Bestimmung von $M$ zu entwickeln. Derartige Ansätze sind in der theoretischen GNKA konstruiert worden; sie bilden den Untersuchungsgegenstand des nächsten Kapitels.

Fassen wir zusammen: Dem Vorteilhaftigkeitskriterium für öffentliche Investitionen kann nicht länger der ökonomische Rahmen einer Partialanalyse zugrunde gelegt werden. Hier nun aber aus anderen Gründen als denen, die wir bei der Einführung von Sozialinvestitionen in das vollkommene Konkurrenzmodell erkannt hatten. Die Vornahme einer öffentlichen Investition löst bei unvollkommenem Marktmechanismus weitere zusätzliche Interdependenzwirkungen im ökonomischen Gesamtsystem aus, die ebenfalls nicht mehr über den Marktmechanismus wirken. Insbesondere reflektiert der (hypothetische) Marktpreis für die Nutzung einer Einheit des knappen Wirtschaftsgutes „Kapital" nicht mehr sein gesamtwirtschaftliches Produktivitätspotential. Nur in einer Totalanalyse wird die vollständige Erfassung dieser makroökonomischen Interdependenzwirkungen einer öffentlichen Investition möglich. Quantifizierung und Messung der GOK öffentlichen Kapitals müssen daher zwangsläufig zu makroökonomischen Modellüberlegungen führen: "The necessity for measuring opportunity costs springs from the fact that there is no perfect market mechanism which measures the cost of resources from the private sector"[134].

Wir stießen schon mehrmals auf die Frage, ob der wohlfahrtstheoretische Partialansatz im Rahmen eines Marktmodells der vollkommenen Konkurrenz auch dann noch zulässig bleibt, wenn in irgendeinem anderen als dem betrachteten Sektor die Optimalitätsbedingungen der allokativen Effizienz nicht mehr erfüllt sind. Vor allem war zweifelhaft, ob es unter diesen Bedingungen überhaupt sinnvoll ist zu versuchen, Suboptimierungskriterien (SOK'en) konsistent zu spezifizieren.

Hier ist nun mit der Theorie des Zweitbesten ein Instrumentarium entwickelt worden, das sich auch gut zur Bestimmung konsistenter SOK'en eignet. Ausgangspunkt dieser Theorie ist das früher eingeführte fundamentale Äquivalenztheorem, ihr ökonomischer Rahmen der einer Totalanalyse. Mehrere Anzeichen sprechen dafür, daß sich mit Hilfe dieser Theorie eventuell Lösungsansätze für das Konsistenzpro-

---

134 *Eckstein*, Survey, S. 463.

blem der normativen Diskontrate konstruieren lassen. Da die Ergebnisse auch für die Frage der generellen Zulässigkeit des wohlfahrtstheoretischen Partialansatzes aufschlußreich sind, wird im Folgenden untersucht, ob und inwieweit sich die Theorie des Zweitbesten für die Konsistenzproblematik des öffentlichen Investitionskriteriums auswerten läßt.

## 4. Zur Anwendbarkeit der Theorie des Zweitbesten[135] auf die Konsistenzproblematik bei öffentlichen Investitionen

### *4.1. Grundgedanke und Rechtfertigung*

Wird ein gegebenes Modell der allokativen Effizienz um eine zusätzliche, nicht-triviale, nicht widersprüchliche Nebenbedingung erweitert, dann stellt dieser neue Ansatz ein sogenanntes Second-Best-Problem dar, dessen Lösung (ein) „zweitbestes Optimum" genannt wird. Der Lösungswert des neuen zusätzlichen Lagrange-Multiplikators kann als gesamtwirtschaftlicher „Preis" dieses zusätzlichen "constraint" interpretiert werden. Nicht-trivial heißt ein zusätzlicher constraint dann, wenn er bisher weder explizit noch implizit im Katalog der Nebenbedingungen dieses Problems enthalten war und tatsächlich bindend wirkt. D. h., damit tatsächlich ein Problem des Zweitbesten entsteht, muß unterstellt werden, daß alle diejenigen alternativen staatlichen Wirtschaftspolitiken ausgeschlossen sind, die die in dieser zusätzlichen Restriktion formalisierten Abweichungen von den Annahmen der vollkommenen Konkurrenz zu kompensieren in der Lage sind und einen neuen allokativ-effizienten Zustand im alten Ansatz ermöglichen[136].

---

[135] *Lipsey/Lancaster,* General Theory, formalisierten Mitte der 50er Jahre verschiedene in der ökonomischen Literatur verstreute Ansätze zu einer „Allgemeinen Theorie des Zweitbesten", die Anlaß gab zu einer bis in die Gegenwart andauernden Kontroverse (auf die hier einzugehen kein Anlaß besteht); vgl. *Davis,* O. A. und A. B. *Whinston,* Welfare Economics and the Theory of the Second Best, in: RECstu, vol. 32 (1965); im Folgenden zitiert als *Davis/Whinston,* Welfare and Second Best; S. 1 ff.; dies., Piecemeal Policy in the Theory of Second Best, in: RECstu, vol. 34, 3 (1967); im Folgenden *zitiert* als Davis/Whinston, Piecemeal Policy; S. 323 ff.; *McManus,* M., Comment on the Theory of the Second Best, in: RECstu, vol. 26, 3 (1959); im Folgenden zitiert als *McManus,* Comment; S. 209 ff.; ders., Private and Social Cost in the Theory of Second Best, in: RECstu, vol. 34, 3 (1967); im Folgenden zitiert als *McManus,* Private and Social Cost in Second Best; S. 317 ff.; *Lipsey,* R. C. und K. *Lancaster,* McManus on Second Best, in: RECstu, vol. 26 (1958/59), S. 225 ff.; *Bohm,* P., On the Theory of Second Best, in: RECstu, vol. 34, 3 (1967), S. 301 ff.; *Mishan,* E. J., Second Thoughts on Second Best, in: OEP, NS 14 (1962); im Folgenden zitiert als *Mishan,* Second Thoughts; S. 205 ff.; *Timm,* H., Bemerkungen zu einem fundamentalen Problem der Theorie des Zweitbesten, in: SVSP, NF 29, S. 288 ff., und *Morrison,* C. C., Marginal Cost Pricing and the General Theory of Second Best, Dissertation University of North Carolina, 1964 (Xerokopie).

[136] *Lipsey/Lancaster,* General Theory, S. 12 und S. 26, sowie *Davis/Whinston,* Welfare and Second Best, S. 6.

Dies ist *die* fundamentale Annahme der Theorie des Zweitbesten, denn erst dadurch entsteht ein Problem des Zweitbesten: Der Zustand der allokativen Effizienz ist unter dieser Annahme unter keinen Umständen mehr zu erreichen. Allokativ-effiziente Zustände eines ökonomischen Systems werden in dieser Theorie „erstbeste Optima" genannt; wir folgen dieser Bezeichnungsweise in diesem Abschnitt, weil sie hier offensichtlich die zweckmäßigere ist.

Die Aufgabenstellung der Theorie des Zweitbesten liegt in der Erforschung derjenigen Bedingungen, unter denen "the existence of imperfections elsewhere in the economy (and not under immediate concern) cause the guidelines being given by the Pareto-conditions for the problem at hand to be no longer desirable...; the question is when and under what conditions this piecemeal approach to policy is justified"[137]. Gegenstand der Theorie des "Second Best" ist also *nicht* die Frage, mit welchen wirtschaftspolitischen Maßnahmen die Auswirkungen einer gegebenen Abweichung voll kompensiert werden können, so daß die Gleichheit aller entsprechenden Grenzraten wieder hergestellt wird.

Wenn sich nun die im privaten Sektor bestehenden Abweichungen von den Modellbedingungen der vollkommenen Konkurrenz als zusätzliche Nebenbedingung(en) eines gesamtwirtschaftlichen Ansatzes formalisieren lassen, dann können möglicherweise Anhaltspunkte für Bewertungsregeln für die von einer öffentlichen Investition unter diesen Bedingungen nachgefragten Ressourcen gefunden werden. Damit wäre man einer Lösung der Konsistenzproblematik im Fall von Unvollkommenheiten des Marktmechanismus eventuell einen Schritt näher gekommen.

Insgesamt drei Gründe rechtfertigen nun u. E. eine methodologische Überprüfung der Theorie des Zweitbesten unter der Fragestellung der gesamtwirtschaftlichen Konsistenz öffentlicher Investitionsentscheidungen.

Den ersten unsere wissenschaftliche Neugier eigentlich überhaupt erst ansprechenden Anlaß gaben einige direkte Hinweise in der Cost-Benefit Literatur auf die "General Theory of Second Best". Sie begründen eine prima facie-Vermutung, das Problem der normativen Diskontrate, und speziell das der OK einer öffentlichen Investition, sei an sich ein verkapptes Problem des Zweitbesten[138]. Folgt man diesen Fin-

---

137 *Davis/Whinston*, Piecemeal Policy, S. 324, und ähnlich auch *Lipsey/Lancaster*, General Theory, S. 11 f.

138 Siehe *Marglin*, Opportunity Costs, S. 276, ders., Economic Factors, S. 199, und *Stolber*, W., Nutzen-Kosten-Analyse in der Staatswirtschaft, Wasserwirtschaftliche Projekte, Dissertation Erlangen-Nürnberg 1967, S. 47, sowie auch die Hinweise in *Stohler*, Planung der Infrastruktur, S. 294, und in *Grevsmühl*, J., WWI-Mitteilungen, 1968 (1), S. 27, die gar nicht anders interpretiert werden

gerzeigen, dann erweist sich jedoch alsbald, daß die Genannten sich der Aufschrift "Second-Best Problem" in ganz unzulässiger und sehr irreführender Weise bedienen. Der Ausdruck „Zweitbestes" scheint uns zu einem gefährlichen ökonomischen Modebegriff geworden zu sein, der so grundverschiedene Tatbestände wie „unvollständige Optimierung", „Suboptimierung", „Bestmögliches" und — schließlich auch — die „zweitbeste Optimierung" im Sinne von Lipsey/Lancaster und Davis/Whinston bezeichnen. Zur Erklärung des Ursprungs dieses Begriffswirrwarrs, den wir hier entdeckten, aber nicht nur hier[139], können zwei Faktoren herangezogen werden. Wir halten es für sehr wahrscheinlich, daß erstens sich kaum einer der in den letzten beiden Fußnoten Genannten der Mühe unterzogen hat, sich die Theorie des Zweitbesten zu erarbeiten und ihre Weiterentwicklung zu verfolgen. Deshalb werden ihre Theoreme und Schlußfolgerungen auf „offensichtlich" ähnliche Fragestellungen übertragen, ohne dabei jedoch dem engen Rahmen der Annahmen und impliziten Prämissen genügend Beachtung zu schenken; und daß zweitens die Ansätze von Hitch und McKean zur Suboptimierung bzw. unvollkommenen Optimierung, speziell in der deutschen Nationalökonomie, zu wenig bekannt sind, so daß das für eine differenzierende Betrachtung verschiedener Optimierungsprobleme notwendige theoretisch-begriffliche Werkzeug fehlt.

Der zweite Grund liegt in der Erwartung, eventuell einen theoretischen Ansatz zu finden, der sich auf die Problematik der Diskrepanz zwischen privater Zeitpräferenzrate und OK des öffentlichen Kapitals anwenden läßt und eine Ableitung einer eindeutigen normativen Diskontrate ermöglicht. Da Marktunvollkommenheiten den auslösenden Faktor darstellen, kommen wir hier noch einmal auf die für die Wahl des theoretischen Ansatzes einer GNKA zentrale Frage zurück: Unter welchen Voraussetzungen bleibt eine wohlfahrtstheoretische Partialanalyse der öffentlichen Investitionen im vollkommenen Konkurrenzmodell theoretisch zulässig, wenn (mindestens) eine der Optimum-Bedingungen der allokativen Effizienz in (mindestens) einem der übrigen Sektoren nicht erfüllt ist?

Drittens schließlich könnte sich aus der Theorie des Zweitbesten möglicherweise ein Hinweis zur Lösung des Problems der normativen Diskontrate im vollkommenen Konkurrenzmodell bei Geltung einer SDR ergeben. Im Folgenden diskutieren wir diese Fragestellungen in derselben Reihenfolge.

---

können. Die beiden letzten Autoren nehmen jedoch nicht ausdrücklich auf *Lipsey/Lancaster*, General Theory, Bezug.

[139] Vgl. z. B. *Sohmen*, a.a.O., S. 94, *Jochimsen*, Infrastruktur, S. 144, und *Hedtkamp*, a.a.O., S. 77, auf deren mißglückte Interpretationen dieser Theorie wir sofort eingehen werden.

### 4.2. Zur Abgrenzung des Begriffs des Zweitbesten

Als Kriterien einer sachgerechten Begriffsbildung ziehen wir hier die Unterscheidung in reine (Wohlfahrts)Theorie und in Fragen der Realisierbarkeit ihrer Ergebnisse heran. Auf einer dritten, realitätsnäheren Ebene liegt schließlich die Problematik des optimalen Einsatzes bzw. Umfangs gegebener wirtschaftspolitischer Maßnahmen.

Drei Typen von Fehlbezeichnungen sind erkennbar:

(A) Die Verwechslung von Problemen der "utility feasibility frontier" mit der Theorie des Zweitbesten[140];

(B) die Gleichsetzung von „zweitbestem" und „bestmöglichem" Optimum[141]; und schließlich, der häufigste Fall,

(C) die Verwendung des Terminus zweitbeste Optimierung für Situationen, die in Wirklichkeit „nur" dem Problembereich der unvollständigen Optimierung zuzurechnen sind[142].

Da die zutreffende Formulierung des Problems des Zweitbesten eingangs schon gegeben worden ist, kann sofort damit begonnen werden, die in den Typen (A) und (B) enthaltenen Mißverständnisse aufzuzeigen.

---

140 Siehe z. B. *Sohmen*, a.a.O., S. 94, der sich dagegen wendet, „politische Schwierigkeiten zum wissenschaftlichen System zu erheben" und keinen Anlaß sieht, „für eine ‚zweitbeste' statt für die (auf Grund der fundamentalen Werturteile) beste Wirtschaftsordnung einzutreten". Auf diese Fehlinterpretation der Theorie des Zweitbesten hat auch Giersch schon hingewiesen; vgl. dazu *Lampert*, a.a.O., S. 571. Der gleiche Vorwurf trifft auch *Jochimsen*, Infrastruktur, Seite 114, der bei der Gegenüberstellung der Infrastruktur in ideal- und realtypischer Marktwirtschaft die in letzterer bestehenden Abweichungen vom optimalen Integrationsgrad der Volkswirtschaft als „zweitbeste" Situation bezeichnet.

141 Siehe z. B. *Hedtkamp*, a.a.O., S. 77, *Stolber*, a.a.O., S. 27, und vgl. auch *Giersch*, H., Zur Theorie des Bestmöglichen, in: Ordo, vol. 11 (1959); im Folgenden zitiert als *Giersch*, Theorie des Bestmöglichen; S. 257, dessen Ausführungen ebenfalls keine klare Abgrenzung erkennen lassen. Gerade das Zitieren der Samuelsonschen Rezension von de Graaffs Theoretical Welfare Economics erhellt unsere Kritik; *Samuelson*, P. A., Theoretical Welfare Economics, Besprechung des gleichnamigen Buches von *de Graaff*, in: EJ, vol. 48 (1958); im Folgenden zitiert als *Samuelson*, Rezension de Graaff; S. 540 ff. Samuelson weigert sich dort, Probleme des "feasible optimum" unter die "economics of the second best" zu subsumieren. Die Theorie des Bestmöglichen à la Giersch befaßt sich aber mit anderen Problemen als Samuelson unter dem "feasible first best" verstanden wissen will. Dennoch wird im Deutschen für "feasible first best" der Ausdruck Bestmögliches verwendet; vgl. *Lampert*, a.a.O., S. 570.

142 Siehe z. B. *Stolber*, a.a.O., S. 47; *Grevsmähl*, a.a.O., S. 27, *Marglin*, Economic Factors, S. 199, und *Stohler*, Planung der Infrastruktur, S. 294, sowie auch *Baumol*, Social Rate, S. 789.

Beide Theorien, die des Erstbesten (allokative Effizienz) wie die des Zweitbesten, gehören dem Bereich einer utopischen Ökonomie an[143]. Beide ruhen auf dem normativen Fundament des Äquivalenztheorems, beide verwenden das Pareto-Kriterium als gesamtwirtschaftliches Optimalitätskriterium. Probleme der „Feasibilität" treten erst dann auf, wenn nach der tatsächlichen Praktizierbarkeit ihrer Ergebnisse gefragt wird. Diese wird u. a. von der politischen Durchsetzbarkeit der zugehörigen „erstbesten" bzw. „zweitbesten" Wirtschaftspolitik bestimmt, sowie von anderen institutionellen, psychologischen und administrativen Variablen. Alle diese und ähnliche außerökonomische Faktoren determinieren die Gestalt der "utility feasibility frontier"[144]. Es leuchtet ein, daß sich die Kontur des gesellschaftlich durchsetzbaren Wohlstands, eine gedankliche Hilfskonstruktion, sowohl für die Lösung eines Problems der allokativen Effizienz als auch für die eines Second-Best Problems entwerfen läßt. Der „erstbesten Optimierung" entspricht auf einer zweiten, weniger abstrakten Ebene das "feasible first best" und analog dazu, der „zweitbesten Optimierung" das "feasible second best". Wir verwenden die eindeutigen Original-Termini "feasible first best" bzw. "feasible second best" von Samuelson[145], da es keine einheitlichen deutschen Bezeichnungen dafür gibt, und auch der Ausdruck „Bestmögliches" von Giersch nicht eindeutig ist, worauf wir gleich eingehen werden. Auf der Ebene der Wirtschaftspolitik strebt eine "first best policy" die Realisierung der Optimalitätsbedingungen der allokativen Effizienz an. Analog dazu zielt eine "second best policy" die Erreichung der „zweitbesten" Optimalitätsbedingungen an[146].

Die Theorie des Bestmöglichen von Giersch[147] geht noch einen weiteren Schritt an die Realität heran. Sie berücksichtigt auch die Kosten (Erträge) der wirtschaftspolitischen Maßnahmen zur Erreichung eines bestimmten Optimums. Das „bestmögliche" Optimum wird theoretisch eindeutig durch denjenigen Punkt definiert, an dem der soziale Grenzertrag einer weiteren Veränderung durch die sozialen Grenzkosten dieser Veränderung aufgewogen wird[148]. Diesem Kriterium kann u. E. sowohl ein "feasible first best"- als auch ein "feasible second best"-Optimum unterworfen werden. Doch Giersch muß enger interpretiert werden. Denn tatsächlich liegt bei ihm gar kein echtes "Second Best"-Problem

---

143 *Streeten,* P., Diskussionsbeitrag: Wodurch unterscheidet sich die Theorie des Bestmöglichen von der Theorie des Zweitbesten? in: *Lampert,* a.a.O., S. 570.

144 Vgl. *Samuelson,* P. A., The Evaluation of Real National Income, in: OEP, NS 2 (1950); im Folgenden zitiert als *Samuelson,* Real National Income; S. 8, und auch *de Graaff,* a.a.O., S. 77 ff.

145 *Samuelson,* Rezension de Graaff, S. 540.

146 Vgl. *Phelps,* a.a.O., S. 86.

147 *Giersch,* Theorie des Bestmöglichen, S. 257 - S. 264.

148 *Giersch,* Theorie des Bestmöglichen, S. 258, und Lampert, a.a.O., S. 568.

vor: „Um sie (eine zweitbeste Situation, Verf.) zur ‚bestmöglichen' zu machen, muß man die gegebenen Abweichungen (von den Optimumbedingungen der allokativen Effizienz, Verf.) soweit reduzieren, wie es mit Vorteil möglich ist, ...“[149]. Diese Forderung zeigt jedoch, daß allokative Effizienz bei Giersch prinzipiell nicht unerreichbar ist. Sie widerspricht mithin der fundamentalen Annahme der Theorie des Zweitbesten[150]. In der Sprache des Zweitbesten formuliert: Indem Giersch annimmt, das Verhalten selbst, bzw. die Verhaltensregel der abweichenden Entscheidungseinheit (Deviant), sei grundsätzlich korrigierbar — wenn auch unter Kosten —, modifiziert er nur die Pigousche Problemstellung des optimalen Steuer- bzw. Subventionssatzes[151], die er um den Ertrags- und Kostenaspekt dieser wirtschaftspolitischen Maßnahmen erweitert.

Die optimale Abweichung, das Bestmögliche à la Giersch, hängt letztlich ausschließlich von gesamtwirtschaftlichen Ertrags- und Kostenerwägungen bezüglich wirtschaftspolitischer Maßnahmen ab. Es fehlt hier die theoretisch erforderliche Trennung in "feasible first best"- und "feasible second best"-Optimum, um unterscheiden zu können, ob das Optimalitätskriterium des Bestmöglichen nun auf dieses oder jenes angewendet werden soll. Denn nur rein zufällig wird das Bestmögliche mit dem einen oder dem anderen genau übereinstimmen. Obgleich Giersch seinem Bestmöglichen eine „zweitbeste“ Ausgangssituation zugrunde gelegt zu haben glaubt, konnten wir einen Widerspruch aufzeigen zwischen einer impliziten Prämisse, die bei Giersch gemacht wird, und der Fundamentalannahme der Theorie des Zweitbesten. Das „Bestmögliche“ nach Giersch hat grundsätzlich nichts mit der Theorie des Zweitbesten zu tun.

Bei der Aufklärung der Fehlbezeichnung vom Typ (C) müssen wir von folgender methodologischer Feststellung ausgehen: Sowohl

(a) die Bestimmung des optimalen öffentlichen Investitionsprogrammes bei Budgetrestriktionen (Problematik interner OK), als auch

(b) das inhaltlich verwandte Problem des optimalen Umfangs staatlicher Investitionstätigkeit bei Geltung einer SDR (Problematik externer, d. h. GOK),

können nur dann als zweitbestes Problem interpretiert werden, wenn erstens beide Fragen auf der Basis eines prinzipiell paretianischen Modellansatzes (allokative Effizienz) diskutiert werden und zusätzlich zweitens, die Theorie des Zweitbesten auch tatsächlich auf die gegebene

---

149 *Giersch*, Theorie des Bestmöglichen, S. 258.

150 Siehe *Lipsey/Lancaster*, General Theory, a.a.O., S. 12 und S. 16, sowie *Davis/Whinston*, Welfare and Second Best, S. 6.

151 Vgl. *Davis/Whinston*, Piecemeal Policy, S. 328.

Problemstellung „paßt". Der Fall (a) wird von Stolber mit einem Second-Best Problem verwechselt, der Fall (b) von Marglin[152]. Im Fall (a) verlangt die normative optimum-optimorum-Lösung des Investitionsproblems an sich, daß die GEI in allen Sektoren gleich groß sei, so daß der GNE einer jeden marginalen Investition dann Null ist, auch der der im öffentlichen Sektor getätigten. Wenn nun bei der Suche nach Optimierungsregeln für den öffentlichen Sektor — wie üblich — angenommen wird, die vorgegebene globale Allokation der Ressourcen auf den (die) öffentlichen und den (die) privaten Sektor(en) koinzidiere nicht mit der optimalen Aufteilung und sei des weiteren nur marginal veränderlich, dann läßt diese Annahme allein dieses Problem unter keinen Umständen zu einem Second Best-Fall werden. Wohl aber wird es dadurch zu einem Problem der unvollständigen Optimierung der Volkswirtschaft[153].

An anderer Stelle wurde schon gezeigt, daß der Fall (b), interpretiert als Problem der normativen Diskontrate im vollkommenen Konkurrenzgleichgewicht, der Aufgabe der Zielsetzung allokative Effizienz für den öffentlichen Sektor gleichkommt. Dies implizierte eine Verletzung der Optimalitätsbedingungen der produktionsmäßigen Effizienz. Der Sachbereich der gesamtwirtschaftlichen Optimierung, die gesamte Volkswirtschaft, würde dadurch auf den privaten Sektor beschränkt, ebenfalls ein typischer Fall von unvollständiger Optimierung. Für ein derartiges Optimum wäre u. E. die Bezeichnung „unvollständiges Optimum" logisch einwandfrei, doch findet in der Literatur statt dessen „Suboptimum" Verwendung. Ob sich (b) bei Annahme einer privaten Zeitpräferenzrate als Second Best-Problem formulieren läßt, vor allem diese Frage sollen die folgenden Überlegungen beleuchten.

Erst dann also, wenn sich wenigstens eines dieser beiden Probleme in Form eines Ansatzes entwickeln läßt, der es erlaubt, seine Lösung ausdrücklich entweder direkt oder indirekt dem Test des Pareto-Kriteriums zu unterwerfen, kann das resultierende (unvollständige) Optimum legitimerweise eine zweitbeste Lösung genannt werden. Daß diesbezügliche Hinweise bei Grevsmähl, Stolber sowie bei Stohler, und mit geringen Vorbehalten auch bei Marglin, fehlen, zeigt, wie berechtigt unsere Kritik ist. Es läßt erkennen, daß sich diese Autoren über die theoretischen Hintergründe, die jeweils für die von uns gewählten Benennungen der verschiedenen Optima sprechen, bei der Wahl ihrer Bezeichnungen nicht im Klaren gewesen sind[154]. Daß umgekehrt jedoch

---

[152] Siehe *Stolber*, a.a.O., S. 47, und *Marglin*, Economic Factors, S. 199.

[153] Damit die obige Annahme überhaupt sinnvoll ist, muß weiterhin postuliert werden, daß wegen Kapitalknappheit nicht alle öffentlichen Investitionen mit positivem *GNE* durchgeführt werden können.

[154] Siehe *Grevsmähl*, a.a.O., S. 27, *Stolber*, a.a.O., S. 47, *Stohler*, Planung der Infrastruktur, S. 294, und *Marglin*, Economic Factors, S. 199.

jedes echte zweitbeste Optimum prinzipiell ein unvollständiges Optimum im Rahmen des Konzeptes der unvollständigen Optimierung darstellt, leuchtet ein und braucht nicht weiter erklärt zu werden.

### *4.3. Die Theorie des Second Best — Ein Beitrag zur Lösung des Konsistenzproblems bei öffentlichen Investitionen?*

Unser Ziel hier ist zu zeigen, daß die beiden eben angesprochenen Probleme sich nicht sinnvoll als Second Best-Ansatz formulieren lassen. Denn die Lösung eines derartigen Ansatzes müßte die Konkretisierung eines öffentlichen Investitionskriteriums ermöglichen, das mit der gesamtwirtschaftlichen Zielsetzung allokative Effizienz konsistent wäre. Da zu diesem Zweck die SOK'en der Wirtschaftseinheiten, sowie diese selbst, explizit im Modell vorkommen müssen, können wir den rein makroökonomischen Formalansatz der „Allgemeinen Theorie des Zweitbesten", in dem nur die Gesamtmenge der verschiedenen Güter und Faktoren, nicht aber ihre Aufteilung auf die einzelnen Wirtschaftseinheiten berücksichtigt wird, von vornherein außer Betracht lassen[155].

Die behaviouristische Weiterentwicklung des nicht aggregierten Ansatzes von Lipsey/Lancaster durch Davis/Whinston dagegen stellt eine konkret-explizite Theorie zur Bestimmung konsistenter SOK'en dar und ist deshalb näher zu untersuchen[156]. Um die bei Geltung des Äquivalenztheorems implizierten SOK'en der Wirtschaftseinheiten zu explizieren, disaggregieren Davis/Whinston das von Lipsey/Lancaster verwendete globale Marktmodell der vollkommenen Konkurrenz. Sie ersetzen die volkswirtschaftliche Transformationsfunktion durch einen Satz einzelwirtschaftlicher Transformationsfunktionen, führen daher die Entscheidungseinheit Firma explizit ein, und postulieren eine (unspezifizierte) paretianische Wohlfahrtsfunktion in Form einer linearen Wohlfahrtsfunktion — vgl. S. 34 f. Diese dient hier zur Beschreibung des Wohlfahrtsgehaltes eines vollkommenen Konkurrenzgleichgewichts und ermöglicht zusammen mit den Marktgleichgewichtsbedingungen für Güter und Ressourcen die Bestimmung der individuellen Dispositionsgleichgewichte aller Konsumenten und Unternehmungen. Als Ausgangsbasis akzeptieren Davis/Whinston das „Allgemeine Theorem des Zweitbesten" von Lipsey/Lancaster: "If there is introduced into a general equilibrium model a constraint which prevents the attainment of one of the Paretian-conditions, the other Paretian-conditions, although still attainable, are, in general, no longer desirable"[157].

---

155 *Lipsey/Lancaster*, General Theory, und dies., McManus on Second Best.
156 *Davis/Whinston*, Welfare and Second Best, und dies., Piecemeal Policy.
157 *Lipsey/Lancaster*, General Theory, S. 14.

Ihr Ziel ist es, die nicht näher angedeuteten Ausnahmen — *in general, no longer desirable* — zu präzisieren und einzuengen[158]. Da wir zu einer negativen Antwort auf die diesem Abschnitt vorangestellte Frage gelangen, beschränken wir uns hier auf eine verbale Skizzierung der mathematischen Grundstruktur des Dasis/Whinston-Modells. Die Einsicht in diese und gewisse Schlußfolgerungen anhand des Davis/Whinston-Theorems über die konsistente Spezifizierung von SOK'en genügen, um die Gründe für die Unanwendbarkeit der Theorie des Zweitbesten aufzeigen zu können.

Alle Lösungswerte eines Modells des vollkommenen Konkurrenzgleichwichts erfüllen die Optimalitätsbedingungen der allokativen Effizienz (Äquivalenztheorem) und genügen damit dem Pareto-Kriterium. Dadurch werden die SOK'en „Gewinnmaximierung" und „Maximierung eines Präferenzindex" in den Rang konsistenter Entscheidungskriterien erhoben. Wenn nun unterstellt wird, das tatsächliche Gewinn- bzw. Nutzenmaximierungsverhalten einer Firma bzw. eines Konsumenten weiche in irgendeiner Weise von den Spielregeln der vollkommenen Konkurrenz ab, dann wird das betreffende SOK gesamtwirtschaftlich inkonsistent. Annahmegemäß sind aber weder das inkonsistente Verhalten des Devianten noch das Ergebnis seiner inkonsistenten Entscheidungen korrigierbar. Daher führen Davis/Whinston den gesamten Satz der (inkonsistenten) notwendigen Optimumbedingungen des einzelwirtschaftlichen Suboptimierungskalküls des Devianten als zusätzliche Restriktion in ihr Modell des vollkommenen Konkurrenzgleichgewichts ein. Dessen neue Lösung, determiniert durch einen neuen Satz notwendiger Optimumbedingungen, kann kein Pareto-Optimum mehr sein. Diese „zweitbesten" Optimumbedingungen bestimmen jetzt neue, implizite, gesamtwirtschaftlich konsistente Entscheidungsregeln für jede Wirtschaftseinheit des Modells mit Ausnahme des Devianten. Um die alten, „erstbesten" SOK'en nun dementsprechend zu korrigieren, wird (werden) dem alten einzelwirtschaftlichen Maximierungsproblem eines jeden Nichtdevianten die zugehörige(n) Optimumbedingung(en) aus der gesamtwirtschaftlich „zweitbesten" Lösung hinzugefügt. Die notwendigen Bedingungen dieses neuen einzelwirtschaftlichen Suboptimierungsproblems liefern dann die expliziten, gesamtwirtschaftlich konsistenten Verhaltensregeln der Nichtdevianten.

---

[158] *Davis/Whinston*, Welfare and Second Best, S. 1. Schon McManus, Comment on Second Best, S. 211 ff., hatte nachgewiesen, daß Lipsey/Lancaster entgegen der Formulierung ihres Theorems tatsächlich zwei zusätzliche Restriktionen eingeführt haben: Eine, um das Verhalten gemäß den Spielregeln der vollkommenen Konkurrenz eines bestimmten Sektors, z. B. des $n$-ten, normativ und unveränderlich zu fixieren, und eine zweite, um die gleichfalls unveränderlich gegebene Abweichung eines bestimmten, z. B. des $i = 1$-ten Sektors (Deviant) von dieser, in der ersten Bedingung postulierten Norm zu erfassen.

Die offene Frage, auf die Davis/Whinston eine allgemeine Antwort suchen, lautet: Wann und unter welchen Bedingungen bleiben die alten SOK'en (Verhaltensregeln) der Nichtdevianten auch im zweitbesten Optimum gesamtwirtschaftlich konsistent? Ihr Schlüsselgedanke zur Lösung basiert auf der Einführung einer grundlegenden, gegenüber dem Lipsey/Lancaster-Ansatz neuen Prämisse der Trennbarkeit der individuellen Nutzen- und Transformationsfunktionen[159]. Diese Trennbarkeitsannahme ist äquivalent dem Postulat der Abwesenheit externer Effekte im Konsum und in der Produktion sowie dem des Fehlens jeglicher Produzenten/Konsumenten- und Konsumenten/Produzenten-Interdependenzen. Gerade dies waren einige derjenigen Prämissen, die im vollkommenen Konkurrenzmodell die gesamtwirtschaftliche Konsistenz „vollkommener" Entscheidungskriterien garantierten. M.a.W., bei Abwesenheit jeglicher externer Effekte im ökonomischen System bleiben alle erstbesten Optimalitätsbedingungen im zweitbesten Optimum erhalten, bis auf die sich auf den Devianten beziehenden, denn "if there are no externalities in the system there must be separability in terms of decision units"[160]. Für diese Situation gilt der erste Teil des Davis/Whinston-Theorems:

"When the additional constraint(s) (die inkonsistenten einzelwirtschaftlichen Optimumbedingungen des Devianten, Verf.) contain ... only variables subject to the choice of the deviant, then except for the deviant, all Pareto-conditions and behavioral rules ... (are) of the same form as those for the second best problem"[161].

Die Ansicht, "that separability is not an unduly restrictive assumption"[162], mag allgemein akzeptiert werden. Für öffentliche Investitionen konnten wir jedoch nachweisen, daß die ökonomischen Implikationen der Trennbarkeitshypothese mit Sicherheit für einzelne Wirtschaftseinheiten unzutreffend sind.

Gehen in die Entscheidungsregeln des Devianten dagegen Kontrollvariable anderer Entscheidungseinheiten des Systems ein, dann sind auch die alten SOK'en dieser Nichtdevianten nicht länger konsistent und müssen modifiziert werden. Der zweite Teil ihres Theorems lautet daher: "When the additional constraint(s) contain ... variables whose values depend ... upon the choices of other units, then only for the deviant and those units whose variables enter ... into the additional

---

159 Eine Funktion $f(x_1, \ldots, x_n)$ ist dann und nur dann (additiv) trennbar, wenn gilt $f(x_1, \ldots, x_n) = f_1(x_1) + \ldots + f_n(x_n)$; *Green*, H. A. J., Aggregation in Economic Analysis, Princeton 1964, S. 10 ff.

160 *Davis/Whinston*, Welfare and Second Best, S. 3.

161 Dies., S. 12.

162 Dies., S. 3.

constraint(s)... (do) the Pareto-conditions and behavioral rules differ from those of the second best problem"[163].

Was kann nun für die Anwendbarkeit dieses Modells bzw. seiner Ergebnisse auf die Problematik der normativen Diskontrate gefolgert werden? Zunächst finden wir im Davis/Whinston-Theorem sinngemäß ein früheres Urteil bestätigt. Eine Partialanalyse der öffentlichen Investitionen bei Batorschen Externitäten, verursacht durch öffentliche Investitionstätigkeit, und sonst vollkommener Erfüllung aller Modellannahmen für die privaten Wirtschaftseinheiten, ist unzulässig. Diese Antwort erhalten wir jedoch aus keiner Second Best-Fragestellung. Erst wenn angenommen wird, der Staat berücksichtige nicht seinen Einfluß auf die Wohlfahrt aller „betroffenen" Wirtschaftseinheiten, wie es die Optimumbedingungen der allokativen Effizienz für den öffentlichen Sektor bei Externitäten vorschreiben, kann ein Second Best-Ansatz konstruiert werden. Diese Annahme widerspräche aber unserer Hypothese vom Staat, der ex definitione dem Gemeinwohl verpflichtet ist.

Als Hindernisse grundsätzlicher Art entpuppen sich jedoch einige recht offensichtliche „Schwächen", die globale wie behavioristische Second Best-Modelle gleichermaßen betreffen. Selbst als quasidynamische Interpretation einer gleichgewichtig wachsenden Wirtschaft kommen Investitionen in diesem Modell mit grundsätzlich statischem Charakter nicht vor. Insofern ist es ein reines Produktions- bzw. Konsummodell. Wir erinnern in diesem Zusammenhang an die begrifflichen Schwierigkeiten und theoretischen Widersprüche, die wir bei der Ableitung des konsistenten Investitionskriteriums im vollkommenen Konkurrenzmodell aus dem Wege räumen mußten. Soll die GEI, die in der Opportunitätskostenproblematik eine zentrale Rolle spielt, diese im Second Best-Ansatz auch einnehmen, dann müßten sektorale Kapitalwertfunktionen der Investitionen eingeführt werden. Damit kämen aber explizit die zukünftigen und ungleichgewichtigen Preise ins Spiel, die aus einem statischen Gleichgewichtsmodell nicht hergeleitet werden können. Hier stößt man unvermittelt auf eine prinzipielle methodische Frage, nämlich ob es überhaupt vernünftig ist, das Pareto-Kriterium bei dynamischen Problemen zu verwenden. Skeptisch äußern sich hierzu Malinvaud und Morgenstern, die sich gegen eine Dynamisierung dieses Kriteriums aussprechen[164].

---

[163] Dies., S. 12.

[164] Siehe *Malinvaud*, a.a.O., S. 146, und *Morgenstern*, O., Pareto-Optimum and Economic Organisation, in: Systeme und Methoden in den Wirtschafts- und Sozialwissenschaften, Festschrift für E. v. Beckerath, Tübingen 1964, S. 573 ff., der auch die Argumente, die gegen eine Dynamisierung sprechen, ausführlich diskutiert.

Da das knappe Wirtschaftsgut Kapital im Sinne dieses Ansatzes weder Konsumgut noch Ressource ist, fehlt auch ein Kapitalmarkt, den man ex hypothesi unvollkommen werden lassen könnte. In diesem Zusammenhang ist dann auch die Frage zu stellen, wie der Beitrag des Kapitals bzw. der Investitionen, die ja im Pareto-Kriterium nicht „zählen", zur Wohlfahrt der Wirtschaftssubjekte bewertet und erfaßt werden sollte. Eine Einführung von Kapital in dieses Modell würde u. E. deshalb mehr Probleme schaffen als lösen helfen.

Schon diese wenigen einfachen Einwände zeigen, daß ein Fehlgriff in die theoretische Instrumentenkiste getan wurde. Trotzdem wollen wir jedoch noch prüfen, was als Ergebnis eines Second Best-Ansatzes zu erwarten wäre, wenn sich das öffentliche Investitionsproblem als produktionstheoretische Fragestellung (um)formulieren ließe.

Wir wenden uns zuerst der Frage der normativen Diskontrate bei Kapitalmarktunvollkommenheiten zu. Wenn Marktunvollkommenheiten als inkonsistentes „Verhalten" des privaten Sektors interpretiert werden können, dann läßt sich daraus tatsächlich ein zweitbestes Problem formulieren. Gemäß dem Davis/Whinston-Theorem wäre das SOK des Nichtdevianten „öffentlicher Sektor" dann nicht zu verändern, wenn dessen Entscheidungsvariable nicht im SOK des (der) Devianten vorkommen. Da aber die Verursachung von Externitäten ein Wesensmerkmal öffentlicher Investitionsobjekte darstellt, ja oft sogar das Hauptmotiv staatlicher Investitionstätigkeit bildet, erscheinen die Entscheidungsvariablen des öffentlichen Nichtdevianten mit sehr großer Wahrscheinlichkeit in den SOK'en der privaten Devianten. Eine Partialanalyse der staatlichen Investitionen wäre unzulässig, da das öffentliche SOK wegen Inkonsistenz nicht unverändert bleiben dürfte. Obwohl dieses reduzierte (Produktions)Problem einem Second Best-Ansatz angemessen erscheint, würde das neue konsistente SOK des öffentlichen Produzenten nur ein gegebenes Fehlverhalten des privaten Sektors kompensieren. Gesamtwirtschaftliche Effizienzverluste, die der öffentliche Produzent durch seine eigenen Entscheidungen verursacht, würden aber nicht erfaßt werden. Gerade dies aber soll eine Bewertung zu GOK leisten. Auch bezweifeln wir die methodologische Zulässigkeit, Unvollkommenheiten des Marktmechanismus noch als inkonsistente Verhaltensweisen von Entscheidungseinheiten im Sinne des Second Best-Ansatzes zu interpretieren. Werden hier nicht vielmehr institutionelle Prämissen des vollkommenen Konkurrenzmodells aufgegeben, so daß das Modell der Fragestellung unangemessen wird? Eventuell müßte statt dessen die Einführung einer neuen (institutionellen) Restriktion modellexogener Herkunft erwogen werden — einer "policy-created constraint"[165].

[165] *Lipsey/Lancaster*, General Theory, S. 12.

Auch die Vermutung, ein Second Best-Ansatz zeitige im Fall einer SDR im vollkommenen Konkurrenzgleichgewicht, in dem das Fehlverhalten vom öffentlichen Sektor ausgeht, ein günstigeres Ergebnis, wird ebenfalls nicht bestätigt. Übersetzte man die Verfolgung einer SDR, dem Produktionsproblem entsprechend, als eine gegebene Abweichung des öffentlichen Devianten von der Grenzwertprodukt = Faktorpreis-Regel, dann würde ein Vergleich mit dem Davis/Whinston-Theorem zeigen, daß für die Nichtdevianten alle Verhaltensfunktionen der allokativen Effizienz erhalten bleiben. Die Möglichkeit zur Korrektur der Produktionsentscheidungen des öffentlichen Devianten wegen eigenen Fehlverhaltens ist in der Theorie des Zweitbesten annahmegemäß aber ausgeschlossen. Hier stellt sich prinzipiell die Aufgabe, eine Beziehung zwischen dem verursachten Wohlfahrtsverlust und dem Umfang der Abweichung des Devianten herzuleiten, um seine Produktionsentscheidungen mit ersterem belasten zu können.

Damit wurden die Gründe für unsere Behauptung, die Optimierung der öffentlichen Investitionen könne — zumindest bei dem gegenwärtigen Stand dieser Theorie — kein Problem des Second-Best sein, dargelegt. Zusammenfassend müsen wir feststellen, daß die Theorie des Zweitbesten nichts zur Lösung der Problematik der normativen Diskontrate bzw. der der GOK beitragen kann. Ihr Instrumentarium ist der gegebenen Fragestellung unangemessen.

Blicken wir jetzt zurück auf die einzelnen Resultate des gesamten Abschnitts, und fügen wir sie zusammen! Durch die Aufgabe der Prämisse eines vollkommenen Marktmechanismus geht die Konsistenz des öffentlichen Investitionskriteriums mit der gesamtwirtschaftlichen Zielsetzung allokative Effizienz verloren, gleichgültig, ob eine private Zeitpräferenzrate oder eine SDR zugrunde gelegt wird. Auch wenn eine hypothetische Marktzinsrate errechnet und als normative Diskontrate angesetzt wird, kann dies die normative Doppelfunktion des vollkommenen Kapitalmarktzinses nicht ersetzen. Die Konsistenz des GNE kann nicht gerettet werden; im Gegenteil, gemessen am status quo, verstärkt die Vornahme einer öffentlichen Investition die Mißallokation des Kapitals. Nur wenn die Investitionsausgaben explizit mit GOK bewertet werden, wird der intertemporalen Optimalitätsbedingung der technischen Effizienz Rechnung getragen. Im Prinzip muß eine Totalanalyse aller ökonomischen Effekte zugrunde gelegt werden, die bei der Vornahme einer staatlichen Investition in der Volkswirtschaft verursacht werden. Der konsistent modifizierte GNE ist ein Opportunitätskostenkriterium und wird RGNE genannt. Als normative Diskontrate, die nun von der Opportunitätskostenfunktion befreit ist, wird eine SDR angesetzt, da sich aus dem Zinsgefüge unvollkommener Kapitalmärkte kein normativ interpretierbarer Wert für die gesellschaftliche Bewertung zukünftigen Konsums ableiten läßt. Eine Untersuchung des Instrumentariums der Theorie des Zweitbesten schließlich bestätigte wesentliche Erkenntnisse vorangegangener Überlegungen, erbrachte jedoch keinen Beitrag zur Lösung des Konsistenzproblems.

Im RGNE übernimmt der GOK-Ausdruck *M* die kritische Konsistenzfunktion, die im GNE die normative Diskontrate innehatte. Diese Verlagerung der Konsistenzproblematik ist von allergrößter Bedeutung. Denn zur konsistenten Spezifizierung des öffentlichen Investitionskriteriums werden nun makroökonomische Quantifizierungsansätze für die GOK des öffentlichen Kapitals benötigt.

In diesem Paragraphen hatte sich der Begriffsinhalt der Konsistenz durch die Annahme eines unvollkommenen Marktmechanismus verschoben. Eine Erfüllung der Optimalitätsbedingungen der technischen wie der allokativen Effizienz war durch die Einführung dieser Annahme von vornherein unerreichbar geworden. Der Konsistenzbegriff wurde relativiert, und die Forderung nach Konsistenz des öffentlichen Investitionskriteriums bedeutete inhaltlich nur noch „technisch-effizienzmäßig nicht schlechter als der status quo“. M.a.W.: Hier ging jegliche eindeutige Beurteilbarkeit der Beziehungen zwischen dem durch eine Vornahme von öffentlichen Investitionen bewirkten ökonomischen Zustand und der gesamtwirtschaftlichen Optimalitätsvorstellung der allokativen Effizienz verloren.

Es gibt aber auch normative Bedingungen, die in einer gesamtwirtschaftlich suboptimalen Situation darüber Aufschluß geben, wann die Vornahme einer öffentlichen Investition ökonomische Veränderungen bewirkt, die die Beurteilung „besser als der status quo“ zulassen. Diesen Bedingungen wenden wir uns jetzt zu und überprüfen die darauf bezogene, relativierte Konsistenz der faktischen Auswahlkriterien der GNKA.

## § 8. Zur Konsistenz der Auswahlkriterien der gesamtwirtschaftlichen Nutzen-Kosten-Analyse bei gesamtwirtschaftlich suboptimalen Situationen: Produktivitätswirkungen öffentlicher Investitionen und Veränderungen der ökonomischen Wohlfahrt

Bisher wurde die Konsistenz des öffentlichen Investitionskriteriums anhand der Optimalitätsbedingungen eines gegebenen Zustandes der allokativen bzw. technischen Effizienz beurteilt. Hier wird nun gefragt, unter welchen Bedingungen die Vornahme einer staatlichen Investition eine Volkswirtschaft näher an ein (nicht realisierbares) Wohlfahrtsmaximum heranführen kann. M.a.W.: Allokative Effizienz bleibt zwar die gesamtwirtschaftlich gültige Zielvorstellung, doch als explizites Optimalitätskriterium werden die Optimalitätsbedingungen für einen allokativ-effizienten *Zustand* durch diejenigen für *Veränderungen* in Richtung auf diesen Zustand ersetzt. Für eine konsistenztheoretische Absicherung der tatsächlichen Auswahlkriterien der GNKA sind hinreichende Bedingungen für eine Erhöhung der ökonomischen Wohlfahrt genauso wichtig wie die Optimalitätsbedingungen für ein Wohlfahrtsmaximum. Letztere stellen die schärfsten Bedingungen dar und ermöglichten es, das grundsätzliche konsistente Vorteilhaftigkeitskriterium für öffentliche Investitionen zu bestimmen. Dieses wird jetzt, auf der zweiten Stufe der Konsistenzuntersuchung, die auf eine größere Realitätsnähe abstellt, vorausgesetzt. Im Folgenden geben wir zunächst einen Überblick über den Stand der Erörterung des konsistenztheoretischen Gesamtproblems. Dann werden die wohlfahrtstheoretischen Beziehungen zwischen den Produktivitätswirkungen öffentlicher Investitionen und den von diesen verursachten Veränderungen der ökonomischen Wohlfahrt eingeführt, um anschließend untersuchen zu können, wie diese Bedingungen in der GNKA eingesetzt werden müssen, um die Auswahlkriterien konsistent zu spezifizieren.

Unter einem Auswahlkriterium wird in diesem ökonomischen Zusammenhang ein "device for ordering the entire set of alternative designs" verstanden[166]. Dieses muß sich, wenn es als operationales Kriterium verwendet werden soll, maximieren lassen und eine wohldefinierte, transitive Ordnung aller zulässigen Alternativen garantieren. Die Skalarfunktion des GNE erfüllt diese Ansprüche. Der GNE ist unser grundlegendes Auswahlkriterium für öffentliche Investitionen. Da eine Verwendung von Marktpreisen in tatsächlichen Auswahlproblemen zu Inkonsistenzen führt und konsistente hypothetische Rechenpreise in der Praxis der GNKA nicht zur Verfügung stehen, bedarf es theoretischer Hilfskonstruktionen, um die gesamtwirtschaftlich richtigen Werte der Güter approximativ bestimmen zu können. Diese Bewertungsregeln stellen auf Praktikabilität und zugleich auf möglichst große (relative) Konsistenz des öffentlichen Investitionskriteriums ab. Die unterschiedliche Bestimmung der Wertkomponente im GNE führt zur Unterscheidung verschiedener Auswahlkriterien.

### 1. Der bisherige Stand der Untersuchung

Im letzten Paragraphen haben wir eine theoretische Begründung für die Notwendigkeit gegeben, bei öffentlichen Investitionen GOK explizit berücksichtigen zu müssen. Aus diesen grundlegenden Über-

---

166 *Marglin*, Objectives, S. 18.

legungen ergab sich als neue Aufgabenstellung die modelltheoretische Quantifizierung der GOK des öffentlichen Kapitals. Doch diesem Gebiet können wir uns erst dann zuwenden, wenn eine für die Beurteilung der theoretischen Solidität praktisch anwendbarer Vorteilhaftigkeitskriterien äußerst wichtige Frage entschieden worden ist. Nämlich: Wie kann bzw. soll die von einer öffentlichen Investition bewirkte Veränderung der ökonomischen Wohlfahrt prinzipiell erfaßt werden, wo diese unter den Annahmen des postulierten ordinalen, paretianischen Wohlfahrtsindex

$$W = W(u_1, \ldots, u_M) \tag{8.1}$$

doch ein nicht-operationales Konzept darstellt? Die ökonomische Wohlfahrt einer Gesellschaft ist nämlich ein mindestens zweidimensionaler Begriff. Sowohl die Größe des erzeugten Güterbündels pro Periode (VE) wie auch seine Verteilung (EV) „zählen", eventuell sogar auch "the method of slicing ... the economic pie"[167] (S), symbolhaft geschrieben als:

$$W = \psi\,(VE; EV; S)\ . \tag{8.1a}$$

Dagegen stellt das von uns abgeleitete, normative Maß der ökonomischen Wirkungen eines öffentlichen Investitionsprojektes ein nur eindimensionales Kriterium dar. Der GNE bzw. der RGNE, das konsistente Vorteilhaftigkeitskriterium für die gesamtwirtschaftliche Zielsetzung der allokativen Effizienz (vollkommener Marktmechanismus) bzw. für die der technischen Effizienz (unvollkommener Marktmechanismus), kann nur die Nettozunahme der Größe des ökonomischen „Kuchens" erfassen, läßt jedoch keine Schlußfolgerungen über Verteilungswirkungen einer öffentlichen Investition zu.

Sehen wir von der dritten Dimension, den Methoden und Instrumenten der staatlichen Einkommensredistribution, einmal ab, dann symbolisiert Gleichung (8.1a) eine Beziehung zwischen den zwei Kenngrößen der Zielsetzung allokative Effizienz und der ökonomischen Wohlfahrt. Deren Mehrdimensionalität führt zu Schwierigkeiten, weil das Pareto-Kriterium, eine nur „schwache" Ordnungsrelation, nur unvollkommen zwischen ökonomischen Zuständen diskriminieren kann. Formal gesehen läßt es nur eine Niveauaussage bei Verteilungskonstanz zu:

$$\text{Wenn} \quad \frac{\partial \Psi}{\partial VE} \gtreqless 0, \text{ dann folgt } \Delta W \gtreqless 0\ .$$

---

[167] *Marglin*, Objectives, S. 8.

Die anderen partiellen Ableitungen der Funktion (8.1a) können nicht bewertet werden, ebensowenig folglich die Quotienten aus den partiellen Ableitungen, d. h. die Beziehung zwischen Veränderungen von VE, EV und S[168]. Einkommensverteilung und Volkseinkommen, letzteres im allgemeinen *das* Maß für den Wert des Nettooutputs einer isolierten Volkswirtschaft, sind zwei nichtkommensurable Größen. Es fehlen annahmegemäß die notwendigen ethischen Wertprämissen, um beides miteinander verrechnen zu können und dadurch das Maß für die ökonomische Wohlfahrt eindimensional zu machen. Da auch eine relative Bewertung verschiedener Einkommensverteilungen nicht möglich ist, sehen wir uns auf die nächstliegende Frage verwiesen, unter welchen speziellen Bedingungen für die Einkommensverteilung eine tatsächlich gemessene, positive bzw. negative Veränderung des Volkseinkommens eine gleichgerichtete Änderung der Wohlfahrt signalisiert. Vorausgesetzt werden muß dabei allerdings, daß über die Messung bzw. die Bewertung des Volkseinkommens selbst ein sachgerechter Konsensus besteht. Dies ist aber nur unter vereinfachten Modellannahmen der Fall. In einer wachsenden Wirtschaft tauchen dagegen Probleme besonderer Art auf. Umstritten ist z. B. der Beitrag von Investitionen zur ökonomischen Wohlfahrt. Auch stehen dem Ökonomen mehrere Bewertungsalternativen des Volkseinkommenszuwachses offen. Schließlich lassen Marktunvollkommenheiten u. Ä. die normative Aussagekraft der Größe des Volkseinkommens auch nicht unbeeinflußt. Erst dann, wenn ein alle diese Faktoren approximativ berücksichtigendes Maß für das Volkseinkommen und seine Veränderungen gefunden ist, das Änderungen der ökonomischen Wohlfahrt korrekt anzeigt, können schließlich auch die GOK einer öffentlichen Investition konsistent und quantitativ-operational spezifiziert werden. Das anfängliche Problem, die Maximierung einer ordinalen ökonomischen Wohlfahrtsfunktion, wurde durch die Umstände — wie gezeigt — nochmals ein weiteres Stück in den Bereich der unvollständigen Optimierung hineingerückt. Statt eines definitiven Tests der Projektwirkungen, der direkt die Veränderungen der einzelnen individuellen Nutzenniveaus $u_j$ als Folge einer öffentlichen Investition anzeigt, muß sich der Ökonom mit approximativen Kriterien bescheiden. Bei unvollkommenem Marktmechanismus konnte selbst nicht einmal mehr das Ausmaß der Veränderung der technischen Effizienz direkt beurteilt werden. Bestenfalls sind exakte, *indirekte* Indikatoren der Veränderungen des Wertes der eigentlichen Zielfunktion (allokative bzw. technische Effizienz) konstruierbar: "Since such functional relationships, and

---

168 *Bergson*, A., National Income and Welfare, in: Ders., Essays in Normative Economics, Cambridge (Mass.) 1966; im Folgenden zitiert als *Bergson, National* Income; S. 133.

indeed many of the variables, are not fully known to us, the analyst cannot devise any perfect, complete criterion. What he can do is to specify a variable on which utility is believed to depend, say the level of real income, and then try to measure what would happen to that variable with alternative causes of action. Failing this, he can seek the best index ... of what would happen, under each project, to that variable. In some cases he may be able to demonstrate that a certain relationship exists between this index and the specified variable ...,

*Tabelle III*

**Hauptkomponenten des Konsistenzproblems**

| | a | b | c |
|---|---|---|---|
| | Zielsetzung | Kriterium | Problem |
| 1 | allokative Effizienz<br>(gesamtwirtschaftlich) | (8.2)<br>$\Delta W \gtreqless 0$<br>$\Delta W = W(\Delta u_1, \ldots, \Delta u_M)$<br>(definitiv) | Konsistenz des öffentlichen Investitionskriteriums mit den Zustandsbedingungen der allokativen Effizienz |
| 2 | technische Effizienz<br>(approximativ) | (8.2a)<br>$\Delta \overline{W} \overset{?}{\gtreqless} 0$<br>$\Delta \overline{W} = f(\Delta VE)$ | Wann (2/b)<br>Kriterium<br>für (1/b) ? |
| 3 | Maximierung des Volkseinkommens<br>Index für (2/a) | Maximiere<br>$\Delta VE > 0$ !<br>$VE = \sum_{i=1}^{n} X_i p_i$ | Konsistenz der Auswahlkriterien bei unvollkommenem Marktmechanismus. Wie (3/b) spezifizieren, damit konsistent mit (2/a) ? |
| 4 | *SOK*<br>für öffentliche Investitionen<br>(einzelwirtschaftlich) | $GNE \overset{?}{\gtreqless} 0$<br>oder<br>$RGNE \overset{?}{\gtreqless} 0$<br>kardinales Maß für (3/b) | (1) Investitionskriterien<br>(2) konsistente Spezifizierung der *GOK* bei unvollkommenem Marktmechanismus |

but at best he has a criterion only in terms of that variable[169]." Eine tabellarische Anordnung der theoretischen Hauptkomponenten, in die sich das Konsistenzproblem des öffentlichen Investitionskriteriums gedanklich zerlegen läßt — vgl. Tabelle III, S. 125 —, soll veranschaulichen, mit welchem konsistenztheoretischen Teilproblem wir uns daher nun beschäftigen müssen.

Die Zeilen 1 - 3 enthalten den makroökonomisch-gesamtwirtschaftlichen Problembereich unseres Themas, Zeile 4 seinen mikroökonomisch-einzelwirtschaftlichen Suboptimierungsaspekt. Das Problem [4/c(1)] „Investitionskriterien", der mathematisch-ökonomische Aspekt der Wirtschaftlichkeitsrechnung, wurde zu Anfang gelöst, und das Kapitalwertkriterium als Ausgangsbasis eingeführt. Auch die theoretischen Grundlagen des Konsistenzproblems [1/c] wurden alle behandelt. Als Ergebnis fanden wir das Konzept des RGNE einer öffentlichen Investition. Daraus resultierte als Aufgabenstellung die modelltheoretische Erforschung der Opportunitätskostenbeziehungen bei öffentlichen Investitionen [4/c(2)]. Wegen der Inoperabilität der Zielfunktion (8.1) stellt sich nun die Frage nach einem approximativen Kriterium für die eigentliche Zielfunktion — das Problem [2/c]. Wie angedeutet, müssen bei unvollkommenem Marktmechanismus des weiteren die konsistenztheoretischen Erfordernisse für die Kriterien [2/b] und [3/b] überprüft, und sowohl deren Beziehung zueinander wie zum definitiven Kriterium [1/b] untersucht werden — das Problem [3/c]. Die Nichtgeltung des Äquivalenztheorems bei der inhomogenen Konkurrenz, aber auch die Annahme einer wachsenden Wirtschaft (positive Nettoinvestition), lassen eine Überprüfung des normativen Gehalts des Volkseinkommensbegriffes erforderlich werden. Im Folgenden referieren wir kurz das Ergebnis der wohlfahrtstheoretischen Diskussion über das Verhältnis von allokativer Effizienz zum Approximationskriterium [2/b] und zum Wohlfahrtsindikator [3/b]. Daraufhin werden dann die in der Literatur zur GNKA vorgeschlagenen Bewertungsmaßstäbe für Änderungen des Volkseinkommens beurteilt — das Problem der Auswahlkriterien [3/c].

### 2. Zur normativen Interpretierbarkeit von Einkommensänderungen

Die Versuche der Kompensationstheoretiker[170], eine theoretisch einwandfreie Trennung der Wohlfahrtswirkungen einer Volkseinkom-

---

169 *McKean*, Efficiency, S. 72.

170 *Kaldor*, N., Welfare Proposition in Economics, in: EJ, vol. 49 (1939), S. 549 ff., *Hicks*, J. R., The Foundations of Welfare Economics, in: EJ, vol. 59 (1939); im Folgenden zitiert als *Hicks*, Foundations; S. 696 ff., und ders., The Rehabilitation of Consumer's Surplus, in: RECstu, vol. 8 (1941), S. 108 ff., sowie *de Scitovsky*, Welfare Propositions.

mensänderung in Verteilungs- und Größeneffekte vorzunehmen, ohne stärkere Wertprämissen zu implizieren als unter dem Ansatz der allokativen Effizienz zulässig, müssen als mißlungen gewertet werden: "The attempts to divide the problem into two parts so that one can say a change ... is economically desirable in the sense of objectively increasing production or wealth, whether or not the actual resulting situation will be ethically superior ... only glosses over the intrinsic difficulties of the problem"[171]. Da Änderungen des Volkseinkommens im Prinzip als Differenz der Breite zweier Einkommensströme gemessen werden müssen, ist außerdem auf die normative Interpretierbarkeit des Volkseinkommens selbst zurückzugehen, um über die normative Bedeutung von Volkseinkommensänderungen Aufschluß zu erlangen.

Am einfachsten Fall einer stationären Volkswirtschaft, in der nur Konsumgüter produziert werden, läßt sich die Problematik der normativen Interpretierbarkeit des Volkseinkommens leicht skizzieren[172]. Im vollkommenen Konkurrenzgleichgewicht dieser Modellwirtschaft gilt das Äquivalenztheorem, und die Marktpreise ($p_i$) geben den gesellschaftlichen Wert der Konsumgüter korrekt wieder. Wird das Volkseinkommen nun definiert als der Marktwert des allokativ-effizienten Konsumgüterbündels, wobei die aufgewendeten Faktorleistungen jetzt positiv gewertet werden, d. h. die entsprechenden $x_{ji}$ werden mit $(-1)$ multipliziert, dann kann es als Index des Nettonutzens der Volkswirtschaft angesehen werden[173]. Unter Verwendung der in § 3 eingeführten Bezeichnungen — vgl. S. 31 f. — lautet diese Definition des Volkseinkommens

$$(8.3) \qquad VE = \sum_{i=1}^{n} X_i p_i \ , \quad \text{mit } X_i = \sum_{j=1}^{M} x_{ji} \quad (i = 1, \ldots, n) \ ,$$

unter Berücksichtigung der neuen Vereinbarung über die Faktorleistungen.

Wird dasselbe Konsumgüterbündel nun anders auf die Konsumenten verteilt, ohne daß dabei die "utility possibility frontier" verlassen wird, dann ändern sich bei nicht-identischen Präferenzstrukturen auch die relativen Preise. Folglich ändert sich auch die Größe (= Wert) des Volkseinkommens, obgleich es real (= güterwirtschaftlich) konstant geblieben ist. Die „Größe" des Volkseinkommens kann mithin nicht

---

171 *Samuelson*, Real National Income, a.a.O., S. 11 ff., ähnlich auch *de Graaff*, a.a.O., S. 90 ff.

172 Hierzu siehe *Bergson*, National Income, S. 132 ff., auf dessen Darstellung wir uns hier stützen. Im Modell einer stationären Wirtschaft kommen Investitionsgüter erst dann vor, wenn das Problem der Ersatzinvestitionen eingeführt wird, das hier jedoch ausgeschlossen sein soll.

173 *Eckstein*, Investment Criteria, S. 57.

unabhängig von seiner Verteilung bestimmt werden. Infolgedessen hängt die ökonomische Wohlfahrt nicht wie in Gleichung (8.1a) angedeutet, von zwei voneinander unabhängigen Parametern ab, sondern "...it depends (if we must use the term) on size only — and we do not know what the size is until we know the distribution"[174]. Eine Ausnahme besteht nur in einer Eingut-Wirtschaft, denn da entfällt die Gewichtung des Güterbündels. Die Wohlfahrt würde dann tatsächlich von zwei unabhängigen Determinanten, Größe *und* Verteilung des Volkseinkommens, bestimmt werden. Im Mehrgut-Fall kann das Pareto-Kriterium die in einer Bewegung auf der "utility possibility frontier" implizierte Änderung der ökonomischen Wohlfahrt nicht bewerten, weil es einigen Konsumenten besser, anderen dagegen schlechter als vorher geht.

Ähnliche Implikationen einkommensredistributiver Wirkungen können anläßlich einer *Veränderung* (Erhöhung) des real-güterwirtschaftlichen Einkommens entstehen und müssen für die Bewertung derselben in Rechnung gestellt werden. Nur wenn die Einkommensverteilung unverändert bleibt, also jeder proportional seinem Einkommen an einem Einkommenszuwachs beteiligt wird, kann der Wohlfahrtsgehalt dieses Zuwachses bzw. der der ihn verursachenden staatlichen Maßnahmen mit dem Pareto-Kriterium beurteilt werden. Denn nur dann bleiben die Gewichtungskoeffizienten (relative Preise) tatsächlich konstant. Widerspruchsfrei läßt sich nur ein Zuwachs an *potentiellem* Realeinkommen definieren, und zwar als "...a uniform outward shift in society's utility possibility frontier"[175]. Alle möglichen Einkommensverteilungen vor der (Einkommens)Veränderung müssen mit allen nachher möglichen Einkommensverteilungen verglichen werden. Ergibt dieser Test für alle Vergleiche, daß wenigstens ein Wirtschaftssubjekt sich immer besser steht, dann hat das potentielle Realeinkommen zugenommen.

Die Vornahme einer öffentlichen Investition erhöht nun die ökonomische Wohlfahrt,

1. wenn ihr GNE positiv ist; *und*
2. zusätzlich drei Bedingungen erfüllt sind[176]:
   (a) die gegebene Einkommensverteilung unverändert bleibt;

---

174 *De Graaff*, a.a.O., S. 92.

175 *Samuelson*, Real National Income, S. 6.

176 *Krutilla*, J. V., Welfare Aspects of Cost-Benefit-Analysis, in: JPE, vol. 69 (1961), S. 23. Ein Wohlfahrtsmaximum liegt vor, wenn schließlich auch in diesem Sektor der Intervention die Bedingung (c) gilt. Dies würde durch eine entsprechende Dimensionierung der staatlichen Maßnahme (öffentliche Investition) erreicht werden können.

(b) die gegebene Einkommensverteilung in irgendeinem Sinne als optimal gelten kann; und

(c) die gesamtwirtschaftlichen Grenzraten der Transformation für je zwei Güter (Produktionsfaktoren) in allen Sektoren ihren entsprechenden Grenzraten der Substitution gleich sind, mit Ausnahme des Sektors, in dem die Abweichung der Grenzraten voneinander die öffentliche Investition rechtfertigt.

Unter diesem Satz von Bedingungen ist der GNE größengleich dem Volkseinkommenszuwachs und die positive Änderung der Wohlfahrt diesem proportional. Die theoretischen Voraussetzungen, unter denen der GNE auch bei Verletzung (mindestens) einer weiteren der (c)-Bedingungen noch ein konsistentes SOK sein würde, wurden bei der Untersuchung der Theorie des Zweitbesten im Davis/Whinston-Theorem genannt.

Da die Bedingung (a) im Fall öffentlicher Investitionen generell nicht als erfüllt angesehen werden kann — die Nutznießer eines Investitionsprojektes müßten auch im selben Umfang dessen Kosten tragen —, wird das Pareto-Kriterium bei der wohlfahrtstheoretischen Beurteilung der Projektwirkungen einer staatlichen Investition versagen. Der durch eine Sozialinvestition bewirkte Volkseinkommenszuwachs kann theoretisch nicht mehr eindeutig als Zuwachs der ökonomischen Wohlfahrt interpretiert werden. Bewertet mit den Marktpreisen vor Vornahme der öffentlichen Investition mag ihr GNE positiv sein, negativ jedoch unter Zugrundelegung der neuen Marktpreise nachher. Welche Möglichkeiten bieten sich dem Ökonomen, dennoch zu einer widerspruchsfreien Bewertung eines Einkommenszuwachses zu gelangen?

Die Kompensationskriterien fallen als theoretisch unbefriedigende Lösungen aus, da ihr Bezug auf die ex ante-Verteilung (Kaldor-Hicks) bzw. auf die ex ante- und ex post-Verteilung (de Scitovsky) unzulässige Wertsetzungen enthält: "Another way of putting the matter is to say that the size-distribution dichotomy is inconsistent with the basic Paretian value judgements that individual preferences are to count and that a cet. par. increase in anyone man's well being increases social well being"[177]. Der Samuelson-Test, der Zuwachs an potentiellem Realeinkommen, kann zwar einen Zuwachs der ökonomischen Wohlfahrt eindeutig anzeigen. Als theoretische Grundlage zur Beurteilung der ökonomischen Wirkungen einer Investition fehlt ihm aber die Operabilität. Ein weiterer theoretischer Ausweg bietet sich

177 *De Graaff*, a.a.O., S. 92; dieser Einwand wiegt besonders schwer, wenn die Bedingung (b) nicht gegeben ist. Zur Kritik der Kompensationskriterien unter diesem wohlfahrtstheoretischen Aspekt siehe z. B. *Mishan*, E. J., A Reappraisal of the Principles of Resource Allocation, in: EA, NS 24 (1957), S. 324, und *Samuelson*, Real National Income, S. 9 ff.

mit der Einführung von Distributionsgewichten an. Die Wohlfahrtsfunktion wäre dann vollständig spezifiziert[178]. Diesem Ansatz folgt die theoretische Benefit-Cost-Analyse jedoch nicht, denn damit würde der letzte entscheidende Schritt der ethisch-politischen Bewertung präjudiziert werden. Was also dann?

Für die praktischen Belange der GNKA können alle theoretischen Einwände gegen eine normative Interpretierbarkeit von Volkseinkommenserhöhungen dann für unzutreffend angesehen werden, wenn öffentliche Investitionen nur *relativ kleine Zuwächse* des Volkseinkommens hervorrufen und/oder die verursachten redistributiven Wirkungen stochastisch diffundieren. Denn dann können die relativen Preise faktisch als konstant angesehen werden: "Thus the prices of all commodities which have a national price pattern can be assumed to remain the same with and without the project"[179]. Die Diffusionsbedingung geht auf Hotelling zurück: "If new electric power, railroad, highway, bridges and other developments *are widely* undertaken at public expense, always on the basis of the criterion of maximizing total benefits, the geographical distribution and also the distribution of benefits among different occupational, racial, age and sex groups, would seem pretty clearly to be such, that every such large group would on the whole be benefitted by the program"[180].

Akzeptiert man diese Hypothesen für den speziellen Zweck, dem sie dienen sollen, dann gelangt man zu dem Schluß: "Thus, while the absolute size of the national income may not be independent of its distribution, a relatively small change in its size, for *practical purposes* can be considered independently of its redistributional consequences in determining the magnitude and direction of the change"[181]. Diese

---

178 So geht z. B. *Meade*, J. E., The Theory of International Economic Policy, vol. II, Trade and Welfare, Kap. 5 und 7, vor. Auch die soziale Wohlfahrtsfunktion der Cambridge Schule implizierte mit der Annahme der "equal capacity for satisfaction" Distributionsgewichte; vgl. hierzu *Bergson*, Reformulation, S. 16, und siehe im übrigen den Ansatz zur sozialökonomischen Effizienz auf S. 36.

179 *Eckstein*, Water Resource Development, S. 36 f.; ähnlich auch *Krutilla/Eckstein*, a.a.O., S. 50 f.

180 *Hotelling*, H., The General Welfare in Relation to Problems of Taxation and Railroad Utility Rates, in: ECO, vol. 6 (1938), S. 258; Hervorhebung vom Verfasser. Hierzu siehe auch *Michalski*, W., Grundlegung eines operationalen Konzepts der Social Costs, Tübingen 1965, S. 98, und die Einwände gegen diesen Standpunkt aus der Sicht der intertemporalen Einkommensverteilung von *Stohler*, Zur Methode, S. 222 ff. Diese laufen größtenteils auf die zeitliche Irreversibilität des Genusses hinaus, nach dem Motto: „Was der Greis als junger Mann versäumt hat zu genießen, kann er im Alter nicht nachholen"; sie gehören in den Bereich der „reinen" Theorie und interessieren hier nicht.

181 *Krutilla*, a.a.O., S. 25 (Hervorhebung vom Verfasser); zu dieser zugrunde liegenden Unterscheidung von theoretischem Einwand gegen die Normativität von Einkommensänderungen unter dem Pareto-Kriterium und ihrer praktischen Bedeutung bei der Ableitung operationaler Konzepte, siehe *Stolber*, a.a.O., S. 29.

Hypothese der Quasi-Konstanz der relativen Preise ist grundlegend für die Theorie der GNKA und bildet eine Basis ihrer effizienztheoretisch orientierten Ansätze. Einkommensverteilungswirkungen können selbstverständlich auch explizit im öffentlichen Investitionskriterium berücksichtigt werden[182]. Die ökonomischen Wirkungen einer öffentlichen Investition werden dann nach Einkommensverteilungserträgen bzw. -kosten und Effizienzerträgen bzw. -kosten getrennt erfaßt. Weshalb wir uns bei den Konsistenzüberlegungen auf die zweite Art beschränken konnten, ist nun ersichtlich geworden. Der GNE einer staatlichen Investition kann als Saldo allein der Effizienzkosten und -erträge interpretiert werden, wenn die im Marktprozeß entstehende Einkommensverteilung konstant bleibt. Genau dies war dort stillschweigend vorausgesetzt worden. Diese Hypothese der Quasi-Konstanz der Marktpreise ist es, die die Brücke schlägt vom Wohlfahrtskriterium unter der Zielsetzung allokative Effizienz, der eigentlichen Zielfunktion, zum öffentlichen Investitionskriterium. Denn nunmehr wird es legitim, die Zuwächse des Volkseinkommens als normativen Indikator für Volkseinkommensänderungen zu interpretieren. Die Funktion

(8.2a) $$\Delta \overline{W} = f\left(\sum_{i=1}^{n} \Delta X_i p_i\right) \quad \text{mit}$$

$$\Delta X_i = \sum_{j=1}^{M} \Delta x_{ji} \quad (i = 1, \ldots, n)\ , \quad \text{wobei}$$

$\Delta x_{ji}$ die Veränderung der Menge des $i$-ten Gutes im Konsumprogramm des $j$-ten Kosumenten infolge der öffentlichen Investition darstellt, tritt als zulässiges Approximationskriterium an die Stelle des inoperationalen Wohlfahrtskriteriums (8.2) — vgl. Tabelle III, S. 125. Die Zielfunktion der technischen Effizienz, die Maximierung des Nettooutputs (= Volkseinkommen), wird damit also zum direkten Index der ökonomischen Wohlfahrt. Diese Relation zwischen den beiden gesamtwirtschaftlichen Zielsetzungen bezieht sich aber auf Änderungen des Volkseinkommens und unterscheidet sich daher von dem Faktum, daß die Optimalitätsbedingungen gemäß der ersten Zielsetzung notwendige Bedingungen für ein Optimum gemäß der zweiten angeben.

Ändert sich an diesem Ergebnis etwas, wenn die gegebene Einkommensverteilung als nicht-optimal — vgl. Bedingung (b) — angesehen

---

182 Siehe die Ansätze von *Marglin*, St. A., Public Investment Criteria, London 1966, S. 19 ff., ders., Objectives, S. 67 ff., sowie *Freeman*, A. M., Income Distribution and Public Investment, in: AER, vol. 57 (1967), S. 494 ff., und *Weisbrod*, B., Income Distribution Effects and Benefit-Cost-Analysis, in: Chase, S. B. (Hrsg.), Problems in Public Expenditure Analysis, Washington D. C. 1968, S. 177 - 213.

wird? Theoretisch gesehen kann der Wohlfahrtsgehalt einer Einkommensänderung a fortiori nicht ohne zusätzliche Werturteile beurteilt werden. Das Little-Kriterium nennt für diese Situation als hinreichende Bedingungen für die Zunahme der Wohlfahrt, daß

(i) die resultierende Einkommensverteilung nicht schlechter als die bestehende sei; und

(ii) eine Politik der staatlichen Einkommensredistribution nicht in der Lage ist, jedes Wirtschaftssubjekt vor Änderung des Volkseinkommens genau so gut zu stellen, wie es stehen würde, wenn die Änderung eingetreten ist[183].

Unter diesen Annahmen wäre ein operationales Wohlfahrtskriterium z. B. eine Funktion des Typs[184]:

$$\Delta \overline{W} = \psi \left( \sum_{i=1}^{n} \Delta X_i p_i \ ; \quad Z_r \, (r = 1, \ldots, q) \right), \tag{8.4}$$

wobei $\Delta X_i$ wie unter (8.2a) definiert wird, und $Z_r$ irgendein geeigneter Index für die Einkommensverteilung zwischen den $q$ Einkommensklassen ist. Dabei wird vorausgesetzt, daß die Wirtschaftssubjekte sich zu statistisch verifizierbaren Einkommensklassen zusammenfassen lassen.

Die praktische GNKA entgeht dem Einwand der Nichterfüllung der Bedingung (b), indem man sich auf die Kaldor-Argumentation stützt, daß die Verteilungswirkungen einer staatlichen Maßnahme bei ihrer Beurteilung dann außer Ansatz gelassen werden dürfen, wenn die öffentliche Hand eine stetige, bewußte Politik der Einkommensumverteilung verfolgt[185]. Diese Annahme ist realistisch, denn es ist generell feststellbar, „daß auch in jenen Ländern, in denen die marktwirtschaftliche Ordnung vorherrscht ... und sich Einkommensbildung und -verteilung uno actu vollziehen, ... heute ein erheblicher Teil des im Marktprozeß gebildeten Einkommens durch staatliche Institutionen im Rahmen der sekundären Distribution umverteilt wird“[186]. Für Konsistenzüberlegungen im Rahmen einer effizienztheoretisch orientierten GNKA ist es daher gleichgültig, ob die bestehende Einkommensverteilung optimal ist oder nicht. Nur die theoretische Begründung für die Zulässigkeit einer Vernachlässigung der redistributiven Wirkungen fällt unterschiedlich aus. Bei optimaler Verteilung genügt die Hotelling-

---

183 *Little,* I. M. D., A Critique of Welfare Economics, 2. Aufl., Oxford 1962, S. 123.

184 Vgl. *Eckstein,* Survey, S. 447.

185 *Kaldor,* a.a.O., S. 550.

186 *Michalski,* a.a.O., S. 101.

Annahme der zufallsbedingten Streuung der Verteilungseffekte oder die Eckstein-Hypothese. Bei nicht-optimaler Verteilung muß eine unabhängige staatliche Redistributionspolitik angenommen werden, die stetig in Richtung auf eine ständige Verbesserung der Verteilung hinwirkt (Kaldor). Diese stärkere Prämisse „erledigt" das fragliche Problem natürlich a fortiori.

Mit dieser theoretischen Absicherung versehen, greift man in der GNKA (wieder) auf den Kaldor-Hicks-Test zurück. Alle operationalen Kriterien, die aus den skizzierten Überlegungen entwickelt wurden, und die den von einer öffentlichen Investition bewirkten Einkommenszuwachs messen sollen, basieren darauf[187]. Der von einer staatlichen Investition verursachte Einkommenszuwachs soll folglich die Bedingungen erfüllen, daß

(a) die vor der Einkommenserhöhung herrschende Verteilung nachher durch Umverteilung des Einkommenszuwachses wiederhergestellt werden könnte; und

(b) jedes Wirtschaftssubjekt gleichwohl besser gestellt werden könnte als vor der Vornahme der öffentlichen Investition[188].

Mit der Einführung dieser beiden hypothetischen Voraussetzungen wird die Erfüllung gewisser Minimalerfordernisse an „zulässige" Änderungen des Volkseinkommens sichergestellt. Diese Bedingungen gewährleisten nämlich, daß unter der zusätzlichen Annahme der Quasi-Konstanz der relativen Preise die Verteilungseffekte einer staatlichen Investition im öffentlichen Investitionskriterium vernachlässigt werden dürfen. Dies gilt jedoch nur für eng umgrenzte wirtschaftliche Maßnahmen, wie sie eine staatliche Investition im Rahmen der Benefit-Cost-Analyse darstellt. Nicht unabhängig ist die Bewertung einer staatlichen Investition jedoch von der herrschenden Einkommensverteilung, denn die von dieser abhängigen Marktpreise gehen in den GNE ein.

Fassen wir das bisherige Ergebnis zusammen: Die normative Interpretierbarkeit von Einkommensänderungen wurde zuerst unter den einfachen Modellbedingungen einer stationären Konsumgüterwirtschaft diskutiert. Im vollkommenen Konkurrenzgleichgewicht ist das Volkseinkommen ein geeigneter, *direkter Indikator* für die technische Effizienz, und da diese als ein legitimes Approximationskriterium der gesamtwirtschaftlichen Zielsetzung allokative Effizienz interpretiert werden darf, auch ein indirekter Wohlfahrtsindikator. Diese Ergebnisse

---

[187] So etwa *Marglin,* Objectives, S. 20 ff., *Ciriacy-Wantrup,* S. V., Concepts Used as Economic Criteria for a System of Water Rights, in: *Smith/Castle,* a.a.O.; im Folgenden zitiert als *Ciriacy/Wantrup,* Concepts Used; S. 264, *Kelso,* a.a.O., S. 62, und *Krutilla/Eckstein,* a.a.O., S. 76. Umstritten ist, ob die Kompensation tatsächlich gezahlt werden soll, oder nur potentiell möglich sein muß.

[188] Vgl. *Samuelson,* Real National Income, S. 9.

wurden dann auf eine wachsende Wirtschaft übertragen und analog für öffentliche Investitionen interpretiert. Die Diskussion der Frage, ob eine Änderung des Volkseinkommens einen geeigneten Indikator für die gesamtwirtschaftliche Kriteriumsfunktion (8.2) bei allokativer Effizienz abgeben kann, zeigte, daß Bedingungen existieren, unter denen der durch die Vornahme einer staatlichen Investition verursachte Zuwachs des Volkseinkommens normativ interpretiert werden kann, und zwar ohne Rücksicht auf die Verteilungswirkungen der den Einkommenszuwachs verursachenden staatlichen Investition. Der GNE mißt die Größe des verursachten Einkommenszuwachses und stellt (bei vollkommenem Marktmechanismus) ein direktes Maß für eine Erhöhung der technischen Effizienz dar. Des weiteren ist er ein indirektes, proportionales Maß für die ökonomische Wohlfahrt (allokative Effizienz). Bleiben diese Schlußfolgerungen auch dann noch zutreffend, wenn zwei absichtlich bisher übergangene Faktoren berücksichtigt werden, nämlich erstens auch Investitionsgüter explizit zugelassen sind, und zweitens auch Marktunvollkommenheiten eingeführt werden?

Den Optimalitätsbedingungen der allokativen Effizienz liegt die Annahme zugrunde, daß die individuellen Nutzenfunktionen ausschließlich vom eigenen Konsum (Faktorleistungen) eines Wirtschaftssubjektes abhängen. Auch das Niveau der ökonomischen Wohlfahrt einer Volkswirtschaft wird daher bei individualistischen Wohlfahrtsfunktionen allein durch Umfang, Zusammensetzung und Verteilung des produzierten Konsumgüterbündels $X^C = (X_1, \ldots, X_n)$ bestimmt.

Pigou hat als erster gefordert, daß auch Investitionsgüter in einem normativen Einkommensbegriff mit einbezogen werden müssen, da auch sie zur (zukünftigen) Wohlfahrt beitrügen[189]. Diese Forderung warf die Frage auf, wie der Beitrag bewertet werden soll, den die Ersparnisse der Konsumenten, d. h. der nicht konsumierte Teil des gesamten Nettooutputs einer Periode, zur ökonomischen Wohlfahrt leisten. Formal gefragt: Eine Volkswirtschaft produziere ein Endproduktbündel $(X^C; X^I) = (X_1, \ldots, X_n; X_{n+1}, \ldots, X_k)$ mit $i = n + 1, \ldots, k$, dem Investitionsgüterindex, und das Volkseinkommen werde definiert als:

$$VE = \sum_{i=1}^{n} X_i p_i + \sum_{i=n+1}^{k} X_i p_i \,. \tag{8.5}$$

[189] *Pigou*, a.a.O., S. 34. Wir stützen uns im Folgenden auf *Bergson*, National Income, S. 151 ff., und *de Graaff*, a.a.O., Kap. VI; siehe aber auch *Little*, a.a.O., S. 235 f.

Wie ist der zweite Term in (8.5) im Hinblick auf die Funktion des Volkseinkommens als Wohlfahrtsindikator zu bewerten? Wenn der Einkommenszuwachs definiert wird als

$$\Delta\ VE = \sum_{i=1}^{n} \Delta\ X_i\, p_i + \sum_{i=n+1}^{k} \Delta\ X_i\, p_i\ , \tag{8.5a}$$

wobei $\Delta X_i\ (i = 1, \ldots, n)$ wieder so definiert wird wie zu (8.2a), und $\Delta X_i\ (i = n + 1, \ldots, k)$ die durch eine öffentliche Investition zusätzlich erzeugten Investitionsgüter seien, sollen dann zur Bewertung dieser zusätzlichen Güter auch deren Marktpreise $p_i\ (i = n + 1, \ldots, k)$ angesetzt werden oder eventuell andere, hypothetische Werte? Im Gegensatz zu Stolber, der diese Frage als ein Meßproblem bezeichnet, neigen wir dazu, in der *Bewertung* des Nettooutputbündels das eigentlich Strittige zu erblicken. Denn in der theoretischen GNKA herrscht Übereinstimmung, daß sowohl Konsum- als auch Investitionsgüter im Volkseinkommenszuwachs berücksichtigt werden müssen. Zwei Dinge definieren ein Maß für Volkseinkommensänderungen, die Festlegung der Maßeinheit und die Spezifikation der Bewertungsvorschrift — letzteres u. E. hier das Problem. Erst wenn ein Maß feststeht, können Meßprobleme auftreten, z. B. die Frage, „wie die Zunahme des Volkseinkommens gemessen werden soll"[190].

Wenn die Bedingungen und impliziten Prämissen des vollkommenen Konkurrenzgleichgewichts jetzt und in aller Zukunft zu jedem Zeitpunkt im striktest möglichen Sinne erfüllt sind, d. h. vor allem perfekte Voraussicht und vollkommene Terminmärkte für alle Güter bis in die unendliche Zukunft hinein bestehen, dann reflektieren die gegenwärtigen Marktpreise der Güter auch deren zukünftige Werte[191]. Der Wert einer Einheit eines Investitionsgutes entspricht dann genau dem Kapitalwert seines zukünftigen Ertrages. Im gegenwärtigen gleichgewichtigen Kapitalmarktzins werden alle zukünftigen Ertragswirkungen voll reflektiert. Diese werden folglich auch, der Logik dieses Ansatzes zufolge, von den Konsumenten indirekt berücksichtigt, nämlich bei der Wahl ihres optimalen intertemporalen Konsumprogrammes. Daher ist der zukünftige reale Wert der heutigen Ersparnisse theoretisch bekannt[192]. Kommen Investitionsgüter explizit vor, dann müssen deshalb auch diese mit ihren Marktpreisen bewertet werden[193]. Diese Bewer-

---

190 *Stolber*, a.a.O., S. 33.

191 *Bergson*, National Income, S. 151/2; zu einem derartigen Modell mit Terminmärkten siehe *Malinvaud*, a.a.O., S. 215 f.

192 *De Graaff*, a.a.O., S. 103.

193 Vgl. *Kuznets*, S., On the Valuation of Social Income, Part I, in: EA, NS 15 (1948), S. 12 ff., dem sich *Bergson*, National Income, S. 151, in dieser Frage an-

tungsvorschriften sollen das sogenannte reine Sozialproduktskriterium definieren. In (8.5a) signalisiert $\Delta VE > 0$ deshalb einen proportionalen Wohlfahrtszuwachs, sofern der von einer öffentlichen Investition bewirkte Outputzuwachs ($\Delta X^C; \Delta X^I$) mit Marktpreisen bewertet wird. D. h., ein Zuwachs des Volkseinkommens gemäß (8.5a) kann ebenso normativ interpretiert werden wie ein Zuwachs gemäß (8.2a). Wählt man (8.5) als Wohlfahrtsindikator, dann wird die „gemessene" Zunahme der Wohlfahrt größer sein als unter (8.2a), d. h. bei Verwendung der Definition des Volkseinkommens gemäß (8.3), weil eine Einbeziehung der Investitionsgüter das Maß des Volkseinkommenszuwachses „aufbläht".

Ganz anders dagegen müssen wir urteilen, wenn Unvollkommenheiten des Marktmechanismus zugelassen werden. Da alle wichtigen konsistenztheoretischen Konsequenzen dieser Annahme aufs gründlichste erörtert worden sind, können wir uns hier sehr kurz fassen. Maßgebliches öffentliches Investitionskriterium ist der RGNE, der den cet. par. durch die Vornahme einer öffentlichen Investition bewirkten Volkseinkommenszuwachs gemäß (8.5a) mißt. Jedoch werden für die $p_i$ $(i = n + 1, \ldots, k)$ keine Marktpreise angesetzt, denn da diese verzerrt sind, darf der RGNE nicht länger als eindeutiger Indikator eines proportionalen Wohlfahrtszuwachses interpretiert werden. Es leuchtet ein, daß das Volkseinkommen mit Investitionsgütern, bewertet nach den Vorschriften des reinen Sozialproduktskriteriums, einen um so schlechteren Wohlfahrtsindikator abgibt, je unvollkommener der Marktmechanismus, insbesondere die Investitionsgüter- und die Kapitalmärkte, und je mehr die Ersparnis aus unverteilten Gewinnen der Unternehmungen gespeist wird. Die gleiche Wirkung haben Verzerrungen, die durch die Fiskalpolitik verursacht werden und die das Investitionsvolumen tendenziell von der privaten Ersparnis abweichen lassen. Auch öffentliche Investitionen können daher den normativen Gehalt des „Volkseinkommen mit"-Kriteriums beeinträchtigen.

Berücksichtigt man in diesem allgemeinsten Fall noch die Divergenzeffekte Batorscher Externitäten, dann besitzt man ein vollständiges Bild der Schwierigkeiten, die bei einer sachgerechten, d. h. konsistenten Bewertung des Volkseinkommenszuwachses überwunden werden müssen. Wir prüfen jetzt die verschiedenen Wertmaßstäbe, die in der theoretischen GNKA für die Messung des von einer öffentlichen Investition verursachten Einkommenszuwachses vorgeschlagen werden.

---

schließt; anders aber *Little*, der den Marktwert der Investitionsgüter mit einem Index der Konsumgüterpreise deflationiert wissen will, da "the meaning of individual decisions to save ... (should be viewed) ... as a decision to accumulate purchasing power over future goods of the kind available in the saving situation"; *Little*, a.a.O., S. 236.

Da das reine Sozialproduktskriterium in gemischtwirtschaftlichen Marktwirtschaften zu einer inkonsistenten Bewertung führt, stellt sich die Frage, ob die anderen vertretenen Kriterien den gewünschten Zweck erfüllen: Nämlich, ausgehend von Marktpreisen, den auf Grund von Marktunvollkommenheiten etc. notwendigen Umfang ihrer Korrektur zu bestimmen, damit im öffentlichen Investitionskriterium der verursachte Einkommenszuwachs so bewertet wird, daß dieser normativ im Hinblick auf die gesamtwirtschaftliche Zielsetzung der allokativen Effizienz interpretiert werden kann.

### 3. Die konsistenztheoretische Beurteilung der Auswahlkriterien

Drei Auswahlkriterien sind in der theoretischen Literatur zur Benefit-Cost-Analyse vorgeschlagen worden, das modifizierte Sozialprodukts-kriterium, das effizienztheoretische und das wohlfahrtstheoretische Kriterium[194]. Diese Benennung der Kriterien geht auf Stolber zurück, der sie auch kurz, aber unkritisch, beschreibt[195]. Wir diskutieren sie nur insoweit wir glauben, daß Stolbers Ausführungen ergänzungsbedürftig sind, und/oder wir sie präzisieren können.

Alle Kriterien wurden entworfen, um den von einer staatlichen Investition bewirkten Einkommenszuwachs konsistent messen zu können. Nach dem "with and without"-Prinzip erfassen sie die hypothetische cet. par.-Entwicklung des Volkseinkommens mit und ohne öffentliche Investition. Obgleich diese Kriterien Zuwächse des Volkseinkommens messen sollen, enthalten sie natürlich unausgesprochen auch Bewertungsregeln für das Volkseinkommen per se, d. h. für die darin zu berücksichtigenden Güterkategorien. Diese Regeln stellen wir im Folgenden jeweils denen für die Messung des Zuwachses selbst gegenüber.

Im modifizierten Sozialproduktskriterium werden Konsum- wie Investitionsgüter grundsätzlich zu Marktpreisen bewertet. Diese werden entsprechend den gegebenen tatsächlichen Abweichungen von den Annahmen der vollkommenen Konkurrenz korrigiert, um zu den gesamtwirtschaftlich richtigen Werten zu gelangen. Die hierbei benötigten Opportunitätskostenpreise einzelner Faktoren — z. B. Schattenlöhne bei Unterbeschäftigung der Arbeit, die kleiner als die entsprechenden Nominallöhne sind, — dürfen keinesfalls mit den GOK verwechselt

---

194 Das modifizierte Sozialproduktskriterium wurde von *Eckstein*, Investment Criteria, S. 57, ders., Water Resource Development, S. 72, *Krutilla/Eckstein*, a.a.O., S. 67, und *McKean*, Efficiency, S. 73, in die GNKA eingeführt; seitdem hat es weiteste Verbreitung gefunden; siehe z. B. *Kelso*, a.a.O., S. 62, und *Ciriacy-Wantrup*, Concepts Used, S. 267. Das effizienztheoretische Kriterium wurde von *Marglin*, Objectives, S. 17 ff. vorgeschlagen; das wohlfahrtstheoretische Kriterium von *Feldstein*, Opportunity Cost Calculations, S. 136 f., und in: ders., Net Social Benefit, entwickelt.

195 *Stolber*, a.a.O., S. 34 f.

werden. Der *Zuwachs* des Volkseinkommens wird ermittelt, indem die Outputs und Inputs einer staatlichen Investition bewertet werden:

(a) zu (korrigierten) Marktpreisen prinzipiell dann, wenn es sich um marktfähige Güter handelt, gleichgültig, ob ihr Output als Investitions- oder Konsumgut verwendet wird; und

(b) zu hypothetischen Marktpreisen, sofern es sich um nichtmarktfähige Güter handelt[196].

Das effizienztheoretische Kriterium unterscheidet sich demgegenüber darin, daß die Konsumgüter im Volkseinkommen mit dem Betrag der Zahlungsbereitwilligkeit der Konsumenten bewertet werden. Da dieser den Marktwert der Konsumgüter um den Betrag der Summe aller Konsumentenrenten übersteigt, wird das Volkseinkommen in dieser Höhe wertmäßig größer sein als unter dem modifizierten Sozialproduktskriterium[197]. Für Investitionsgüter gelten die zum reinen Sozialproduktskriterium angestellten Überlegungen unausgesprochen. Es wird nämlich postuliert, die Zielsetzung der Gewinnmaximierung rationaler Unternehmer bewirke, daß die Marktpreise der Investitionsgüter den Kapitalwerten ihrer zukünftigen Erträge sehr nahe kommen. Bei der Bewertung des Volkseinkommenszuwachses selbst wird dem Marktwert des Outputs einer öffentlichen Investition jedoch der Betrag aller Marktrenten der Nachfrager des Outputs hinzugerechnet, und zwar gleichgültig, ob dieser konsumiert oder investiv verwendet wird. Wird von dieser Zahlungsbereitwilligkeit der Nutznießer des öffentlichen Projektes der Wert der mit Marktpreisen bewerteten Inputs dieser Investition abgezogen, dann ergibt diese Nettozahlungsbereitwilligkeit den gesamtwirtschaftlichen Wert der öffentlichen Investition, d. h. die Größe (= Wert) des Volkseinkommenszuwachses. Auch hier werden die Marktpreise der Inputs wie im modifizierten Sozialproduktskriterium korrigiert. Bei den Outputs erfolgt diese Korrektur durch eine entsprechend abgeänderte Berechnung der Bruttozahlungsbereitwilligkeit.

Im wohlfahrtstheoretischen Kriterium werden Konsumgüter mit ihren — wenn nötig — korrigierten Marktpreisen, die Investitionsgüter dagegen mit Umrechnungspreisen bewertet, die ihren potentiellen Beitrag zum zukünftigen Konsum der Gesellschaft bewerten sollen. Dieselbe Regel gilt auch für die Bewertung des Volkseinkommens*zuwachses* selbst. Dieses Kriterium postuliert von vornherein Unvollkommenheiten des Marktmechanismus und gibt daher den institutionellen Rahmen des vollkommenen Konkurrenzmodells auf. Insbeson-

---

[196] *Eckstein*, Water Resource Development, S. 29 ff., und *Krutilla/Eckstein*, a.a.O., S. 72 und passim.

[197] Zum Begriff der Konsumentenrente siehe *Hicks*, The Rehabilitation of Consumer's Surplus.

dere werden solche Marktunvollkommenheiten angenommen, die die Marktpreise der Investitionsgüter und die Zinssätze an den Kapitalmärkten verzerren. Aus diesem Grunde wird der Wert des potentiellen Konsumäquivalents pro Einheit eines Investitionsgutes betragsmäßig prinzipiell nicht mit seinem Marktpreis übereinstimmen. Die Umrechnungspreise müssen modelltheoretisch bestimmt werden und lassen sich nicht durch eine einfache Korrektur der Marktpreise ermitteln. Da theoretische Quantifizierungsmodelle für diese Umrechnungspreise Gegenstand des nächsten Kapitels sind, gehen wir hier nicht weiter auf diese Kategorie hypothetischer Werte ein.

Alle Kriterien messen einen Einkommenszuwachs und, bei Anwendung der im vorigen Abschnitt diskutierten Hypothesen, auch *eine* Änderung der ökonomischen Wohlfahrt. Mit welchem dieser Auswahlkriterien läßt sich nun der beabsichtigte Zweck, nämlich in gemischtwirtschaftlichen Marktwirtschaften den theoretischen Konsistenzerfordernissen für Wohlfahrtsänderungen bestmöglich zu entsprechen, am besten realisieren? Das modifizierte Sozialproduktskriterium entspricht offensichtlich dem GNE einer öffentlichen Investition am ehesten. Es setzt im Grundsätzlichen stillschweigend den modelltheoretischen Rahmen der vollkommenen Konkurrenz voraus. In einem Punkt jedoch unterscheidet sich der GNE von diesem und auch von den beiden anderen, auf Operationalität abstellenden Kriterien, prinzipiell. Während beim GNE schon alle sekundären und tertiären Effekte (spillovers) einer öffentlichen Investition bei der theoretischen Bestimmung der allokativ-effizienten Rechenpreise berücksichtigt sind, werden diese in praxi nicht vollständig quantifizierbaren Effekte einer staatlichen Investition tatsächlich geschätzt oder gar als "intangibles" ausgewiesen.

Werden die Bewertungsregeln im GNE so abgeändert, daß den allokativ-effizienten Rechenpreisen für die Outputs einer staatlichen Investition die entsprechenden Marktrenten hinzugerechnet werden, dann gelangen wir zum effizienztheoretischen Kriterium. Dieses gibt sich pessimistisch im Hinblick auf die Realitätsnähe der die normative Interpretierbarkeit der Marktpreise begründenden Konkurrenzgleichgewichtsannahmen. Hier reflektieren die Marktpreise nur die *marginalen* (individuell-)gesamtwirtschaftlichen Bewertungen der Güter durch die Wirtschaftssubjekte. Je unvollkommener nun der Marktmechanismus, desto stärker cet. par. in aller Regel die negative Neigung der tatsächlichen bzw. hypothetischen Marktnachfragekurve für die von einer öffentlichen Investition erzeugten Outputs, der sich der staatliche Anbieter gegenübersieht, und um so stärker sinkt der Marktpreis bei nicht-marginalen Outputänderungen. Da bei abnehmendem Grenznutzen aber alle intra-marginalen Gütereinheiten mehr zur Wohlfahrt beitragen als der Marktpreis anzeigt, müssen bei nicht-marginalen

Veränderungen des Güterangebots, verursacht durch die Vornahme einer öffentlichen Investition, die Marktrenten aus wohlfahrtstheoretischer Sicht hinzugerechnet werden. Auch dieses Kriterium unterstellt im Prinzip den institutionellen Rahmen des vollkommenen Konkurrenzmodells, genau wie das modifizierte Sozialproduktskriterium auch. Unausgesprochen wird deshalb in beiden Fällen postuliert, daß die Konsistenzbedingungen (c) — vgl. S. 129 — der Tendenz nach grundsätzlich erfüllt sind, d. h. ein wohlfahrtstheoretischer Partialansatz zulässig bleibt. Von dem wohlfahrtstheoretischen unterscheiden sich beide Kriterien darin, daß sie nur Unvollkommenheiten in den individuellen Entscheidungskriterien der Wirtschaftseinheiten Rechnung tragen können, Unvollkommenheiten des Marktmechanismus selbst aber unberücksichtigt bleiben. Beide, das modifizierte Sozialprodukts- und das Effizienzkriterium, fußen auf fundamental anderen Voraussetzungen als das wohlfahrtstheoretische Kriterium, nämlich auf der Unverletzlichkeit des institutionellen Rahmens der vollkommenen Konkurrenz. Das wohlfahrtstheoretische Kriterium ist hingegen von vornherein als Vorteilhaftigkeitskalkül im Sinne des RGNE intendiert, d. h. auf die Nichterfüllung der Konsistenzbedingungen (c) zugeschnitten; es liegt ein Modell mit unvollkommenem Marktmechanismus zugrunde. Deshalb der Zwang zur expliziten Bewertung mit GOK!

Stolber ist der Vorwurf zu machen, diesen Unterschied nicht klar erkannt zu haben. Dies zeigt sich u. E. einmal darin, daß die von ihm gewählte Bezeichnung für den Feldstein-Ansatz[198], nämlich „wohlfahrtstheoretisches" Kriterium, sachlich danebengeht. Denn im Opportunitätskosten-Ansatz, d. h. mit der Berechnung von Realkonsum-Äquivalenten (*keine Wohlfahrts*äquivalente!) für investiv verwendete Einkommensteile, wird der enge Rahmen der wohlfahrtstheoretischen Partialanalyse, in dem die beiden anderen Kriterien argumentieren, aufgegeben. Tatsächlich basiert das wohlfahrtstheoretische Kriterium auf einem produktivitätsorientierten Kreislaufmodell intertemporaler Einkommens-(Konsum)effekte. Wohlfahrtstheoretisch daran ist allenfalls die Annahme einer SDR, gewiß nicht aber Feldsteins Erkenntnis, daß der wohlfahrtstheoretische Partialansatz bei unvollkommenem Marktmechanismus völlig versagt, sobald es darum geht, Investitionsgüter wohlfahrtsmäßig zu bewerten. Deshalb zieht er sich ja gerade auf den sichereren Boden eines Opportunitätskosten-Ansatzes zurück, der sich völlig an Optimalitätsbedingungen der technischen Effizienz orientiert. Zum anderen leitet Stolber die Notwendigkeit, Investitionsgüter mit Umrechnungspreisen — in unserer Terminologie: öffentliches Kapital mit expliziten GOK — bewerten zu müssen, aus der Behauptung

---

198 *Feldstein*, Net Social Benefit, S. 116 ff.

ab, daß das Einkommen einer Volkswirtschaft, in der auch Investitionsgüter produziert werden, keinen konsistenten Wohlfahrtsindikator mehr abgeben kann[199]. Wir führten vorhin aus, weshalb diese Ansicht unzutreffend ist. Stolber verkennt damit grundsätzlich den fundamentalen Anlaß, der zur Entwicklung des Opportunitätskosten-Kriteriums in der GNKA geführt hat. Nicht Investitionsgüter an sich sind ursächlich dafür, daß ein Volkseinkommenszuwachs, bewertet zu Marktpreisen, zu einem inkonsistenten Wohlfahrtsindikator wird, sondern einzig und allein die Existenz eines unvollkommenen Marktmechanismus. Dieses Miß-Verständnis hat Folgen; auf die gröbsten Unstimmigkeiten, die Stolber in seine Darstellung des Feldstein-Ansatzes hineingebracht hat[200], werden wir später noch aufmerksam machen. Hier sei nur noch auf ein Drittes hingewiesen. Auch seine Ansicht, Krutilla und Eckstein seien Vertreter des modifizierten Sozialproduktskriteriums, ist unzutreffend[201]. Was die Messung des Einkommens*zuwachses* anbetrifft, neigen sie eher dem effizienztheoretischen Kriterium zu. Für nicht-marginale, den Marktpreis eines Gutes beeinflussende, angebotene Outputmengen soll als Wert der Betrag der Zahlungsbereitwilligkeit der Nutznießer des Projektes angesetzt werden — genau wie im Effizienzkriterium auch.

Zusammenfassend können wir feststellen: Alle drei Kriterien brauchen keine Rücksicht auf Distributionswirkungen staatlicher Investitionen zu nehmen, d. h. in ihrer Meßfunktion sind sie von Änderungen der Einkommensverteilung unabhängig. In allen drei Kriterien „zählen" nur die gesamtwirtschaftlichen *Effizienz*kosten und -erträge. Gleichwohl sind alle Auswahlkriterien indirekt an die bestehende Einkommensverteilung gebunden, denn die Marktpreise der Outputs und Inputs einer öffentlichen Investition, bzw. die Zahlungsbereitwilligkeit der Nutznießer eines Projektes, reflektieren die bestehende Einkommensverteilung. Inwieweit dies auch für Investitionsgüter unter dem wohlfahrtstheoretischen Kriterium zutrifft, können wir erst nach der Diskussion der Opportunitätskosten-Modelle beurteilen. Nur in diesem Kriterium werden diese Effizienzkosten und -erträge durch Umrechnungspreise in potentielle Nettokonsumzuwächse transformiert. Konsistenztheoretisch geurteilt, liefert einzig der Feldstein-Ansatz, der zutreffender (Konsum)Opportunitätskosten-Kriterium genannt werden sollte, in unvollkommenen Marktwirtschaften eine angemessene Bewertungsregel. Wird diese zur Bewertung von Volkseinkommenszuwächsen den Quantifizierungsansätzen für die GOK des öffentlichen Kapitals im RGNE zugrunde gelegt, und werden die wohlfahrtstheore-

199 *Stolber*, a.a.O., S. 33 f.
200 Ebenda, S. 72 ff.
201 Ebenda, S. 34, und vgl. Krutilla/Eckstein, a.a.O., S. 72.

tischen Fundamentalhypothesen der GNKA, vor allem die der Quasi-Konstanz der relativen Preise, akzeptiert, dann ist der RGNE ein geeigneter Indikator für Veränderungen der ökonomischen Wohlfahrt, d. h. *das* konsistente SOK für öffentliche Investitionen.

Der einzige bisher unternommene Vergleich dieser drei Auswahlkriterien erwies sich als äußerst korrekturbedürftig. Bei Stolber fehlen die konsistenztheoretischen Grundlagen, die ihm eine präzise und zutreffende Beurteilung der Auswahlkriterien der GNKA ermöglicht hätten. Auch Marglin, der Hauptvertreter des effizienztheoretischen Kriteriums, setzt nämlich stillschweigend voraus, daß dieser Wertansatz bei unvollkommenem Marktmechanismus inkonsistent wird, denn auch er hat konkrete Modifikationen dieses Bewertungs(Auswahl)kriteriums im Sinne des RGNE vorgeschlagen[202]. Stolber verkennt diese fundamentalen Unterschiede im modelltheoretischen Bezug der Auswahlkriterien, die keineswegs gleichwertige Alternativen sind, sondern zwei völlig verschiedenen Modelltypen angehören, geeignet ausschließlich für unterschiedliche ökonomische Realitäten. Stolber hingegen weist diesen Kriterien allen den gleichen theoretischen Stellenwert zu, nämlich eine alternative Bewertungsregel für die Ermittlung des gesamtwirtschaftlichen Bruttoertrages (GBE) — siehe (9.1), S. 145 — einer öffentlichen Investition zu sein. Das wohlfahrtstheoretische Kriterium will zwar auch dies, vor allem aber ist eine konsistente Bewertung der staatlichen Investitionsausgaben, d. h. des von einer öffentlichen Investition in Anspruch genommenen Kapitals, beabsichtigt. Oder anders gesehen: Beabsichtigt ist eine Bewertung derjenigen Investitionsgüter, die bei Verausgabung der öffentlichen Mittel dem privaten Sektor entzogen werden, und dieses läuft letztlich auf eine Bewertung der privaten Ersparnis hinaus. Gerade in diesem Punkt versagen die beiden anderen Auswahlkriterien, die von den Vertretern des traditionellen Ansatzes der GNKA bei der Berechnung des GNE zugrunde gelegt werden. Implizit wird postuliert, daß der (hypothetische) Marktzins den gesamtwirtschaftlichen Wert einer DM Ersparnis auch bei unvollkommenem Marktmechanismus richtig wiedergibt.

Im Folgenden werden derartige (Konsum)Opportunitätskosten-Modelle zur Bewertung der privaten Ersparnis (≡ Investition) eingeführt und analysiert sowie ihre Funktionen bei der konsistenten Spezifizierung des RGNE untersucht.

202 *Marglin,* Opportunity Costs.

*Kapitel III*

# Theoretische Quantifizierungsansätze zum reinen gesamtwirtschaftlichen Nettoertrag

In diesem Kapitel wird das Opportunitätskosten-Kriterium der theoretischen GNKA eingeführt und diskutiert (§ 9). Dabei ist keine erschöpfende Behandlung aller Modellvarianten beabsichtigt. Vielmehr legen wir Wert darauf, die theoretischen Grundgedanken herauszuarbeiten und konsequent weiterzuverfolgen. Die explizite Einführung der Annahme eines unvollkommenen Marktmechanismus erfordert es, daß die Finanzierung einer staatlichen Investition im öffentlichen Vorteilhaftigkeitskriterium ausdrücklich berücksichtigt werden muß, damit der RGNE konsistent spezifiziert werden kann. Der GOK-Ausdruck ist abhängig von alternativen Annahmen über den Transfermodus, den die Regierung wählt, um dem privaten Sektor die benötigten Finanzierungsmittel zu entziehen. Deshalb untersuchen wir die Finanzierungsbedingtheit der GOK einer öffentlichen Investition (§ 10). Dabei gelangen wir zu dem Ergebnis, daß das Vorteilhaftigkeitskriterium Feldsteins, in Stolbers Terminologie: das wohlfahrtstheoretische Kriterium, modifiziert werden muß, damit es die drei angenommenen Finanzierungsarten, Steuern, Anleihen und Gebühren, gleichzeitig explizit berücksichtigen kann. Eine Rückschau auf die einzelnen Abschnitte unserer Konsistenzbetrachtungen sowie eine Zusammenfassung der Hauptergebnisse beschließen das Kapitel (§ 11).

## § 9. Das Opportunitätskosten-Kriterium der gesamtwirtschaftlichen Nutzen-Kosten-Analyse

Im Folgenden umreißen wir zuerst kurz die spezielle Aufgabenstellung des Opportunitätskosten-Kriteriums, indem wir seinen Grundgedanken skizzieren und einige zu diesem in der Literatur geäußerte Ansichten würdigen. Dann führen wir das Grundmodell zur Bestimmung der GOK von Marglin ein und befassen uns anschließend mit dem Opportunitätskosten-Kriterium Feldsteins.

### 1. Zum Grundgedanken des Opportunitätskosten-Kriteriums

Es ist in § 7 bewiesen worden, daß die traditionellen Ansätze der GNKA, die als normative Diskontrate im GNE eine hypothetische Zinsrate verwenden, zu gesamtwirtschaftlichen Inkonsistenzen führen. Denn unausgesprochen wird ein Kapitalmarktmodell unterstellt, in dem alle Annahmen und Prämissen der vollkommenen Konkurrenz stillschweigend vorausgesetzt werden. Der totale Gleichgewichtscharakter dieses Modells impliziert jedoch, daß alle zukünftigen güterwirtschaftlichen Folgewirkungen eines gegenwärtigen Transfers finanzieller Mittel aus dem privaten in den öffentlichen Sektor, dem bei konstantem Preisniveau ein proportionaler Zuwachs an gegenwärtiger potentieller Verfügungsmacht über das reale Volkseinkommen gegenübersteht, im Kapitalmarktzins voll reflektiert werden, d.h. gesamtwirtschaftlich richtig bewertet sind. Da keine Zweifel darüber bestehen können, daß die im traditionellen Ansatz implizit vorausgesetzten Annahmen den ökonomischen Realitäten kapitalistischer gemischtwirtschaftlicher Marktwirtschaften nicht angemessen sind, müssen auch die entsprechenden modelltheoretischen Schlußfolgerungen verworfen werden, sofern sie als Grundlage zur Ableitung operationaler Auswahlkriterien empfohlen werden.

Wie gezeigt wurde, werden bei unvollkommenem Marktmechanismus nicht alle zukünftigen realen Effekte eines gegenwärtigen Transfers von einer DM im hypothetischen Marktzins erfaßt. Die realen und die nominalen Transferwirkungen, die bei der staatlichen Aufbringung der Finanzierungsmittel für Investitionsausgaben verursacht werden, stimmen bei unvollkommenem Marktmechanismus größenmäßig nicht mehr überein. M.a.W.: Die heute im Zusammenhang mit der Vornahme einer öffentlichen Investition getätigten monetären Transfers erzeugen in der Zukunft in den privaten Sektoren Outputverluste, deren gesamtwirtschaftlicher Wert den gegenwärtigen Geldpreis pro Periode pro Einheit Kapitalnutzung (= hypothetische Zinsrate) übersteigt. Die traditionellen Ansätze postulieren implizit dagegen, daß diese beiden Effekte identischgrößengleich sind, was jedoch nur im vollkommenen Konkurrenzgleichgewicht zutrifft. Im Opportunitätskosten-Kriterium wird nun der Versuch unternommen, nominale und reale Transferwirkungen modelltheoretisch voneinander zu trennen, um das Ausmaß der güterwirtschaftlichen Entzugseffekte einer öffentlichen Investition quantifizieren zu können. Denn um das Vorteilhaftigkeitskriterium bei unvollkommenem Marktmechanismus konsistent spezifizieren zu können, muß der Wert des GOK-Ausdrucks $M$ im RGNE ermittelt werden. Geeignete theoretische Wertansätze für eine konsistente Bewertung des von einer öffentlichen Investition in Anspruch genommenen Kapitals (Ressourcen) zu liefern, dies ist der Zweck der Opportunitätskosten-Modelle. Unsere Aufgabenstellung sehen wir jetzt darin, diese Quantifizierungsansätze für $M$ zu untersuchen und konsistenztheoretisch zu beurteilen. Zu diesem Zweck akzeptieren wir die wohlfahrtstheoretischen

Fundamentalhypothesen der GNKA, denen zufolge die Erhöhung der technischen Effizienz des ökonomischen Systems als legitime approximative gesamtwirtschaftliche Zielsetzung für die allokative Effizienz interpretiert werden darf. Der jetzt zugrunde gelegte Konsistenzbegriff bezieht sich deshalb nur auf die technisch-effizienzmäßigen Optimalitätsbedingungen. Ausgangspunkt der Erörterung ist die Grundformel des RGNE, die wir übersichtshalber hier noch einmal wiedergeben:

(7.2) $$\text{RGNE}\,(x) = \sum_{t=1}^{H} [B_t(x) - C_t(x)]\,(1+r)^{-t} - M\,K_0(x)\ .$$

In der Literatur zur Theorie der GNKA gibt es nur zwei theoretische Ansätze zur Bestimmung des GOK-Ausdrucks *M*, den von Marglin und den von Feldstein[1]. Im Investitionsalgorithmus von Steiner, dem das von uns bei der Einführung des Opportunitätskostenbegriffs beschriebene 4-Sektorenmodell zugrunde liegt, kommt *M* nur als exogener Parameter vor, der lediglich prinzipiell-formal erklärt wird[2]. Setzen wir $M = 1$, und verwenden wir für den gesamtwirtschaftlichen Bruttoertrag die Abkürzung

(9.1) $$\text{GBE} = \sum_{t=1}^{H} [B_t(x) - C_t(x)]\,(1+r)^{-t}\ ,$$

dann wird (7.2) zu $\text{GNE}\,(r) = \text{GBE}\,(r) - K_0$, wobei wir die Skalenvariable weglassen, und das Symbol in der Klammer statt dessen anzeigt, wie der Kapitalwert errechnet wird — hier unter Zugrundelegung einer SDR (*r*). Steiner dividiert diesen Audruck nun durch $K_0$:

(9.2) $$\frac{\text{GNE}\,(r)}{K_0} = \frac{GBE\,(r)}{K_0} - 1\ ,$$

setzt dann aus der Definitionsgleichung des internen Zinsfußes (*i*):

(9.2a) $$\text{GBE}\,(i) - K_0 = 0\ ,$$

den Kapitalwert GBE (*i*) in (9.2) ein und gelangt damit zu seinem Formalausdruck der Opportunitätskosten (OK) einer DM öffentlichen Kapitals:

(9.2b) $$\text{OK} = \frac{\text{GBE}\,(r)}{\text{GBE}\,(i)} - 1\ .$$

Aus Steiners Tabelle 1 geht hervor, daß $\text{OK} \gtreqless 0$ sein kann, und (9.2b) zeigt, daß keine sektoralen Entzugskoeffizienten in Steiners

---

1 *Marglin*, Opportunity Costs, und *Feldstein*, Net Social Benefit.

2 *Steiner*, Alternative Public Investments, S. 904 f.

Opportunitätskosten-Ausdruck vorkommen. Stolber geht daher fehl, wenn er meint, „das Gemeinsame aller drei Berechnungsarten (die von Steiner, Marglin und Feldstein, Verf.) ... (in) ... einem (einzigen, Verf.) Modell zusammenfassen (zu können)“[3]. Auch die Unterschiede in den Modellen von Marglin und Feldstein sind — wie gezeigt werden wird — so gravierend, daß eine Zusammenfassung von „Gemeinsamkeiten“ uns unvertretbar erscheint.

Auch Recktenwald will die GOK-Modelle der drei eben Genannten in einem einzigen Modell zusammenfassen[4]. Doch der von ihm in diesem Zusammenhang zitierte Steiner-Artikel, The Role of Alternative Costs in Project Design and Selection, enthält nichts, was mit dem Problem der *gesamtwirtschaftlichen* Opportunitätskosten des öffentlichen Kapitals oder deren Berechnung zu tun hätte. Hier wird in Unkenntnis der begrifflichen Unterschiede zwischen „Alternativkosten einer öffentlichen Investition“ und „gesamtwirtschaftlichen Opportunitätskosten des öffentlichen Kapitals“ beides miteinander verwechselt[5].

Auch Recktenwalds Einwand gegen das Opportunitätskosten-Kriterium, daß „das Problem der Nutzenmessung und Nutzenbestimmung in den verschiedenen staatlichen Bereichen ... nach wie vor ungelöst, zumindest schwierig (bleibt)“[6], ist unqualifiziert. Keines der betreffenden Modelle ist jemals mit diesem, von Recktenwald unterschobenen Anspruch vertreten worden. Es gibt Gemeinsamkeiten in diesen Modellen, aber eine vordergründige Zusammenfassung stiftet eher Verwirrung, als daß sie Aufschluß über die gemeinsamen Grundelemente gibt.

Da Feldstein auf den Modellen von Marglin aufbaut und deren Unzulänglichkeiten berücksichtigt, konzentrieren wir unsere Überlegungen im wesentlichen auf den besseren und vollständigeren Feldstein-Ansatz. Zur Einführung in die Problematik der modelltheoretischen Quantifizierung der GOK eignet sich Marglins Grundmodell jedoch ausgezeichnet. Wir gehen deshalb von diesem aus und entwickeln daraus dann die Feldstein-Formel des RGNE.

### 2. Marglins Grundmodell der gesamtwirtschaftlichen Opportunitätskosten[7]

In § 6 waren die GOK einer DM öffentlichen Kapitals — vgl. S. 80 — formal als Opportunitätskostenrate

[3] *Stolber*, a.a.O., S. 71.

[4] *Recktenwald*, H. C., Unteilbare Güter; ihre Effizienz und ihre Verteilung, Nutzen-Kosten-Analyse, in: PF, vol. 22 (1967), S. 68, Anm. 8.

[5] Vgl. S. 80 und Anm. 90, S. 81.

[6] *Recktenwald*, a.a.O., S. 68, Anm. 8.

[7] *Marglin*, Opportunity Costs.

$$\text{GOK} = \beta \cdot \text{OK} + (1-\beta)\, r^* \tag{6.1}$$

definiert worden. Setzen wir jetzt $r^* = \text{SDR} = r$ und $\text{OK} = \varrho$, dann erhält man aus (6.1) die GOK-Rate

$$\text{GOK} = \beta \cdot \varrho + (1-\beta)\, r\ . \tag{9.3}$$

Sie würde dem Wert der normativen Diskontrate im Fall [4] der Tabelle II — vgl. S. 99 — entsprechen, wenn man die Regeln, die die Vertreter des traditionellen Ansatzes bei der Ermittlung ihrer hypothetischen Zinsrate anwenden, sinngemäß auf den Parallelfall bei Geltung einer SDR übertragen würde. Doch treffen alle effizienztheoretischen Einwände, die bei der Erörterung der hypothetischen Zinsrate gegen GOK-Ausdrücke vorgebracht wurden und eine Struktur wie in (6.1) aufweisen — vgl. S. 101 ff. —, auch auf (9.3) zu. Denn bei unvollkommenem Marktmechanismus ist es gleichgültig, ob als gesellschaftliche Bewertungsnorm des zukünftigen Konsums $r^*$ eine private ($r'$) oder eine soziale Zeitpräferenzrate ($r$) angesetzt wird. In beiden Fällen sind die GOK inkonsistent spezifiziert.

Wird nun (9.3) durch $r$ dividiert, und $\varrho$ jetzt als konstanter jährlicher gesamtwirtschaftlicher Marginalertrag der privaten Investitionen interpretiert, um dem Aggregationsproblem vorläufig aus dem Wege zu gehen, dann erhält man den einfachsten möglichen Ausdruck für $M$[8]:

$$M = \frac{\text{GOK}}{r} = \frac{\beta\varrho + (1-\beta)\, r}{r}\ . \tag{9.4}$$

Die *GOK-Rate* (9.3) ist durch diese Operation zum *GNE der GOK* einer DM öffentlichen Kapitals geworden. Solange die Grundvoraussetzung $0 \leqq \beta < 1$ gilt, ist $M > 1$ für $\varrho > r$. Das heißt: Solange der gesamtwirtschaftliche Marginalertrag der privaten Investitionen größer als die SDR ist, ist jede DM öffentlicher Investitionsausgaben mehr wert als ihr Nennwert. *M*, der gesellschaftliche Wert einer DM öffentlichen Kapitals für zusätzliche Investitionen, kann interpretiert werden als jährlicher Wert einer Investition mit unendlicher Lebensdauer, mit konstantem Jahresertrag, welcher aufgespalten wird in die Anteile $\beta$ und $(1-\beta)$, eine private Investition mit jährlichen Ertrag von $\varrho$, und den privaten Konsum mit jährlichem „Ertrag" $r$. Die Division der Summe beider Ertragsarten durch die SDR ergibt den Gegenwartswert dieser „ewigen Rente". M.a.W.: Der dem Konsum entzogene Betrag $(1-\beta)$ wird nominal, d. h. mit dem politisch-gesellschaftlich bestimmten Wert gegenwärtigen Konsums bewertet, der die privaten Investitionen verdrängende Betrag $\beta$ aber mit dem (gesellschaftlichen) Gegenwarts-

8 *Marglin*, Opportunity Costs, S. 279.

wert seines gesamtwirtschaftlichen Ertragspotentials $\varrho$, $\varrho/r$. Ökonomisch gesehen wird $\varrho$, der zukünftige Einkommensstrom, hier als potentieller Konsum interpretiert. Gegenüber den traditionellen Ansätzen, die auch bei unvollkommenem Marktmechanismus den GNE mit einer hypothetischen Zinsrate verwenden, d. h. unausgesprochen $M = 1$ setzen, ist hier der Grad der Vorteilhaftigkeit einer öffentlichen Investition ausdrücklich von Herkunft und Produktivität der dem privaten Sektor entzogenen Einkommensteile abhängig. Je größer cet. par. $\beta$ und/oder $\varrho$, desto größer die gesamtwirtschaftlichen Opportunitätskosten $M$, um so bindender die gegebene globale Ressourcenaufteilung zwischen öffentlichen und privaten Sektoren, und desto kleiner cet. par. der RGNE einer gegebenen öffentlichen Investition.

Damit die innere Konsistenz von (7.2) und (9.4) gewährleistet ist, muß jedoch ein Satz bisher nicht genannter Bedingungen unterstellt werden:

(1.) $\varrho$, der gesamtwirtschaftliche Marginalertrag per annum der privaten Investitionen, wird vollständig konsumiert; eine Reinvestition von Ertragsteilen ist unzulässig. Nur dann ergibt sich der Wert der Realwirkungen einer öffentlichen Investition gemäß (9.4), aus dem Gegenwartswert des im privaten Sektor verlorenen Konsumstroms, den der Transfer von $K_0$ DM aus diesem Sektor bewirkt hat.

(2.) Um diese GOK ($M$) mit dem Gegenwartswert des gesamtwirtschaftlichen Bruttoertrages GBE gemäß (9.1) kommensurabel zu machen — die $B_t(x)$ und die $C_t(x)$ werden als gegeben vorausgesetzt —, muß postuliert werden, daß der den gesamtwirtschaftlichen Ertrag $B_t(x)$ erzeugende Output der öffentlichen Investition in jeder Periode vollständig konsumiert wird, $B_t(x)$ also "consumption benefits" sind. Die $C_t(x)$ dagegen beruhen generell auf Marktpreisen, die die gesellschaftliche Bewertung der Ressourcen prinzipiell richtig zum Ausdruck bringen. $C_t(x)$ entspricht deswegen einer dem Ressourcenverbrauch proportionalen Minderung des Volkseinkommens. Ihr Betrag müßte bei Nichtinanspruchnahme der Produktionsfaktoren durch die öffentliche Investition vollständig konsumptiv verwendet worden sein. $C_t(x)$ umfaßt hier selbstverständlich auch den Wert der Abschreibungen und Zinskosten pro Periode.

(3.) Wenn (7.2) in Verbindung mit (9.4) alle transferinduzierten güterwirtschaftlichen Wirkungen richtig wiedergeben soll, muß des weiteren angenommen werden, daß $K_0(x)$ der einzige induzierend wirkende Transfer vom privaten zum öffentlichen Sektor bleibt, den diese Investition für $t = 0, 1, \ldots, H$ hervorruft. M.a.W.: Es darf cet. par. keine negative Veränderung des Saldos des öffentlichen Budgets eintreten, denn dies würde einen zusätzlichen Mitteltransfer notwendig werden lassen. Dieser wäre aber in (7.2) nicht erfaßt, wenn, was vorausgesetzt wird, staatliche Kreditaufnahme bei der Notenbank und/oder bei den Geschäftsbanken unzulässig ist. Deshalb muß unterstellt werden, daß der Finanzertrag ($F_t$), das Entgelt für die Periodennutzung und/oder den Erwerb pro Periode von kollektiv produzierten Gütern und Diensten, in jeder Periode den einzelwirtschaftlichen Kosten des Betriebs der öffentlichen Anlage $\bar{C}_t(x)$ mindestens größengleich ist. Nur diese sind Geldausgaben, und zusammen mit $\bar{\bar{C}}_t(x)$, den volkswirtschaftlichen Betriebskosten dieses öffentlichen Projektes, bilden sie die gesamtwirtschaftlichen (Betriebs)Kosten:

$$C_t(x) = \bar{C}_t(x) + \bar{\bar{C}}_t(x) .$$

Es muß also gelten $F_t \geqq \bar{C}_t(x)$ für alle $t = 1, \ldots, H$. Zum anderen müßte $F_t$ von den Wirtschaftssubjekten alternativ vollständig für private Konsumgüter ausgegeben worden sein. Anderenfalls wären nämlich im Ausdruck (9.4) nicht alle realen Wirkungen einer öffentlichen Investition berücksichtigt worden, weil sich die private Ersparnis verringert haben würde.

Die Spezifität dieser Annahmen zeigt, daß die vollständige Aufschlüsselung der Transferwirkungen in nominale und in reale, d. h. konsumbezogene Transfereffekte in diesem einfachen Modell, i. e. (7.2) in Verbindung mit (9.4), nicht völlig gelingt. Jedoch werden mit Hilfe dieser Annahmen und des GOK-Ausdrucks *M alle* gesamtwirtschaftlichen Kosten und Erträge in äquivalente Reduktionen bzw. Zuwächse des privaten Konsums transformiert, und der RGNE mißt den von einer öffentlichen Investition cet. par. verursachten Nettokonsumzuwachs der Gesellschaft.

Ein erster Schritt in Richtung auf ein besser integriertes Modell wäre die Aufhebung der Annahmen zu (3.), die nicht unerhebliche Beschränkungen enthalten. Angesichts des faktischen Finanzgebarens der öffentlichen Hand ist es realitätsnäher und zugleich ökonomisch konsequenter, eine negative Veränderung des Budgetsaldos für alle $t = 0, 1, \ldots, H$ Perioden zuzulassen. Dann erzeugen nicht nur die Kapitalkosten einer öffentlichen Investition Konsumverluste, sondern auch ihre Betriebskosten, insofern nämlich deren Deckung ebenfalls einen Transfer notwendig macht, d. h. bei $F_t < \bar{C}_t(x)$. Das Prinzip der Opportunitätskostenbewertung wäre auf alle Perioden und auf beide Kostenarten, d. h. auf Betriebs- und Kapitalkosten, auszudehnen.

Eine weitere Modifikation betrifft $\varrho$, wenn die Bedingung (1.) aufgegeben und eine Reinvestition des gesamtwirtschaftlichen Marginalertrages zulässig wird. Bezieht man dieselbe Annahme auch auf die

Outputseite einer öffentlichen Investition, dann kann $B_t(x)$ zusätzliche Investitionen im privaten Sektor induzieren, die die GOK des öffentlichen Kapitals insgesamt wieder verringern. Auch der umgekehrte Fall wäre denkbar: Zukünftige social benefits (z. B. aus der Sozialversicherung) könnten die Konsumneigung in der Gegenwart und/oder in der Zukunft vergrößern[9].

Weiterhin wäre es zweckmäßig, den gesamtwirtschaftlichen Marginalertrag der privaten Investitionen aufzuspalten in die private Nettogrenzertragsrate der Investoren und in die marktmäßig bedingten, externen Einkommenszuwächse Dritter. Dies würde dem Wesen eines unvollkommenen Marktmechanismus und den Eigenschaften öffentlicher Sozialinvestitionen (externe Effekte) viel eher Rechnung tragen. Gleichfalls sollte auch die Disaggregation von $\varrho$ in sektorale gesamtwirtschaftliche Ertrags- bzw. Produktivitätsraten wieder ausdrücklich in das GOK-Modell eingeführt werden, damit die Kapitalmarktunvollkommenheiten explizit erscheinen. Diese Forderung ist sehr wichtig im Hinblick auf den aufbringungspolitischen Aspekt, wenn versucht werden soll, die sektoralen OK, die in die GOK-Berechnung eingehen, möglichst klein zu halten.

Da Feldstein in seinem Opportunitätskosten-Kriterium der Vorteilhaftigkeit einer Sozialinvestition alle hier angesprochenen Modifikationen mit Ausnahme der Disaggregation von $\varrho$ berücksichtigt, erübrigt es sich, auf die verschiedenen Modellvarianten von Marglin einzugehen, in denen sowieso nur die Annahme (1.) aufgehoben wird. Marglin erweitert den GOK-Ausdruck $M$ gemäß (9.4) schrittweise um diese Reinvestitionseffekte, und zwar sowohl für den privaten Marginalertrag als auch für den Output der öffentlichen Investition. Zu der in der Literatur an diesen Ansätzen geäußerten Kritik[10] wird später Stellung genommen, denn diese stellt die prinzipielle Notwendigkeit in Frage, derartige Reinvestitionseffekte überhaupt berücksichtigen zu müssen. Sie betrifft daher auch das Opportunitätskosten-Kriterium Feldsteins, dessen Darstellung wir uns jetzt zuwenden.

### 3. Das Opportunitätskosten-Kriterium der Vorteilhaftigkeit[11]

#### *3.1. Darstellung*

Der RGNE einer öffentlichen Investition besteht hier aus drei Komponenten:

---

[9] Vgl. *Diamond,* P. A., The Opportunity Costs of Public Investment: Comment, in: QJE vol. 82 (1968), S. 682 - 688, der diesen Ansatz vor allem um die direkten Effekte zukünftiger social benefits einer öffentlichen Investition auf die gegenwärtige und zukünftige Sparneigung erweitert wissen möchte.

[10] *Mishan,* Simplifying Suggestions, S. 144 ff.

[11] Siehe *Feldstein,* Net Social Benefit.

(9.5) $$\text{RGNE} = B_1 + B_2 - B_3 \text{ , mit}$$

$B_1$ dem Gegenwartswert des indirekten Konsumstroms, erzeugt vom Output der öffentlichen Investition;

$B_2$ dem Gegenwartswert des indirekten Konsumstroms, der vom Ausstoß derjenigen privaten Investitionen herrührt, die vom Output der öffentlichen Anlage induziert werden; und

$B_3$ dem Gegenwartswert des gesamten Konsumstroms, der im privaten Sektor infolge des während der Lebensdauer des staatlichen Projektes durchgeführten Gesamttransfers aufgegeben werden muß.

$B_3$ sind die *GOK einer öffentlichen Investition.* Mit dieser terminologischen Änderung tragen wir auch in der Bezeichnungsweise der gesamtwirtschaftlichen Opportunitätskosten der Tatsache Rechnung, daß nicht nur die Kapital-, sondern auch die Betriebskosten einer öffentlichen Anlage mit GOK zu bewerten sind, sofern durch diese im privaten Sektor Konsumverluste hervorgerufen werden. Im RGNE muß $K_0(x)$ gemäß (7.2) jetzt folgerichtig als Zahlungen pro Periode auf das Kapitalkonto interpretiert werden: $K_t(x)$; $t = 0, 1, \ldots, H$. Diese umfassen daher die Investitionsausgaben sowie Zins- und Tilgungszahlungen der Periode $t$. Die Abschreibungsbeträge sollen weiterhin in $C_t(x)$ enthalten sein. Einfachheitshalber wird im Folgenden die Skalenvariable weggelassen und, um den Konsum $C_t$ von den Betriebskosten einer öffentlichen Investition in der symbolischen Bezeichnungsweise zu unterscheiden, werden letztere mit $\tilde{C}_t$ bezeichnet. Auf der Einnahmenseite steht der Gesamttransfer, der notwendig wird, um diese gesamten Kosten zu finanzieren. Er erfaßt sowohl den Einkommenstransfer aus dem privaten Sektor in Form der direkten Steuern (T), wie auch die Anleihen (A) und die Gebühren (F), zwei freiwillige Verwendungsarten der privaten Haushalte.

Zusätzlich zu den bisher eingeführten, geltenden Bezeichnungen sei:

$\lambda$ = const. der Teil des öffentlichen Finanzertrages (Gebühren, Erlöse etc.), der anderenfalls für private Konsumgüter ausgegeben worden wäre; $(1-\lambda)$ wäre gespart und investiert worden;

$\alpha$ = const. der Teil des gesamtwirtschaftlichen Ertrages des öffentlichen Projektes, der konsumiert wird (consumption benefits); $(1-\alpha)$ wird daher gespart und investiert;

$\sigma_t$ derjenige Teil der staatlichen marginalen Nettoausgaben, i. e. Gesamtkosten minus Gebühreneinnahmen, der im Wege eines Transfers aus dem privaten Sektor finanziert wird und dort andernfalls konsumiert oder investiert worden wäre; $(1-\sigma_t)$ wird durch Zentralbankkredit finanziert.

Der gesellschaftliche Wert des direkten Konsumstroms der öffentlichen Investition, bezogen auf die Entscheidungsperiode $t = 0$, beträgt:

$$B_1 = \alpha \sum_{t=0}^{H} \frac{B_t}{(1+r)^t} \; ; \tag{9.5a}$$

der ihres induzierten Konsumstroms

$$B_2 = M\,(1-\alpha) \sum_{t=0}^{H} \frac{B_t}{(1+r)^t} \; . \tag{9.5b}$$

$B_1$ leuchtet ein und $B_2$ ebenfalls, denn $M > 1$ ist der zunächst noch unspezifizierte Umrechnungspreis, mit dessen Hilfe sich eine zusätzliche private Investition von 1 DM in ein Konsumäquivalent umrechnen läßt. $B_3$, den GOK einer öffentlichen Investition, liegt folgender Gedankengang zugrunde. In einer beliebigen Periode $0 \leq t \leq H$ während der Lebensdauer des öffentlichen Projektes sei die Größe des Defizits (= Nettoausgaben), das durch den Betrieb dieser Anlage entsteht und aus öffentlichen Mitteln gedeckt werden muß, durch $(K_t + \tilde{C}_t - F_t) > 0$ gegeben. Daraufhin transferiert die Regierung aus dem privaten Sektor einen Betrag in Höhe von $\sigma_t (K_t + \tilde{C}_t - F_t)$ und finanziert den Restbetrag $(1-\sigma_t) \cdot (K_t + \tilde{C}_t - F_t)$ bei der Zentralbank durch Kreditaufnahme. Durch diese Transaktion wird folglich die private Investition um $\beta\sigma_t (K_t + \tilde{C}_t - F_t)$, der private Konsum um $(1-\beta)\,\sigma_t (K_t + \tilde{C}_t - F_t)$, gekürzt. Zusätzlich entziehen die Konsumenten durch eigene Dispositionen den privaten Investitionen nochmals $(1-\lambda)\,F_t$ (Entsparen) und beschneiden ihren Konsum privater Güter um $\lambda\,F_t$.

Die durch Verringerung der privaten Investitionen im Jahre $t$ verursachten, zukünftigen Konsumverluste belaufen sich daher auf

$$M\,[\beta\,\sigma_t (K_t + \tilde{C}_t - F_t) + (1-\lambda)\,F_t] \; ,$$

oder auf die Entscheidungsperiode $t = 0$ bezogen, als GOK-Ausdruck:

$$\text{GOK}^I = \frac{M\,[\beta\,\sigma_t (K_t + \tilde{C}_t - F_t) + (1-\lambda)\,F_t]}{(1+r)^t} \; .$$

Addiert man zu $\text{GOK}^I$ den Gegenwartswert des transferbedingt aufgegebenen, nominal zu bewertenden Konsums der Periode $t$

$$\text{GOK}^C = \frac{(1-\beta)\,\sigma_t (K_t + \tilde{C}_t - F_t) + \lambda\,F_t}{(1+r)^t} \; ,$$

dann erhält man den Barwert der totalen Konsumverluste, bedingt durch den tatsächlichen Kaufkraftentzug aus dem privaten Sektor, $\sigma_t (K_t + \tilde{C}_t - F_t) + F_t$, im Jahre $t$:

$$\text{GOK}_t = \frac{(M\beta + 1-\beta)\,\sigma_t\,(K_t + \tilde{C}_t - F_t) + \{M\,(1-\lambda) + \lambda\}\,F_t}{(1+r)^t}\,.$$

Die Summe $\sum_{t=0}^{H}$ $\text{GOK}_t$ aller somit während der Lebensdauer der öffentlichen Investition verursachten, zukünftigen Konsumverluste der Gesellschaft beträgt dann:

$$\text{(9.5c)}\quad B_3 = (M\beta + 1-\beta)\sum_{t=0}^{H}\frac{\sigma_t\,(K_t + \tilde{C}_t - F_t)}{(1+r)^t} + \{M\,(1-\lambda) + \lambda\}\sum_{t=0}^{H}\frac{F_t}{(1+r)^t}\,.$$

Die GOK einer öffentlichen Investition, d. h. die der aus dem privaten in den öffentlichen Sektor transferierten Mittel, sind daher grundsätzlich definiert als der mit einer SDR abdiskontierte Wert des transferverursacht aufgegebenen Konsumstroms.

Das Opportunitätskosten-Kriterium der Vorteilhaftigkeit einer öffentlichen Investition ergibt sich daher aus der Addition von (9.5a) bis (9.5c):

$$\text{(9.6)}\quad \text{RGNE} = \{M - \alpha\,(M-1)\}\sum_{t=0}^{H}\frac{B_t}{(1+r)^t} - \{M - \lambda\,(M-1)\}\sum_{t=0}^{H}\frac{F_t}{(1+r)^t}$$

$$- \{1 + \beta\,(M-1)\}\sum_{t=0}^{H}\frac{\sigma_t(K_t + \tilde{C}_t - F_t)}{(1+r)^t}\,.$$

Wenn RGNE $\geqq 0$, dann ist die öffentliche Investition gesamtwirtschaftlich vorteilhaft. Werden nun $\alpha = 1, \lambda = 1, \beta = 0$ und $\sigma_t = 1$ für alle $t$ gesetzt, dann wird (9.6) zum GNE des traditionellen Ansatzes der GNKA:

$$\text{GNE} = \sum_{t=0}^{H}\frac{(B_t - \tilde{C}_t - K_t)}{(1+r)^t}\,,\ \text{sofern}\ K_t \begin{Bmatrix} > \\ = \end{Bmatrix} 0\ \text{für}\ \begin{Bmatrix} t = 0 \\ H \geqq t > 0 \end{Bmatrix}$$

$$\text{und}\quad B_t, \tilde{C}_t \begin{Bmatrix} > \\ = \end{Bmatrix} 0\ \text{für}\ \begin{Bmatrix} H \geqq t > 0 \\ t = 0 \end{Bmatrix}.$$

Von hier aus gesehen impliziert der GNE gemäß (5.4) — vgl. S. 68 — also:

1. daß der öffentliche Output keine privaten Investitionen induziert ($\alpha = 1$), was nur möglich ist, wenn dieser vollständig konsumiert wird *und* dadurch keine Erhöhung des Realeinkommens stattfindet. Letzteres kann aber nur dann der Fall sein, wenn $F_t \geqq B_t$ für alle $t \geqq 0$. Dies bedeutet aber, daß in dieser Periode keine (positiven) externen Effekte der öffentlichen Investition in der Volkswirtschaft auftreten, denn sonst wäre der gesamtwirtschaftliche Ertrag nicht vollständig aneignungsfähig, d. h. in öffentlichen Finanzertrag zu überführen gewesen;

2. daß die private Ersparnis durch den Erwerb öffentlicher Güter nicht berührt wird ($\lambda = 1$); später werden wir zeigen, unter welchen Bedingungen diese Annahme ökonomisch berechtigt wäre;

3. daß das staatliche (Betriebs)Defizit vollständig durch Transfer aus dem privaten Sektor gedeckt wird ($\sigma_t = 1$); und

4. daß sämtliche transferierten Mittel dem privaten Konsum entzogen werden ($\beta = 0$).

Nun zum Konsum-Modell der gesamtwirtschaftlichen Opportunitätskosten selbst: M, das Konsumäquivalent einer DM privater Investitionen, wird als Investitionsmultiplikator konzipiert. Darauf kommen wir sofort zurück. Feldstein hat hierzu zwei Modellvarianten ausgeführt, ein 3-Sektorenmodell ohne Steuereffekte und ein 4-Sektorenmodell mit Steuereffekten, in dem die Haushalte nach Investoren und Nichtinvestoren unterschieden werden[12]. Wir betrachten im Folgenden ein 4-Sektorenmodell mit den institutionellen Transaktoren Haushalte (H), Wirtschaft (W) und Staat (St), sowie mit dem funktionalen Transaktor Vermögensbildung (V), und führen in dieses die von Feldstein in seinem zweiten Modell berücksichtigten, durch einen Steuerausfall beim Fiskus induzierten Konsumverluste der Haushalte ein — siehe Fig. 3, S. 155. Die nicht im Text erklärten Symbole werden dort eingeführt. Ohne das umfangreichere Feldstein-Modell mit den vier institutionellen Transaktoren wiedergeben zu müssen, lassen sich dadurch alle wesentlichen Folgewirkungen eines Investitionsausfalles im privaten Sektor im Grundsätzlichen aufzeigen.

Folgende Annahmen werden gemacht:

(1) $\varrho$, die jährliche gesamtwirtschaftliche Grenzertragsrate der privaten Investitionen, sei im Zeitablauf konstant. Eine zusätzliche private Investition von 1 DM erzeugt daher einen zusätzlichen Einkommensstrom von $\varrho$;

(2) $m$ = const. sei die marginale Konsumquote der Haushalte; und

(3) p = const. sei die marginale Steuerquote; alles Einkommen, das nicht weggesteuert oder konsumiert wird, werde investiert.

Ein einmaliger Investitionsausfall $I_{n=0}$ von einer DM in der Periode $n = 0$ bewirkt annahmegemäß in der nächsten Periode $n = 1$ einmal einen entsprechenden Ausfall von Marginaleinkommen $\bar{Y}_1 = \varrho$ bzw. von Marginalkonsum $\bar{C}_1 = m\,(1-p)\,\varrho$, zum anderen den Ausfall eines marginalen Steuerertrages $\bar{T}_1 = p\varrho$ für den Fiskus. Um sein gegebenes Ausgabenvolumen aufrechterhalten zu können, muß der Staat in dieser Periode kompensatorisch einen Steuerbetrag von $\bar{T}_1$ DM erheben. Je

12 *Feldstein,* Net Social Benefit, S. 117 ff.

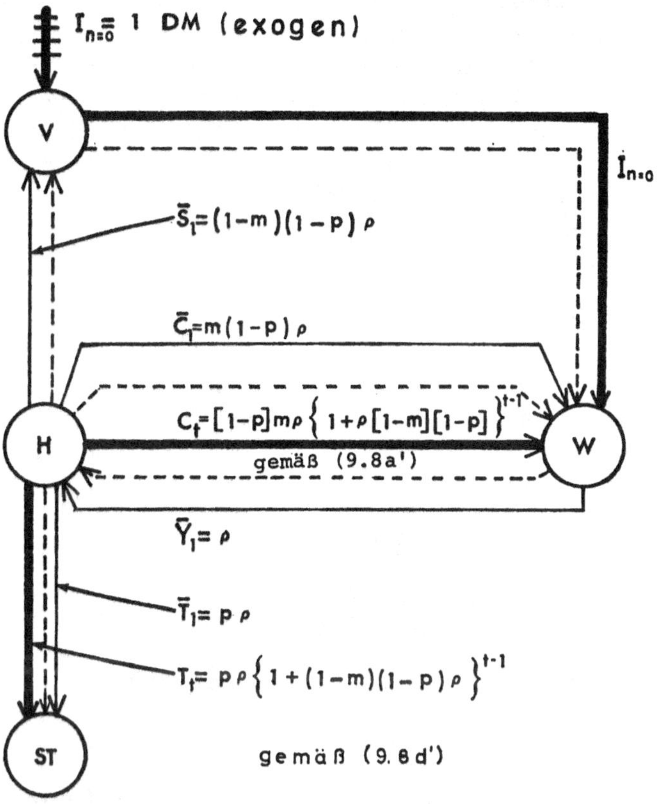


*Zeichenerklärung*

| | |
|---|---|
| $\bar{S}_1, \bar{C}_1, \bar{Y}_1, \bar{T}_1$ | Marginalströme in der Periode $t = 1$ |
| ▬▬▬▬▬ | kumulierter Strom |
| — — — — — — | Andeutung der Marginalströme in den Perioden $t = 2, 3, \ldots, t-1$; |

Fig. 3

DM Steuerertrag entstehen dabei in Abhängigkeit von $\beta'$, der marginalen Steuerinzidenz, neue zusätzliche Konsumverluste in Höhe von $(M\beta' + 1-\beta')$ DM. Ihr Gegenwartswert $(M\beta' + 1-\beta')/(1 + r)$ stellt die gesamtwirtschaftlichen Opportunitätskosten eines im Jahre $n = 1$ erzielten Steuerertrages von 1 DM dar, der von der ursprünglich in der Periode $n = 0$ verdrängten privaten Investition erzeugt worden wäre. Da angenommen wird, daß ein Teil des Periodenertrages $\varrho$ der ursprünglich verdrängten privaten Investitionen jeweils immer reinvestiert worden wäre, ruft dieser primäre Ausfall eine Kettenreaktion neuerlicher Konsum- und Steuerverluste hervor.

Die totalen Konsumverluste $M$ pro DM Investitionsausfall setzen sich daher aus zwei Komponenten zusammen:

(9.7) $$M = M_C + M_T ,$$

wobei $M_C$ den direkten Konsumverlust, $M_T$ den indirekten, durch den Steuerausfall initiierten Konsumverlust der Haushalte darstellt. $M_C$ wird definiert als:

(9.7a) $$M_C = \sum_{t=1}^{\infty} \frac{C_t}{(1 + r)^t} ,$$ $M_T$ als

(9.7b) $$M_T = \sum_{t=1}^{\infty} \frac{(M\beta' + 1-\beta')\, T_t}{(1 + r)^t} ;$$ des weiteren

sind aus den Annahmen folgende Funktionen gegeben:

(9.8a) $$C_t = m\,(1-p)\, Y_t \qquad (t = 1, \ldots)$$

(9.8b) $$Y_t = \varrho \sum_{n=0}^{t-1} I_n \qquad (t = 1, \ldots)$$

(9.8c) $$I_t = (1-m)\,(1-p)\, Y_t \qquad (t = 1, \ldots)$$

(9.8d) $$T_t = p\, Y_t \qquad (t = 1, \ldots) .$$

$Y_t$ wird daher als dasjenige kumulierte Gesamteinkommen definiert, das eine marginale private Investition $I_{n=0} = 1$ DM, vorgenommen in der Periode Null, bis zum Jahre $t$ erbracht hätte. $T_t$ stellt daher den Betrag des kumulierten Steuerausfalls dar.

Der Ansatz einer expliziten Produktionsfunktion wäre an sich wünschenswert, um den Einfluß von Substitutionsvorgängen, des technischen Fortschritts u. Ä. auf die OK analysieren zu können. Die Ansätze der neoklassischen Wachstumstheorie eignen sich hierzu jedoch grundsätzlich nicht, weil einige ihrer Hauptannahmen im Gegensatz zu denen der Opportunitätskosten-Modelle stehen: Z. B. vollkommenes Marktmodell, Erfüllung der Prämissen der vollkommenen Konkurrenz; i. e. Entlohnung nach dem Wert des Faktorgrenzprodukts etc.

Durch Einsetzen von (9.8b) in (9.8a) unter Berücksichtigung von (9.8c) ergibt sich:

$$C_t = (1-p)\, m\, \varrho \,\{1 + (1-m)(1-p)\, \varrho\}^{t-1}\,, \tag{9.8a'}$$

und durch Einsetzen in (9.7a) erhält man nach Berechnung der unendlichen Summe[13] für die direkten Konsumverluste der Haushalte

$$M_C = \frac{m\, \varrho\, (1-p)}{r-\varrho\,(1-m)(1-p)}\,. \tag{9.7a'}$$

Ganz analog liefert Gleichung (9.8d) in Verbindung mit den Gleichungen (9.8b) und (9.8c) den Betrag der kompensatorischen Zusatzbesteuerung der Periode $t$

$$T_t = p\, \varrho\, \{1 + (1-m)(1-p)\, \varrho\}^{t-1}\,, \tag{9.8d'}$$

und daraus durch Einsetzen in (9.7b) und Berechnung der unendlichen Summe[13] den Wert der indirekten Konsumverluste $M_T$

$$M_T = \frac{(M\beta' + 1-\beta')\cdot p\, \varrho}{r-\varrho\,(1-m)(1-p)}\,. \tag{9.7b'}$$

Durch Addition von (9.7a') und (9.7b') wird schließlich der Ausdruck des totalen Konsumäquivalents gebildet:

$$M = \frac{\varrho\,[m\,(1-p) + p\,(1-\beta')]}{r-\varrho\,[(1-m)(1-p) + \beta' p]}\,. \tag{9.7'}$$

$M$ ist größer eins für $\varrho > r$, d. h. die alte Bedingung, die für den Opportunitätskosten-Ausdruck (9.4) galt, trifft auch hier wieder zu.

Fazit: Solange daher die gesamtwirtschaftliche Grenzproduktivitätsrate der privaten Investitionen größer als die SRD ist, darf weder der von einer öffentlichen Investition induzierte Konsumstrom ($B_2$), noch der Gesamttransfer in Höhe von

$$\sum_{t=0}^{H} \{\sigma_t\,(K_t + \tilde{C}_t - F_t) + F_t\}$$

aus dem privaten Sektor, den die Vornahme einer öffentlichen Investition hervorruft, nominal bewertet werden. Sofern $r < \varrho$, wird $M$ um so größer bzw. der RGNE um so kleiner, je kleiner $r$ und/oder je größer $\varrho$, und vice versa.

---

[13] Zu Einzelheiten der Berechnung siehe Anhang I, S. 194 ff. Diese unendliche Summe konvergiert nur, wenn $r > (1-m)(1-p)\,\varrho$.

### 3.2. *Interpretation und Kritik*

Obgleich das Opportunitätskosten-Kriterium Feldsteins schon einige Jahre alt ist, gibt es unseres Wissens nur zwei Versuche, sich kritisch mit diesem Kriterium auseinanderzusetzen. Skeptische Anmerkungen, vor allem die Verfügbarkeit der benötigten statistischen Daten und den für übertrieben gehaltenen modelltheoretischen Aufwand betreffend, finden sich dagegen häufiger[14]. Die unmittelbare Verwendbarkeit dieses Ansatzes ist zweifellos vor allem noch wegen seiner informationsmäßigen Voraussetzungen stark eingeschränkt. Doch wenn es um die Auswahl der öffentlichen Produktionstechnik (im weiteren Sinne) zur Herstellung eines *gegebenen* Outputs geht, werden Annahmen zulässig, durch die sich dieses Kriterium auf die Minimierung der gesamtwirtschaftlichen Kosten reduziert. Das Problem einer Bestimmung von $M$ und $\beta'$ entfällt dann[15]. Unsere Aufgabe ist es aber nicht, die Praktikabilität dieses Ansatzes zu würdigen, sondern dessen (konsistenz)-theoretische Fundierung zu beurteilen. Bei unvollkommenem Marktmechanismus erfordert diese aber ein explizit-makroökonomisches Modell der GOK.

Unter der formalen relativen Einfachheit des Investitionskriteriums (9.6) verbirgt sich ein vollintegriertes Kreislaufmodell der gesamtwirtschaftlichen Projektwirkungen einer Sozialinvestition, und es verwundert deshalb nicht, wenn Stolbers Darstellung diesem Opportunitätskosten-Kriterium nicht gerecht wird und Mishans Kritik im wesentlichen unbegründet ist[16].

Stolbers theoretisch-formaler Darstellung des Opportunitätskosten-Kriteriums der Vorteilhaftigkeit sind drei Mängel anzulasten: 1. ist seine Formel (2) auf S. 72 mathematisch inkorrekt und enthält zudem einen Widerspruch zu dem sie erklärenden Text; 2. stoßen wir wieder auf die Fehlinterpretation des wohlfahrtstheoretischen Kriteriums und 3. ist die Formel (10) auf S. 76 teilweise falsch.

Zu 1.

Mit der Formel (2) sollen „sich die Opportunitätskosten ‚$OK_{S4}$‘ des zu beurteilenden Projektes (errechnen)“ lassen[17]:

---

[14] So z. B. bei *Recktenwald*, a.a.O., S. 68, Anm. 8, *Arrow*, Public Investment Criteria, S. 15, und *Mishan*, Simplifying Suggestions.

[15] *Feldstein*, M. S., Choice of Technique: A Simplification, Harvard Institute of Economic Research, Discussion Paper No. 86, Cambridge, Oktober 1969; im Folgenden zitiert als *Feldstein*, Choice of Technique.

[16] *Stolber*, a.a.O., S. 72 ff., und *Mishan*, Simplifying Suggestions.

[17] *Stolber*, a.a.O., S. 72. Wir ersetzen hier die von Stolber verwendeten Symbole durch die von uns bisher eingeführten, ohne daß sich jedoch deren Bedeutung verändert; bei neuen Bezeichnungen aber folgen wir Stolber.

$$\mathrm{OK}_{S4} = \frac{M\beta \sum_{t=0}^{H} \bar{A}_t + (1-\beta) \sum_{t=0}^{H} \bar{A}_t}{\sum_{t=0}^{H} (1+r)^t} .$$

$\bar{A}_t$ sind Stolber zufolge die „monetären Ausgaben" für das zu bewertende Projekt im Jahre $t$. Zuerst fällt auf, daß $\mathrm{OK}_{S4}$ keinen Kapitalwert darstellen kann (wohl aber soll!), weil die Summation unter dem Bruchstrich falsch ist; so werden die $\bar{A}_t$ nicht abdiskontiert! Dann zeigt ein Vergleich mit (9.5c), daß Stolber $\bar{A}_t = K_t + \tilde{C}_t$ setzt. Da er aber $\mathrm{OK}_{S4}$ als *die* Opportunitätskosten des Projektes bezeichnet und zwei Seiten später einen Finanzertrag $F_t$ einführt, müßte dieser schon in $\mathrm{OK}_{S4}$ in Erscheinung treten, d. h. die $\bar{A}_t$ wären als monetäre *Nettoausgaben* einzuführen gewesen. Zum anderen irrt Stolber, wenn er behauptet, daß der zweite Term auf dem Bruchstrich, nämlich

$$(1-\beta) \sum_{t=0}^{H} \bar{A}_t ,$$

„den Nutzen des entgangenen Konsums im öffentlichen Sektor $S_1$ wiedergibt"[18]. Zwei Zeilen weiter bestätigt sich dies auch indirekt: „Es bestehen nur zwei Alternativen: $\bar{A}_t$ und die private Verwendung im Sektor $S_4$; deshalb können Opportunitätskosten nur im Sektor $S_4$ auftreten"[19]. Da Stolber ein Dreisektorenmodell (Staat, Haushalte und private Wirtschaft) betrachtet, stellt dieser zweite Term allenfalls den Wert (Nutzen) des im *privaten* Sektor verdrängten Konsums dar, und nichts anderes.

Zu 2.

Stolber zerlegt in seinen Formeln (7) und (8), die unseren (9.5a) und (9.5b) entsprechen, den gesamtwirtschaftlichen Ertrag einer Sozialinvestition ($B_t$) in: $B_t = F_t + N_{iit}$, wobei er mit $N_{iit}$ den volkswirtschaftlichen Ertrag dieser Investition bezeichnet. Formal ist dies ohne weiteres zulässig, doch unausgesprochen interpretiert er dann den Finanzertrag $F_t$, „die gesamten Einnahmen, die die öffentliche Hand in Verbindung mit dem Projekt im Jahre $t$ durch Verkäufe und/oder Benutzergebühren erzielen kann"[20], als aus einer Bewertung des öffentlichen Outputs mit Marktpreisen entstanden. Denn nur dadurch wird es verständlich, weshalb er aus seiner Gleichung (4) auf S. 75

---

18 Ebenda; Stolber verwendet die Sektorenbezeichnung von Steiner: $S_1 \equiv$ supramarginaler öffentlicher Sektor und $S_4 \equiv$ marginaler privater Sektor; vgl. S. 76 f.
19 *Stolber*, a.a.O., S. 72.
20 Ders., S. 74.

$$N_{dk} = \sum_{t=0}^{H} \frac{F_t}{(1+r)^t}$$

folgern kann, „diese Bedingung ..., daß Marktpreise bei der Bewertung der Konsumgüter verwendet werden dürfen ..., erscheint uns als eine der wesentlichen Schwächen des theoretischen Konzepts (Opportunitätskosten-Kriteriums, Verf.)"[21]. Richtig interpretiert, enthält das Feldstein-Kriterium diese Schwächen nicht. Sie entstehen ausschließlich dadurch, daß Stolber den Ausdruck für $N_{dk}$ dem direkten Nutzen aus der (alternativen) konsumptiven Verwendung des Finanzertrages durch die Konsumenten gleichsetzt. Bei der Erörterung der Konsequenzen aus den Eigenschaften der Sozialinvestitionen für die normative Interpretierbarkeit des einzelwirtschaftlichen Ertrages kamen wir zu dem Schluß — vgl. S. 69 f. —, daß der Finanzertrag $F_t$ einer öffentlichen Investition lediglich eine Untergrenze des möglichen Konsumentennutzens angibt. Feldstein ist sich dessen bewußt; bei ihm findet sich keine derartige Zerlegung. Die $B_t$ sind bei ihm "shadow priced social valuations"[22], und $F_t$ ist einfach ein nominaler Betrag, der keiner *bestimmten*, etwa — wie Stolber ungerechtfertigterweise postuliert — durch Marktpreise determinierten, proportionalen Beziehung zum Nutzen steht, der durch den öffentlichen Output gestiftet wird. Aus Stolbers Sicht ist Feldstein allerdings der Vorwurf zu machen, sich bei der Einführung der Variablen seines zweiten Modelles mißverständlich geäußert zu haben. Dieser sagt nämlich, $F_t$, $K_t$ und $\widetilde{C}_t$ "are market values of the outputs and inputs *usually employed* in benefit-cost-analysis"[23]. Stolber hat dieses, die "market values" qualifizierende "usually employed in benefit-cost-analysis" fehlinterpretiert, denn von dieser Aussage Feldsteins führt kein Weg zu seinem eben kritisierten Postulat, $F_t$ sei aus einer Bewertung zu Marktpreisen hervorgegangen. $F_t$ wird von Feldstein denn auch nicht zur Ertragsbewertung verwendet, sondern um den nominalen Nettotransfer aus dem privaten Sektor sowie die durch die Entrichtung von $F_t$ induzierten Entsparniseffekte zu ermitteln — vgl. S. 152.

Zu 3.

In der Gleichung (10) auf S. 76 für den RGNE lautet der zweite Term

$$\ldots + M(1+r) \sum_{t=0}^{H} \frac{F_t + N_{iit}}{(1+r)^t} - \ldots .$$

Damit dieser Ausdruck aber, wie von Stolber beabsichtigt, einen induzierten Konsumausfall mißt, muß der Klammerausdruck vor der

[21] Ebenda.
[22] *Feldstein*, Net Social Benefit, S. 123.
[23] Ebenda; Hervorhebung vom Verfasser.

Summe statt $(1 + r)$ richtig $(1 - \alpha)$ lauten, anderenfalls gibt es keinen Sinn. Der oben genannte mathematisch-formale Fehler bei der Kapitalwertformel unterläuft ihm im dritten Term der genannten Gleichung nochmals.

Obwohl Stolber zugute gehalten werden muß, daß seine Darstellung vor allem darauf abstellt, die einzelnen Komponenten des gesamtwirtschaftlichen Nettonutzens aufzuzeigen, sollte die theoretische Exaktheit bei der Verwirklichung dieser Absicht jedoch nicht verlorengehen.

Rückschauend lassen sich nun auch die Bewertungsregeln für Konsum- und Investitionsgüter im wohlfahrtstheoretischen Kriterium – vgl. S. 138 f. — präzisieren. Ausgangsbasis eines ersten Schrittes sind die gegebenen Marktpreise, deren Korrekturbedürftigkeit Feldstein sehr unterschiedlich beurteilt. Zur Ermittlung der „korrigierten Marktpreise" der Inputs sollen nur die (in der GNKA) „üblichen" Korrekturen vorgenommen werden; i. e. in einer Depression ist der Faktor „Arbeit" mit Schattenlöhnen zu bewerten, bei Inputs ohne "national price pattern" sind die lokalen Marktpreise anzusetzen, etc. Dagegen müssen bei den Outputs einer öffentlichen Investition explizite gesamtwirtschaftliche Bewertungen vorgenommen werden, damit die – theoretisch gesehen – (positiven) Batorschen Externitäten berücksichtigt werden. Um von den verzerrten Marktpreisen zu diesen "shadow priced social valuations" der Outputs zu gelangen, stehen in der praktischen GNKA verschiedene, theoretisch solide Verfahren zur Verfügung[24].

Erst im zweiten Schritt unterscheidet sich das wohlfahrtstheoretische Auswahlkriterium von den beiden anderen prinzipiell. Werden die Outputs einer öffentlichen Investition für investive Zwecke verwendet und/oder induziert ein durch sie bewirkter Realeinkommenszuwachs (private) Investitionen, dann wird ihr Output (anteilig) entweder direkt oder auf dem Wege der kausal-ökonomischen Zurechnung, güterwirtschaftlich gesehen, zu (Real)Kapital. Da dessen gesamtwirtschaftliches Produktivitätspotential im (realen) Kapitalmarktzins nur unvollständig zum Ausdruck kommt, wird dieser durch Umrechnungspreise ersetzt. Diese messen jenes Potential in Konsumeinheiten pro Einheit verdrängter pivater Investitionen (= Kapital). Dasselbe gilt analog für *alle* öffentlichen Inputs, die investiven Verwendungen direkt oder indirekt entzogen werden.

Im wohlfahrtstheoretischen Kriterium wird daher an zwei Stellen ein ausdrücklicher Bewertungsakt vorgenommen, einmal bei der Korrektur der Marktpreise, zum anderen anläßlich der Berechnung der Umrechnungspreise bei der Ermittlung des gesamtwirtschaftlichen Mar-

---

24 Siehe hierzu *Stolber*, a.a.O., S. 81 ff.

ginalertrages privater Investitionen. Beides muß gegeben sein, damit das wohlfahrtstheoretische Kriterium spezifiziert werden kann und die Größe des Volkseinkommens bzw. die seines Zuwachses mit diesem Wertmaßstab ermittelt werden kann. Im Unterschied zu den beiden anderen Kriterien hängt der Wert des Volkseinkommenszuwachses hier explizit von der Einkommensverteilung ab. Denn in einem Modell, das Arbeitnehmer- und Unternehmerhaushalte unterscheidet, wird der Wert von *M* direkt verteilungsabhängig, sobald unterschiedliche marginale Konsumquoten postuliert werden. Fließt der von einer (marginalen) DM privater Investitionen erzeugte Einkommenszuwachs den privaten Haushalten auch noch im Verhältnis der bestehenden Einkommensverteilung zu, dann wird *M* cet. par. direkt von dieser bestimmt. In unserem einfachen Multiplikatormodell mit nur drei institutionellen Sektoren ließen sich diese Zusammenhänge deshalb nicht aufzeigen.

Mishans Kritik[25] richtet sich erstens generell gegen die Reinvestitionshypothese für den öffentlichen Output, die zuerst von Eckstein in seinem MCG-Kriterium modelltheoretisch entwickelt wurde[26], und zweitens gegen die Formulierung der GOK bei Marglin – vgl. (9.4), S. 147. Dieser zweite Einwand, "that this formula in fact represents a sum that is below the 'true' social opportunity cost of any dollar of public investment"[27] erledigt sich (fast) von selbst, denn Mishans „Vereinfachungen" gehen in diesem Punkt entschieden zu weit. Er unterstellt ausdrücklich das individuelle Dispositionsgleichgewicht der Wirtschaftssubjekte und implizit die Prämissen des vollkommenen Konkurrenzmodells für den Kapitalmarkt. Marglin und auch Feldstein gehen aber von einem unvollkommenen Kapitalmarkt aus, und deshalb ist Mishans Schlußfolgerung, "thus, whatever the social rate of discount adopted, no part of any dollar should be withdrawn from the *private sector* to finance public investment unless it can earn in the project at least as much as the yield $\varrho$ in the private sector"[28], nicht zutreffend. Denn bei unvollkommenem Marktmechanismus haben die Wirtschaftssubjekte de facto gar nicht die Wahl zwischen *gleichwertigen* Konsum- oder Investitionsalternativen, wie im vollkommenen Konkurrenzgleichgewicht postuliert wird. Das heißt, in Abwesenheit der Sozialinvestition wäre die zu ihrer Finanzierung benötigte marginale, nun dem privaten Konsum nicht entzogene DM nicht $\varrho$ DM, sondern weniger wert gewesen. Denn den Konsumenten wären bei unvollkommenem Kapital-

---

25 *Mishan*, Simplifying Suggestions, S. 143 ff.

26 *Eckstein*, Investment Criteria, S. 66 ff. und vgl. Anm. 110, S. 91; das Marginal Contribution to Growth-Kriterium bewertet Investitionen um so höher, je größer der Beitrag ihrer Outputs zur Kapitalakkumulation.

27 *Mishan*, Simplifying Suggestions, S. 143.

28 Ebenda; Hervorhebung vom Verfasser.

markt gar keine Anlagemöglichkeiten offen gestanden, die den Ertrag $\varrho$ garantiert erbracht hätten. Unter diesen Bedingungen – so wurde gezeigt — müßte der hervorgehobene Teil des Mishan-Zitats „private investment sector" lauten, damit es ökonomischen Sinn gibt. Welche Anhaltspunkte Mishan zu haben glaubt, die eine derartige Interpretation der GOK-Modelle rechtfertigen, können wir nur vermuten. Die Verwendung eines nicht disaggregierten Marginalertrages der privaten Investitionen $\varrho$ in (9.4) kann leicht den Eindruck entstehen lassen, daß die GOK-Modelle nur auf den Fall (2) der Tabelle II — vgl. S. 99 — zutreffen, nicht aber vor allem dazu dienen sollen, die GOK bei unvollkommenen Kapitalmärkten zu ermitteln.

Mishans Einwand[29] gegen die Reinvestitionshypothese ist der, daß nur der aneignungsfähige Teil des gesamtwirtschaftlichen Ertrages, d. h. $F_t$, reinvestiert werden kann, und es unzulässig ist, wenn Feldstein postuliert, "all income not taxed or consumed is assumed invested"[30]. Zunächst einmal bezieht sich das fragliche Feldstein-Zitat, das Mishan anführt, gar nicht auf den Output einer staatlichen Investition, wie dieser glauben machen will, sondern nur auf die Berechnung der GOK, d. h. auf die Reinvestition des Outputs *privater* Investitionen — vgl. (9.8a) S. 156. Bei den öffentlichen Investitionen geht Feldstein davon aus, daß pro DM gesamtwirtschaftlichen Ertrages der Betrag $(1-\alpha)$ gespart und (re)investiert wird — vgl. (9.5bb), S. 152. Wie Feldstein diese Annahme interpretiert wissen will, gibt Mishan auch andeutungsweise zu erkennen: Da die volkswirtschaftlichen Erträge, "received by an individual augment his real income, some fraction of their value will be reinvested in the private sector – though possibly a smaller fraction than the saving coefficient that is applied to his marginal increments of cash income"[31]. Genau diesen Effekt hat Feldstein im Auge. Auch wenn die gesamte Periodenausbringung der Sozialinvestition konsumiert wird, kann infolge einer *Real*einkommenserhöhung relativ weniger konsumiert und eine entsprechende Ersparnis (Investition) induziert werden. Ein Beispiel: Durch Verbesserung des Straßennetzes fließt der Verkehr zügiger; für dieselbe Fahrdistanz wird weniger Benzin verbraucht. Die jetzt dadurch eingesparten Konsumausgaben sind frei verfügbar, können die Ersparnis des Konsumenten erhöhen und zu zusätzlichen Investitionen werden: Ein Teil des nichtaneignungsfähigen gesamtwirtschaftlichen Ertrages dieser hypothetischen Verkehrsinvestition ist reinvestiert worden. Im Reinvestitionskoeffizienten $(1-\alpha)$ wird nur nicht nach einer Reinvestition des Gegenwertes des aneignungsfähigen bzw. nach einer der des nichtaneignungs-

[29] Ders., S. 145.
[30] *Feldstein*, Net Social Benefit, S. 118.
[31] *Mishan*, Simplifying Suggestions, S. 145, Anm. 13.

fähigen gesamtwirtschaftlichen Ertrages unterschieden. Je kleiner $F_t$ im Verhältnis zu $B_t$, desto größer der Realeinkommenszuwachs, und um so eher werden diese Reinvestitionseffekte auftreten. Die andere Möglichkeit, daß Nutznießer eines öffentlichen Projektes einen Teil des erworbenen Outputs direkt wieder investieren und dabei den Ertrag $\varrho$ erwirtschaften, ist offensichtlich und braucht deshalb nicht diskutiert zu werden. Wir finden bei Mishan deshalb keine Gründe, die gegen diese unseres Erachtens vernünftige theoretische Annahme sprechen. Ob der Finanzertrag $F_t$ reinvestierbar ist oder nicht, dies ist bei öffentlichen Investitionen in diesem Zusammenhang irrelevant.

Eine tatsächliche, theoretische Schwäche des Opportunitätskosten-Kriteriums dagegen ist unbemerkt geblieben, obgleich es gerade die Darstellung des gesamtwirtschaftlichen Marginalertrages $\varrho$ war, die Mishan auf eine falsche Fährte geführt hat. Keiner der beiden Vertreter dieses Kriteriums hat die Idee Steiners aufgegriffen und sektorale Opportunitätskosten modelltheoretisch konsequent eingeführt.

Steiner hatte zwei private Sektoren unterschieden, den der supramarginalen und den der marginalen Investitionen, in dem nur homogene (marginale) Investitionschancen enthalten sind. In einem ausführlicheren Modell sollte diese Annahme seines Erachtens aber aufgegeben werden: "The homogeneity ... is in fact doubtful; ... for this reason it would probably be appropriate to use a few broad subcategories of 'marginal private investments' ..."[32]. Zwar formalisiert Marglin diesen Gedanken in einigen Zeilen[33], doch in allen seinen Modellen erscheint nur ein marginaler gesamtwirtschaftlicher Globalertrag der privaten Investitionen. Gerade dies scheint uns die Hauptschwäche der modelltheoretischen Darstellungsweise bei den GOK des öffentlichen Kapitals zu sein. Denn rein formal gesehen unterscheiden sich Marglins Modelle in nichts von einem SDR-Modell bei vollkommenem Kapitalmarkt. Kennt man nicht die theoretische Entwicklung der GNKA, dann läuft man leicht Gefahr, die wenigen für das Verständnis dieser Modelle äußerst wichtigen Hinweise zum modelltheoretischen Rahmen zu übersehen, die Marglin und Feldstein geben. Letzterer verzichtet sogar ganz darauf, seinen Ansatz in dieser Hinsicht zu erläutern, und nur aus der formalen Definition des gesamtwirtschaftlichen Marginalertrages wird ersichtlich, daß ein Modell mit unvollkommenem Marktmechanismus zugrunde liegt. Den gesamtwirtschaftlichen Marginalertrag definiert Feldstein nämlich als $\hat{\varrho}/x$, mit $0 \leqq x \leqq 1$, dem Investorenanteil am Marginaleinkommen, und $\hat{\varrho}$, der privatwirtschaftlichen Ertragsrate der Investoren[34]. Da $\hat{\varrho}$ und $\varrho/x$ nur bei unvollkommenem Marktmechanis-

---

[32] *Steiner*, Alternative Public Investments, S. 900, Anm. 14.
[33] *Marglin*, Opportunity Costs, S. 288.
[34] *Feldstein*, Net Social Benefit, S. 117.

mus differieren können, werden daher mit dieser Bezeichnungsweise (monetäre) externe Effekte in den privaten Sektoren eingeführt. Dieser definitorische Kniff kann sich naturgemäß nur in einem Modell auswirken, in dem Arbeitnehmer(Nichtinvestoren)- und Unternehmer-(Investoren)haushalte unterschieden werden. Deshalb kam diese Eigenheit in unserem Konsummodell der GOK einer öffentlichen Investition nicht vor. Den nächsten Schritt, die Einführung sektoraler Opportunitätskosten, unternimmt Feldstein jedoch auch nicht.

Unter der Annahme unvollkommener Kapitalmärkte sind GOK-Modelle, die keine expliziten sektoralen Grenzertragsraten der privaten Investition verwenden, u. E. aber inkonsequent und unvollständig. Überdies setzen sie das Opportunitätskosten-Kriterium unnötigerweise der Gefahr aus, fehlinterpretiert zu werden. Deshalb wollen wir im Folgenden zwei disaggregierte Ansätze skizzieren, die das Multiplikatormodell Feldsteins, das System (9.7) bis (9.8), in dieser Richtung abwandeln. Dabei zeigen wir nur auf, wie die Funktion des Marginaleinkommens

(9.8b) $$Y_t = \varrho \sum_{n=0}^{t-1} (I_n)$$

zu modifizieren ist, denn mit dieser wird der gesamtwirtschaftliche Marginalertrag eingeführt.

Wir gehen von der auf S. 102 bereits eingeführten Definition der hypothetischen gesamtwirtschaftlichen Opportunitätskostenrate

(7.1a) $$\varrho = \sum_{\nu=1}^{z} \gamma_\nu \varrho_\nu \quad \text{aus.}$$

M.a.W.: Der Transaktor Ⓦ in Figur 3 — vgl. S. 155 — wird in $z$ Sektoren ($W_1, \ldots, W_\nu, \ldots, W_z$) zerlegt, und es wird angenommen, daß sowohl die (konstanten) marginalen sektoralen Entzugskoeffizienten $\lambda_\nu$ wie auch die sektoralen gesamtwirtschaftlichen Ertragsraten $\varrho_\nu$ gegeben sind. Wird jetzt (7.1a) in (9.8b) eingesetzt und gleichzeitig den externen Effekten im Sinne Feldsteins Rechnung getragen, wobei dessen Parameter $x$ die Bedeutung des Investorenanteils am Marginaleinkommen behalten soll, dann erhält man für das Einkommen $Y_{1t}$ der Investoren (IN)

(9.9a) $$Y_{1t} = x \sum_{\nu=1}^{z} \gamma_\nu \varrho_\nu \sum_{n=0}^{t-1} (I_{1n} + I_{2n})$$

und für das Einkommen $Y_{2t}$ der Nichtinvestoren (NI)

(9.9b) $$Y_{2t} = (1-x) \sum_{\nu=1}^{z} \gamma_\nu \varrho_\nu \sum_{n=0}^{t-1} (I_{1n} + I_{2n}) \; ,$$

wobei $I_{1n}$ bzw. $I_{2n}$ wie in (9.8c) entsprechend definiert ist. Denn an die Stelle des Satzes der Erklärungsfunktionen (9.8) treten zwei entsprechende Sätze, je einer für die Investoren und die Nichtinvestoren. Die Figur 4b zeigt das zugehörige, reduzierte Kreislaufschema dieses Ansatzes; Figur 4a zum Vergleich die Sektoralisierung des einfach disaggregierten Multiplikatormodells Feldsteins — vgl. Fig. 4, S. 167. Gegenüber dem Kreislaufmodell der Fig. 3 ist in der Fig. 4 der Transaktor Staat einfachheitshalber weggelassen worden, und es sind jeweils nur die Ströme für den ersten, $\nu$-ten und $z$-ten Sektor wiedergegeben. Die kleinen Sektorkreise sollen das Vorhandensein der übrigen Sektoren in der graphischen Darstellung andeuten.

Alle modelltheoretischen Überlegungen sind selbstverständlich auch direkt auf die Ermittlung des Steuermultiplikators $M_T$ anwendbar. Hier kommt es uns jedoch auf das Grundsätzliche der vorgeschlagenen Modifikation an. Auch deshalb werden hier nur die Ertrags- bzw. Einkommenströme der ersten Kreislaufperiode wiedergegeben, die von einem exogenen Investitionsstoß in Höhe von $(I_{10} + I_{20}) = I^* = 1$ DM ausgelöst werden.

Die in den Funktionen (9.9) enthaltene Annahme, der Investorenanteil am Marginaleinkommen sei in allen Sektoren der gleiche, unabhängig davon, aus welchem Sektor der Ertrag stammt, entspricht natürlich nicht den ökonomischen Realitäten. Schon die große mögliche Variationsbreite der Kapitalintensität der Investitionen, d. h. das Verhältnis von Kapital- zu Betriebskosten, in den verschiedenen Branchen einer Volkswirtschaft zeigt, daß die Unterschiede im Ausmaß der externen Effekte, i. e. Einkommen für Nichtinvestoren, beträchtlich sein können. Ohne dieses Problem weiter zu verfolgen, halten wir es daher für vernünftig, unterschiedliche Investorenanteile am sektoralen gesamtwirtschaftlichen Marginalertrag $\varrho_\nu$ zuzulassen. Es wird daher angenommen, es existiere ein Satz von $z$ Investorenanteile-Koeffizienten $x_\nu$ $(\nu = 1, \ldots, z)$; diese sollen im Zeitablauf konstant sein. Die Werte dieser Koeffizienten geben Aufschluß über die sektorale Struktur der externen Effekte (= Differenz zwischen gesamtwirtschaftlicher und einzelwirtschaftlicher Nettogrenzertragsrate der privaten Investitionen) in einer Volkswirtschaft. Wird diese neue Annahme in den Funktionen (9.9) berücksichtigt, dann läßt sich $x \neq x_\nu$ nicht mehr aus der Summe ausklammern. Die Funktionen des Marginaleinkommens lauten deshalb nunmehr für die Investoren (IN) :

(9.10a) $$\overline{Y}_{1t} = \sum_{\nu=1}^{z} x_\nu \gamma_\nu \varrho_\nu \sum_{n=0}^{t-1} (I_{1n} + I_{2n})$$

und für die Nichtinvestoren (NI) entsprechend

(9.10b) $$\overline{Y}_{2t} = \sum_{\nu=1}^{z} (1 - x_\nu)\, \gamma_\nu\, \varrho_\nu \sum_{n=0}^{t-1} (I_{1n} + I_{2n}) \; .$$

Die Fig. 4c zeigt das reduzierte Kreislaufschema für diese Annahme. Für den Konsum-Investitionsmultiplikator $M_C$ gemäß (9.7a) bzw. (9.7a′) haben wir die Rechnung unter dieser Annahme einmal durchgeführt[35].

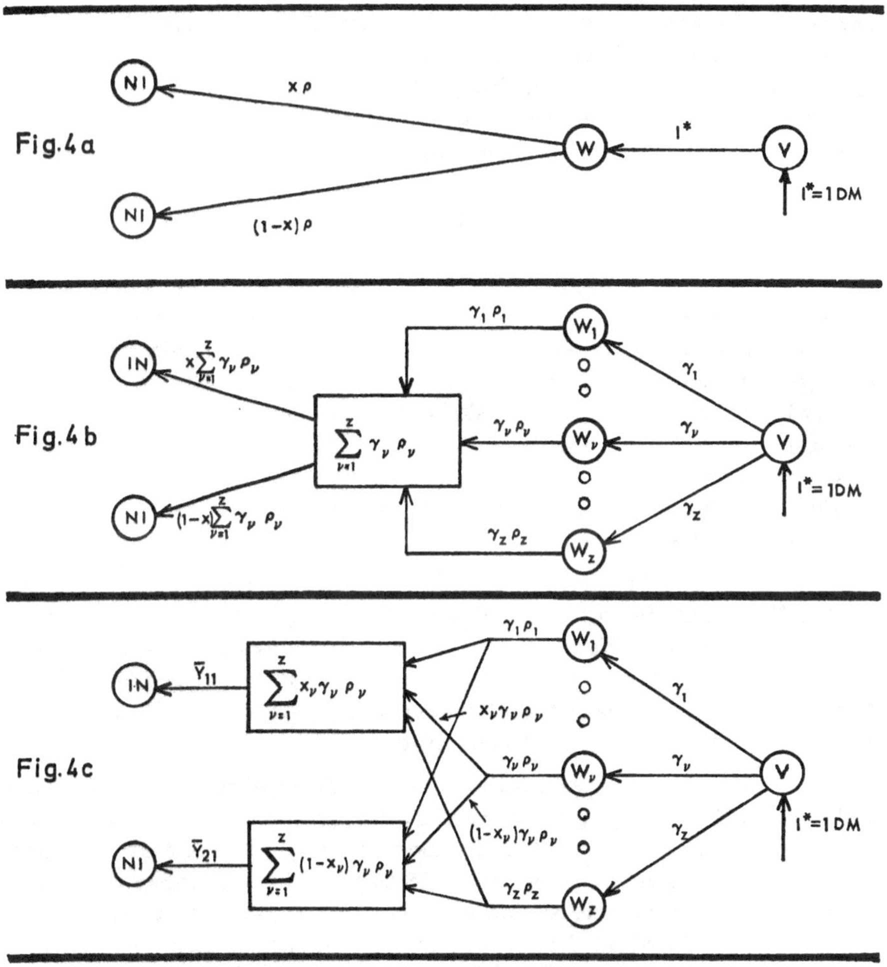


☐ = Funktionales Einkommenskonto

Fig. 4

[35] Siehe den mathematischen Anhang II, S. 196.

Die größeren informatorischen Voraussetzungen eines derartig abgewandelten Konsummodells der Opportunitätskosten des öffentlichen Kapitals werden keineswegs verkannt. Wir sind uns dessen bewußt, daß dieser Ansatz für die Zwecke operationaler Kriterien auf einige wenige Kategorien marginaler privater Investitionen reduziert werden muß. Dennoch vertreten wir die Ansicht, daß auch der Formalapparat der GOK-Berechnungen den Zweck des Ansatzes klar erkennen lassen muß. Dies wurde an anderer Stelle schon ausführlich begründet. Hier wollen wir nur auf einige der wirtschaftspolitischen Konsequenzen hinweisen, die sich aus diesem letzten Ansatz ableiten lassen[36]. Da *M*, die GOK einer öffentlichen Investition, sich cet. par. proportional mit $\varrho$ verändert — vgl. S. 148 und S. 157 —, kann der Staat versuchen, die GOK so niedrig wie möglich zu halten, indem er die Summe

$$\varrho = \sum_{\nu=1}^{z} \gamma_\nu \varrho_\nu$$

minimiert. Je kleiner nämlich $\varrho$, desto größer cet. par. das zu positivem RGNE realisierbare öffentliche Investitionsprogramm. Effizienztheoretisch gesehen sollten deshalb denjenigen privaten Sektoren Ressourcen entzogen werden, die die niedrigsten $\varrho_\nu$-Werte aufweisen. Unter diesem Blickwinkel wäre daher die Fiskal-, Steuer- und Anleihenpolitik so einzusetzen, daß $\varrho$ minimiert wird, d. h. die relativ unproduktiven Sektoren sollen geschröpft werden. Bezüglich der praktischen Durchsetzbarkeit dieser ökonomisch-rationalen Forderung sind natürlich stärkste Zweifel anzumelden.

Nachdem jetzt alle ökonomischen Faktoren, die in das Opportunitätskosten-Kriterium der Vorteilhaftigkeit in *M* eingehen, herausgearbeitet und explizit in das Konsummodell der OK eingeführt worden sind, läßt sich rückschauend feststellen, welche grundsätzliche ökonomische Bedeutung diesem zunächst als Parameter eingeführten GOK-Ausdruck *M* — vgl. S. 106 — insgesamt zukommt.

Das Opportunitätskostenkonzept des RGNE impliziert, daß die Aufteilung des Kapitals – güterwirtschaftlich gesehen, die der volkswirtschaftlichen Ressourcen – pro Periode auf den öffentlichen und den privaten Sektor irgendwie fest und nicht-optimal im Sinne der Effienzbedingungen vorgegeben ist und nur marginal verändert werden kann. Wir haben ein Problem der unvollständigen Optimierung vor uns. Der Ausdruck für *M* bestimmt indirekt die *Größe* des öffentlichen Investitionsvolumens. Sein Wert stellt ein ökonomisches Maß für die Starrheit der gegebenen globalen Aufteilung des Volkseinkommens bzw. indirekt, für die Starrheit der volkswirtschaftlichen Ressourcenauf-

[36] *Marglin*, Opportunity Costs, S. 288, Anm. 13.

teilung auf den öffentlichen und den privaten Sektor dar. D. h., $M$ mißt die Stringenz dieser institutionellen Restriktionen (unvollkommener Kapitalmarkt u. Ä.), unter denen öffentliche Investitionsentscheidungen gefällt werden. Durch Bewertung mit dem verursachten gesamtwirtschaftlichen Produktivitätsverlust werden die staatlichen Investitionsausgaben in güterwirtschaftliche Opportunitätskosten überführt. Der RGNE unterscheidet sich vom GNE grundsätzlich dadurch, daß die staatlichen Investitionsausgaben keine Geldkosten mehr sind.

Ein anderer Kritikpunkt ist in der Literatur bisher nur gestreift worden, nämlich die Beschränkung des Opportunitätskosten-Kriteriums auf eine (Marglin) bzw. zwei Finanzierungsarten (Feldstein). Stolber und Recktenwald kritisieren zwar, daß eine explizite und gleichzeitige Berücksichtigung von Anleihen-, Steuer- und Gebührenfinanzierung bisher nicht durchgeführt worden ist, unterstellen jedoch beide in ihren Darstellungen dieser GOK-Modelle ebenfalls eine steuerliche Finanzierung. Stolber behauptet sogar, daß „die anderen Aufbringungsmöglichkeiten via Gebühren, Erwerbseinkünfte, Anleihen und Inflation sich ohne zusätzliche Schwierigkeiten ... einbeziehen lassen“[37]. Gerade diese Behauptung wird mit keinem Satz begründet. Beide praktizieren daher eine spezielle “common pool”-Annahme: Alle Investitionsausgaben werden durch Steuern aufgebracht. Wir versuchen nun, das Opportunitätskosten-Kriterium Feldsteins zu verallgemeinern, so daß alle drei Transferarten gleichzeitig berücksichtigt werden können.

## § 10. Die Finanzierungsbedingtheit der gesamtwirtschaftlichen Opportunitätskosten einer öffentlichen Investition

Die Darstellung des Opportunitätskosten-Kriteriums hat gezeigt, daß im RGNE alle ökonomischen Wirkungen einer öffentlichen Investition in positive und negative Konsumeffekte zerlegt werden. Auf der Ebene der Nominalwirkungen ist nun zu analysieren, wie die einzelnen Komponenten des Gesamttransfers auf die Zusammensetzung der privaten Gesamtnachfrage wirken. Unter welchen Annahmen die transferierten Mittel letztlich die privaten Investitionen verdrängen und/oder den privaten Konsum reduzieren, und wie davon Struktur und Größe der GOK einer öffentlichen Investition abhängen, ist Gegenstand der nun folgenden Untersuchung. Korrespondierend dazu stellt sich die Frage, ob die makroökonomischen Modelle zur Ermittlung von $M$, die, wie gezeigt wurde, mit der Berechnungsmethode des RGNE konsistent sein müssen, unabhängig von den alternativ postulierten Finanzierungsarten einer Sozialinvestition konstruiert werden können oder nicht.

37 *Stolber*, a.a.O., S. 72, und siehe *Recktenwald*, a.a.O., S. 69, Anm. 8.

Da der Gesamttransfer nur in $B_3$, dem Wert der GOK einer öffentlichen Investition, vorkommt, beeinflußt auch die Finanzierungsweise einer öffentlichen Investition nur den Wert der gesellschaftlichen Konsum*verluste*. Die folgende Betrachtung kann sich daher auf den Opportunitätskosten-Ausdruck der insgesamt aus dem privaten Sektor transferierten Mittel beschränken:

$$B_3 = (M\beta + 1 - \beta) \sum_{t=0}^{H} \frac{\sigma_t (K_t + \tilde{C}_t - F_t)}{(1+r)^t} + \{M(1-\lambda) + \lambda\} \sum_{t=0}^{H} \frac{F_t}{(1+r)_t} . \tag{9.5c}$$

M.a.W.: Vom induzierten *Netto*zuwachs der gesamtwirtschaftlichen Ersparnis (= Investition) $[(1-\alpha) B_t - (1-\lambda) F_t - \beta\sigma_t (K_t + \tilde{C}_t - F_t)]$ bzw. vom direkten *Netto*zuwachs des Konsums $(\alpha B_t - \lambda F_t)$ der Periode $t$ werden jeweils nur die negativen Komponenten betrachtet. Im folgenden sei $\sigma_t = 1$ für alle $t$, weil einfachheitshalber angenommen wird, der Staat verfolge eine konjunkturelle Stabilisierungspolitik, und es herrsche ein Vollbeschäftigungsgleichgewicht bei konstanten Preisen; alle Werte sind Realgrößen.

### 1. Ein kreislauftheoretischer Ansatz der Inzidenzwirkungen

Jede der Komponenten des Gesamttransfers $(K_t + \tilde{C}_t) = (F_t + A_t + T_t)$ kann gesamtwirtschaftliche Kosumverluste auf nur zwei Wegen bewirken, nämlich erstens über eine Verringerung des privaten Konsums der Periode $t$ und zweitens durch Reduktion der privaten Investitionsquote dieser Periode. Nur bei der Erfassung der zweiten, indirekt bewirkten Konsumverluste stellt sich das Problem der Berechnung eines Konsumäquivalents. Da eine marginale Verringerung der privaten Investitionen um eine DM, bei konstantem gesamtwirtschaftlichen Marginalertrag, unabhängig von deren Ursachen, stets die gleichen zukünftigen Konsumverluste nach sich zieht, besteht das Kernproblem darin, die relative marginale Veränderung der privaten Investitionen zu bestimmen, die durch einen öffentlichen Mittelentzug von fester Größe und gegebenem Transfermodus bewirkt wird. Der Wert von $M > 1$ kann daher hier als Datum hingenommen werden.

An dieser Stelle muß der verwendete Inzidenzbegriff näher präzisiert werden. Den steuerlichen Inzidenzbegriff abwandelnd[38] wird hier unter *Inzidenz des Gesamttransfers* die endgültige Aufteilung der dem privaten Sektor insgesamt entzogenen Geldmittel auf den privaten

---

[38] Zum steuerlichen Inzidenzbegriff siehe *Musgrave*, Finanztheorie, S. 177.

Konsum und die privaten Investitionen nach erfolgter, vollständiger Anpassung des ökonomischen Systems verstanden. Da der Gesamttransfer aus den drei Komponenten ($F_t + A_t + T_t$) besteht, wird seine totale Inzidenz ebenfalls von drei zu unterscheidenden, entsprechend definierten Inzidenzparametern abhängen, nämlich von der Konsum-Inzidenz des Gebührentransfers ($\lambda$), von der Investitionsinzidenz der Besteuerung ($\beta'$) und von der Investitionsinzidenz der Anleihenfinanzierung ($\beta''$).

Um diese einzelnen Inzidenzparameter zu isolieren und ihre wahrscheinlichen Determinanten in erster Annäherung bestimmen sowie gegeneinander abgrenzen zu können, wird die Finanzierungsbedingtheit der GOK auf der Grundlage eines einfachen Kreislaufmodells diskutiert. Dieses wird jedoch nicht vollständig bestimmt und ausgelotet, da es nur als ökonomische Orientierungshilfe gedacht ist.

Gegeben sind die fünf institutionellen Transaktoren

($W_1$) private Wirtschaft
($W_2$) öffentliche Wirtschaft
(U) Unternehmerhaushalte
(A) Arbeitnehmerhaushalte
(ST) Staat,

sowie die sieben funktionalen Transaktoren

[EK] Einkommenskonto
[KU] Konsumkonto der (U)
[KA] Konsumkonto der (A)
[KP] Konto für private Konsumgüter
[KÖ] Konto für kollektiv erzeugte Konsumgüter
[VP] private Vermögensbildung
[VÖ] öffentliche Vermögensbildung.

Folgende Transaktionen treten auf:

$Y^1$ das Einkommen der privaten Haushalte, bezogen aus ($W_1$)

$Y^2$ das Einkommen der privaten Haushalte, bezogen aus ($W_2$) [39]

[39] Da die Annahme des Vollbeschäftigungsgleichgewichts bei konstanten Preisen gilt, ist $Y_1 + Y_2 = \bar{Y}$ das aus dem Kreislaufgleichgewicht resultierende (gleichgewichtige) Volkseinkommen. $Y_2$ entsteht, wenn der Staat produktive Dienste der Haushalte direkt in Anspruch nimmt. Unter den gegebenen Annahmen kann in $W_2$ kein (staatlicher) Unternehmergewinn entstehen; $Y_2$ enthält also nur Arbeitsentgelte.

$\bar{I}$ private Nettoinvestition (exogen)

$K$ staatliche Nachfrage nach Investitionsgütern (öffentliche Investitionen) und Vorlieferungen auf Grund einer gegebenen (geplanten) öffentlichen Anlage (Investition)

$C$ Konsum privater Güter

$C_U$ Gesamtkonsum der (U)

$C'_U$ Konsum der (U) von privaten Gütern

$C_A$ Gesamtkonsum der (A)

$C'_A$ Konsum der (A) von privaten Gütern

$F_U$ Konsum der (U) von kollektiv erzeugten Gütern
$F_A$ Konsum der (A) von kollektiv erzeugten Gütern } exogen

$F_W$ Nachfrage der ($W_1$) von kollektiv erzeugten Vorlieferungen (exogen)

$S_U$ Sparen der (U)
$S_A$ Sparen der (A) } Saldenströme

$A_U$ Zeichnung von Staatsanleihen der (U)
$A_A$ Zeichnung von Staatsanleihen der (A) } (Sparen)

$T_U$ direkte Steuern der (U)

$T_A$ direkte Steuern der (A) .

Fig. 5 zeigt das zugehörige Flußdiagramm — vgl. S. 173.

Im Unterschied zu herkömmlichen Darstellungen des Staatshaushaltes in Kreislaufmodellen[40] wurde die Einnahmeseite (St) von der Ausgaben- bzw. Produktionsseite ($W_2$) des Staates getrennt, die öffentliche also aus der privaten Wirtschaft herausgelöst. Was sonst als In-sich-Strom nicht erscheinen würde, nämlich die Nachfrage der privaten Wirtschaft nach staatlichen Vorlieferungen, erscheint nun explizit: $F_W$. Staatlicher Konsum und indirekte Steuern wurden vernachlässigt, man kann sich vorstellen, daß sich beide Ströme größenmäßig aufheben. Auch die Abschreibungen wurden außer acht gelassen.

Ausgangspunkt der Überlegungen ist ein partielles Kreislaufgleichgewicht am institutionellen Transaktor „öffentliche Wirtschaft", der als eine einzige öffentliche Anlage (Investition) von gegebener Größe interpretiert wird, deren Betrieb (Bau) während der Periode $t$ Geldausgaben in Höhe von $(K_t + \tilde{C}_t)$ DM verursacht. Diese, d. h. die Kapital- und Betriebskosten, müssen wegen der aggregierten Darstellungsweise des privaten Produktionssektors im Kreislaufmodell

[40] Siehe z. B. *Krelle*, W., Volkswirtschaftliche Gesamtrechnung, 2., verbesserte Aufl., Berlin 1967, S. 63.

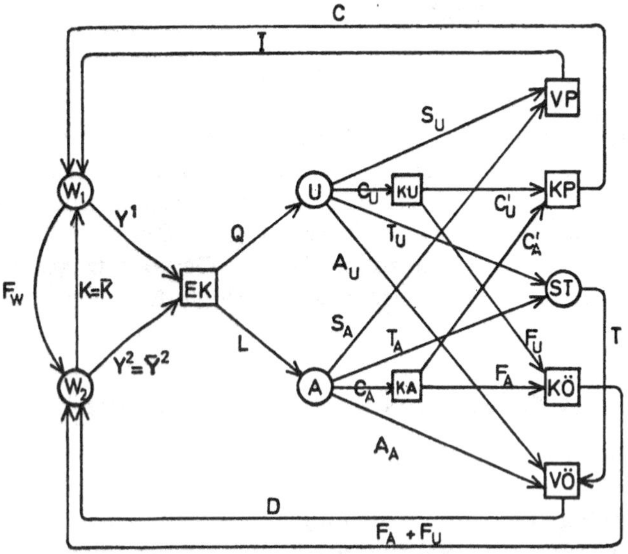


Fig. 5

umgruppiert werden in die Investitionsgüternachfrage, einschließlich der nach Vorlieferungen $\bar{K}_t$, und in $\bar{Y}^2$, das alle Lohnkosten enthält: $(K_t + \tilde{C}_t) = (\bar{K}_t + Y_t^2)$ mit $\tilde{C}_t \geq Y_t^2$. Durch Saldentransaktion erhält man am Transaktor $W_2$ dann

(10.1) $$\bar{K}_t + Y_t^2 = F_{A_t} + F_{U_t} + F_{W_t} + D_t \ ,$$

den Ausdruck des Gesamttransfers der Periode $t$[41]. Aus (10.1) folgt durch Umstellen der Terme die Definitionsgleichung des Nettotransfers

(10.1') $$D \equiv \bar{K} + Y^2 - (F_A + F_U + F_W) \ .$$

Da davon ausgegangen wird, daß der Finanzertrag wegen der „politischen" Unterkosten-Gebührenfestsetzung insgesamt eine fest gegebene Größe ist, können die Finanzierungskomponenten dieses staatlichen Defizits am funktionellen Konto „öffentliche Vermögensbildung" abgelesen werden:

VÖ $$D = A_A + A_U + T \ ,$$

---

[41] Da das statische Kreislaufmodell die Stromgrößen für nur jeweils eine Periode enthält, wird der Zeitindex $t$ im Folgenden weggelassen; $\bar{K}_t + Y^2$ sind also für jede Periode konstant gegeben: $\bar{K}_t + Y_t^2 = \bar{K} + \bar{Y}^2$ .

und, da $T = T_A + T_U$, folgt

(10.1″) $$D \equiv A_A + A_U + T_U + T_A \; .$$

Nach diesen Vorbereitungen können die Parameter der marginalen Inzidenz nun einzeln diskutiert werden. Während $(1-\lambda)$ und $\beta''$ die Investitionsinzidenz eines freiwilligen Mitteltransfers ausdrücken – $\bar{I} = S$, da Kreislaufgleichgewicht herrscht —, mißt $\beta'$ dieselbe Inzidenz eines staatlichen Zwangstransfers, der im Gegensatz zu den beiden anderen Transferarten aber das verfügbare Einkommen der privaten Haushalte verringert.

### 2. Die Inzidenzparameter der Finanzierung

Im Folgenden werden die marginalen Inzidenzparameter einzeln, in der Reihenfolge ihrer Komplexität und des Schwierigkeitsgrades ihrer quantitativen Bestimmung (Schätzung), diskutiert. Alle in der jeweiligen Untersuchung nicht unmittelbar vorkommenden Größen des Kreislaufmodells bleiben annahmegemäß unverändert, sofern nicht ausdrücklich anderes postuliert wird. Des weiteren sei Konstanz der marginalen Inzidenzparameter angenommen, so daß die Ergebnisse eines marginalen Transfers von 1 DM, von gegebener Art (Steuern, Gebühren und Anleihen), für die jeweiligen (nicht-marginalen) Komponenten des Gesamttransfers einer Periode ebenfalls Gültigkeit besitzen. Diese Parameter mögen im Zeitablauf ebenfalls konstant bleiben.

#### *2.1. Die Inzidenz eines Steuertransfers*

Im Opportunitätskosten-Kriterium bzw. -Modell Feldsteins ist $\beta$ eine gegebene Größe, die als Inzidenzparameter des *Nettotransfers* $D$ angesprochen werden muß – vgl. Gleichung (10.1″). Er gibt an, in welchem Verhältnis eine zusätzliche DM Nettotransfer *per Saldo* die private Ersparnis (Investition) reduziert. Da $\beta$ u. a. davon abhängen wird, ob die Regierung einen Zwangstransfer vornimmt, d. h. Steuern erhebt und (oder) Anleihen begibt, ist es zweckmäßig, diese Steuer- und Anleihenwirkungen auf die privaten Investitionen bzw. den Konsum begrifflich voneinander zu trennen und zwei verschiedene Inzidenzparameter dafür einzuführen, $\beta'$ und $\beta''$.

Setzt man nun $A_U = A_A = 0$, dann erhält man aus Gleichung (10.1″) die dem ersten Summanden des Ausdrucks der GOK $B_3$ — vgl. S. 170 — im Fall einer Steuerfinanzierung tatsächlich unterliegende Zusammensetzung des Nettotransfers

(10.1″′) $$D = T_U + T_A \; .$$

Dabei ist jetzt aber unterstellt, daß $\beta \equiv \beta'$, wie auch bei der Ableitung des Steuer/Investitionsmultiplikators $M_T$ schon angenommen wurde. Da $T_U$ und $T_A$ zusätzliche Steuerbelastungen der Ⓤ und der Ⓐ sind, mißt $\beta'$ die marginale effektive Investitionsinzidenz der direkten Besteuerung.

Die theoretische Analyse der makroökonomischen Inzidenzzusammenhänge steckt jedoch noch sehr in den Anfängen, so daß $\beta'$ als *marginale effektive* Inzidenz theoretisch nicht eindeutig bestimmt werden kann. Als *formale* Inzidenz könnte $\beta'$ zwar ermittelt werden, aber für unsere Zwecke wäre es unbrauchbar[42]. Die wahrscheinlichen Inzidenzwirkungen einer Einkommensteuer sind zwar bekannt, doch werden sie meistens im klassischen System, d. h. ohne Berücksichtigung einer kompensatorischen Finanzpolitik, abgeleitet. Die Ergebnisse neuerer Untersuchungen[43] über die Inzidenz verschiedener Steuern bei neoklassischem Wachstum haben für die zugrunde liegende Fragestellung lediglich als Orientierungsmarken Bedeutung, da sie unter gänzlich anderen Prämissen, i. e. Golden-Age-Wachstum, vollkommenes Konkurrenzgleichgewicht etc., deduziert werden. Zweck der Opportunitätskosten-Modelle ist es ja gerade, Bewertungsregeln für öffentliche Investitionen in unvollkommenen Marktwirtschaften zu liefern.

Hier wird man also zunächst pragmatischer vorgehen und die Ansätze der Inzidenzanalyse sowie die Ergebnisse empirischer Studien zu einzelnen Steuerarten nach Brauchbarem absuchen müssen.

Ein Schritt in eine andere, theoretische Richtung wird hier unternommen, indem $\beta' \equiv S/Y = \text{const.}$ postuliert wird. D. h. der Parameter der marginalen effektiven Investitionsinzidenz wird indirekt durch Gleichsetzung mit der durchschnittlichen Sparquote bestimmt. Letztere wird als konstant angenommen, d. h. sie wird als von einem marginalen Steuertransfer unabhängig angesehen. $S/Y$ darf jedoch nicht, wie Mishan[44] diskussionslos voraussetzt, als *gesamtwirtschaftliche* Sparquote interpretiert werden. $\beta' \equiv S/Y$ kann als Folge eines marginalen Steuertransfers nämlich nur dann konstant bleiben, wenn es, wie gezeigt werden wird, als Sparquote des privaten Sektors, bezogen auf das verfügbare Einkommen, interpretiert wird. Andernfalls gelangt man nicht zu dem gewünschten Resultat, daß je DM Steuerertrag der privaten Ersparnis $\beta'$ DM, dem privaten Konsum $(1-\beta')$ DM entzogen werden, und die Gesamtersparnis sich um $\beta'(T_A + T_U)$ mindert. Auch die Logik des Opportunitätskosten-Kriteriums selbst führt zu diesem

---

42 *Recktenwald*, H. C., Steuerüberwälzungslehre, 2., verbesserte und ergänzte Aufl., Berlin 1966, S. 82 ff.

43 *Krzyzaniak*, M., The Long Run Burden of a General Tax in a Neoclassical World, und *Sato*, K., Taxation and Neoclassical Growth, beide in: PF, vol. 22 (1967), S. 472 ff. bzw. 346 ff.

44 *Mishan*, Simplifying Suggestions, S. 141.

Schluß. Würde man nämlich die gesamtwirtschaftliche Sparquote unter Einschluß des Staates gleich $\beta'$ setzen, dann saldieren sich staatliche und private Ersparniswirkungen eines marginalen Steuertransfers. $\beta'$ soll jedoch ausschließlich die relative Verdrängung der *privaten* Investitionen messen.

Diese Zusammenhänge lassen sich aus den Definitionsgleichungen der gesamtwirtschaftlichen bzw. privatwirtschaftlichen Sparquote ableiten. Zunächst einmal impliziert die obige Annahme grundsätzlich eine Gleichsetzung von marginaler und durchschnittlicher Sparquote. In einem Einklassen-Modell mit einheitlicher Sparquote $s_H$ aller Haushalte lautet die gesamtwirtschaftliche Sparquote

$$\text{(10.2)} \qquad \frac{S}{Y} = \frac{s_H (1-t)\, Y - s_{St}\, T}{Y} = s_H (1-t) + s_{St}\, t \ ,$$

und voraussetzungsgemäß ist $S/Y = \beta' = \text{const.}$

Daraus folgt, 1. daß mit einem vorgegebenen (marginalen) Nettotransfer $D = T^* = 1$ DM, bei gegebenem Volkseinkommen, der neue (durchschnittliche) Steuersatz $t^*$ schon bestimmt ist:

$$\text{(10.2')} \qquad \frac{S^*}{Y} = \frac{s_H (1-t^*)\, Y + s_{St} (T+1)}{Y} \ , \quad \text{denn} \ \frac{T+1}{Y} = t^* \ ;$$

und 2. daß unter der realistischen Annahme $s_H < s_{St}$ jeglicher Gesamttransfer vom privaten zum öffentlichen Sektor die gesamtwirtschaftliche Sparquote stets vergrößern muß: $S^*/Y > \beta'$.

Die Ausgangsbedingung $S/Y = S^*/Y = \beta'$ kann nur dann bestehen bleiben, wenn sich die staatliche Sparquote anpaßt. Da eine stabilisierende Konjunkturpolitik die staatlichen Investitionen als einen der wichtigsten Aktionsparameter in Anspruch nimmt, scheint diese Lösung ökonomisch nicht sinnvoll. Da $t^* > t$, sinkt in jedem Fall die „effektive" Sparquote der Haushalte: $s_H (1-t) > s_H (1-t^*)$.

Anders dagegen sieht das Ergebnis aus, wenn die privatwirtschaftliche, auf das verfügbare Einkommen $Y_v$ bezogene Sparquote betrachtet wird:

$$\text{(10.3)} \qquad \frac{S}{Y_v} = \frac{s_H (1-t)\, Y}{Y-T} \ .$$

Da $T = tY$, folgt $s_H = \beta'$. Trivialerweise bleibt $S/Y_v$ von der Höhe des marginalen Nettotransfers $D = T^* = 1$ DM unberührt:

$$\text{(10.3')} \qquad \frac{s_H (1-t^*)\, Y}{Y-(T+1)} = \beta' \ , \quad \text{da} \ \frac{T+1}{Y} = t^* \ .$$

Eine proportionale Belastung aller Einkommen durch uniforme Erhöhung des gegebenen Steuersatzes um $(t^*-t)/t$ % erbringt gerade den marginalen Nettotransfer $T^*$. Die Konstanzbedingung $S/Y_v = \beta'$ erfordert also, daß alle Konsumenten unabhängig von der Höhe ihres verfügbaren Einkommens stets den gleichen relativen Anteil sparen müssen, i. e. die Elastizität der Ersparnis in Bezug auf $Y_v$ konstant bleibt. Daß dieses Ergebnis den Resultaten empirischer Untersuchungen zur Theorie des Haushalts widerspricht, braucht nicht besonders betont zu werden[45].

Realistischer ist hier das Zweiklassen-Modell der Fig. 5 mit unterschiedlichen Sparneigungen. Die privatwirtschaftliche Sparquote lautet dort:

$$\frac{S}{Y_v} = \frac{s_A(1-t_A)L + s_Q(1-t_Q)Q}{Y-T}; \tag{10.4}$$

annahmegemäß sei $S/Y_v = \beta' = \text{const.}$ Die Frage, welche neuen Steuersätze $t_A^+$ und $t_Q^+$ nun einen marginalen Nettotransfer $D = (T_A^+ + T_U^+) = 1$ DM ermöglichen, ohne daß sich $S/Y_v$ verändert, kann ohne zusätzliche Annahmen nicht beantwortet werden[46]. Denn setzt man in Gleichung (10.4) den neuen Steuertransfer $(T + 1)$ ein und wird $S/Y_v = \beta' = \text{const.}$ gesetzt:

$$\frac{S}{Y_v} = \frac{s_A(1-t_A^+)L + s_Q(1-t_Q^+)Q}{Y-(T+1)} = \beta', \tag{10.4'}$$

dann erkennt man, daß (10.4') eine unterbestimmte Gleichung ist mit unendlich vielen Lösungen für die beiden neuen Steuersätze[47].

Gegen diese indirekte Bestimmung von $\beta'$, die sich auf die Bedingung des Kreislaufgleichgewichts am funktionalen Transaktor „private Vermögensbildung" stützt, sprechen – außer dem der geringen Realitätsnähe – mehrere gewichtige Einwände. $\beta'$ wird, bei jeweils gleichem Nettotransfer (Steuerertrag), aber verschiedenen direkten Steuern, in der Regel ganz unterschiedliche Werte aufweisen, d. h. steuerspezifisch bestimmt werden müssen. Auch indirekte Steuern als Transfermodus

---

45 Es impliziert u. a. eine linear-homogene Konsumfunktion (keinen Basiskonsum) und kann unterschiedliche Konsumgewohnheiten nicht berücksichtigen.

46 Anders liegt hier der Fall nur, wenn eine Steuer erstmalig eingeführt wird. $\beta'$ bleibt dann konstant, wenn der Steuerbetrag im Verhältnis der gegebenen Lohn- bzw. Gewinnquote auf die Ⓐ und Ⓤ verteilt wird, und zwar unabhängig von der Höhe des Steuerbetrages.

47 Indem z. B. ein gleicher Steuersatz $t_A^+ = t_Q^+$ angenommen oder die Proportionalitätsannahme $t_A^+ = \varkappa\, t_Q^+$ eingeführt wird, reduziert sich die Anzahl der Freiheitsgrade auf eins; (10.4') wäre lösbar.

sind nicht berücksichtigt. Am schwersten wiegt aber die unausgesprochene Beschränkung auf die Angebotsseite der investierbaren Mittel, d. h. die Exogenität der privaten Investitionsgüternachfrage. Da ein Nettotransfer über Rentabilitätseffekte der Besteuerung die Nachfrage nach Finanzierungsmitteln ganz erheblich dämpfen kann, d. h. die privaten Investitionen negativ beeinflußt, fehlt hier ein wesentliches erklärendes Moment zur Bestimmung von $\beta'$[48].

## 2.2. *Die Inzidenz eines Gebührentransfers*

Ihre Bestimmungsfaktoren sind verhältnismäßig einfacher zu umreißen; gedanklicher Ansatzpunkt ist die Gleichung (10.1'). Je nachdem, ob die öffentliche Investition Konsumgüter oder Vorlieferungen produziert, wird $\lambda = 1$ oder sehr viel kleiner sein. Im ersten Fall spielt die Unterschiedlichkeit der Ausgabegewohnheiten der Ⓐ und der Ⓤ, d. h. $F_A$ und $F_U$, keine Rolle. Entscheidender ist, ob der Output der Sozialinvestition von privaten Haushalten oder von der Wirtschaft in Anspruch genommen wird.

$\lambda = 1$ im Fall der Haushalte besagt, daß die Konsumenten öffentliche und private Konsumgüter als „quasi-substitutiv" empfinden, d. h. ihre Ersparnis nicht reduzieren, wenn sie für 1 DM zusätzlich kollektiv produzierte Konsumgüter erwerben.

Im Gegensatz zu dieser wohl psychologisch zu begründenden Verhaltensannahme bei den Haushalten führt eine produktionstheoretische Überlegung zu $\lambda < 1$ für den Fall der Unternehmungen. Wegen der überwiegenden, „institutionellen" Komplementarität von öffentlich und privatwirtschaftlich produzierten Inputs in den Produktionssektoren gemischter Marktwirtschaften läßt sich nämlich nicht folgern, daß eine *zusätzliche* DM Gebühren $F_W$ in voller Höhe den privatwirtschaftlich hergestellten Vorlieferungen entzogen worden wäre. Denn ein Teil dieser zusätzlichen DM Gebühren sind für Ⓦ₁ zusätzliche, den (residualen) Gewinn schmälernde Kosten, weil $L$ gänzlich kontraktbestimmt ist.

Fig. 6 verdeutlicht diesen Zusammenhang — vgl. S. 179. Der funktionelle Transaktor Ⓦ₁ ist nun in zwei Pole zerlegt worden und wird neu interpretiert:

---

48 *Recktenwald*, Steuerüberwälzungslehre, a.a.O., S. 189; wieder wird man auf die Wichtigkeit eines Ausbaus der makroökonomischen Inzidenzanalyse sowie auf die Notwendigkeit hingewiesen, zur Bestimmung der Inzidenzparameter der Finanzierung in den Opportunitätskosten-Modellen empirische Studien aus dem Bereich der Finanzwissenschaft heranzuziehen.

(W₁) = Fertigprodukte (Investitions- und Konsumgüter)
und
(VL) = Vorlieferungen

werden als selbständige Transaktoren ausgewiesen.

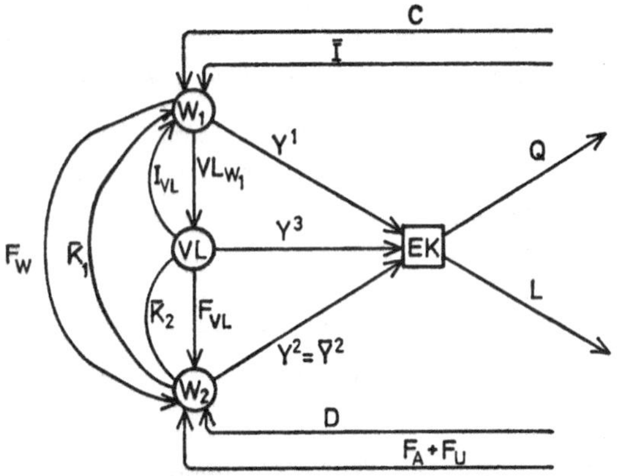


Fig. 6

Von den sechs neu eingeführten Transaktionen $\overline{K}_1$, $\overline{K}_2$, $Y^3$, $I_{VL}$, $F_{VL}$ und $VL_{W1}$ interessieren nur zwei: $Y^3$, das im privaten Sektor (VL) verdiente Einkommen der Haushalte, und $VL_{W1}$, die nunmehr explizite Nachfrage des (W₁)-Transaktors nach privaten Vorlieferungen. $\overline{K}_1$ und $\overline{K}_2$ sind das alte, nun in Investitionsgüternachfrage resp. Nachfrage nach privaten Vorlieferungen zerlegte $\overline{K}$ der Fig. 5; beide sind hier ebenfalls konstant. Die Ströme $F_{VL}$ und $I_{VL}$ erklären sich ohne weiteres von selbst. Aus einer Definitionsgleichung der Bruttoproduktion, nämlich

$$X = Y^1 + \overline{Y}^2 + Y^3 + VL_{W1} + F_W \ ,$$

ersieht man nun folgendes: Da $X$ konstant bleiben soll und $\overline{Y}_2$ ebenfalls gegeben ist, bestehen drei Quellen, aus denen die zusätzliche DM Gebühren $F_W$ gespeist werden kann: $Y^1$, $Y^3$ und $VL_{W1}$. Angenommen, der die volkswirtschaftliche Quasi-Komplementarität anzeigende Parameter sei $0 \leq \Pi \leq 0.3$ [49], dann wird je (marginaler) DM $F_W$ der Strom $VL_{W1}$ um $\Pi$ reduziert, und die beiden Ströme ($Y^1 + Y^3$) nehmen zu-

[49] Diese obere Grenze ist willkürlich angenommen, aber nicht unplausibel.

sammen per Saldo um $(1-\Pi)$ ab, da $Y^3$ infolge des Nachfragerückgangs um $\Pi$ bei (VL) ebenfalls sinken wird[50]. Das Gleichgewichtseinkommen $\bar{Y} = Y^1 + \bar{Y}^2 + Y^3$ schrumpft tendenziell, und da dies annahmegemäß nur den Gewinn berührt, vermindert sich das Einkommen der (U) auf $[Q-(1-\Pi)]$.

Diese marginale Verringerung des Gewinns führt im Zweiklassen-Kreislaufmodell dazu, daß die Ersparnis der Unternehmer und damit cet. par das gesamtwirtschaftliche Sparen um $(1-\lambda) = s_Q(1-\Pi)$ sinkt. Der Konsum $C_U$ dagegen wird um $\lambda = \Pi\, s_Q + c_Q$ reduziert[51].

Ökonomisch sind daher zwei Arten von $\lambda$ zu unterscheiden. Doch da bei kollektiv produzierten Konsumgütern $\lambda = 1$, welcher Haushaltstyp auch immer diese nachfragt, wurde auf explizite Unterscheidung in der Bezeichnung verzichtet. Dennoch darf der den Unternehmerhaushalten kreislauftheoretisch zugerechnete, am Transaktor ($W_1$) ausgelöste $\Pi$-Effekt nicht mit dem Fall $\lambda = 1$ für Unternehmerhaushalte bei Bezug von öffentlich produzierten Konsumgütern verwechselt werden.

### 2.3. *Die Inzidenz eines Transfers mittels Staatsanleihen*

$\beta''$ ist unter den Annahmen dieses Kreislaufmodells der am einfachsten zu beurteilende Parameter. Durch Saldentransaktionen an den Polen (U) und (A) sowie Addition erhält man zunächst

$$(10.5) \qquad Y^1 + \bar{Y}^2 = L + Q = [F_A + F_U + C_A' + C_U'] + \\ + [S_A + S_U + A_A + A_U] + [T_A + T_U]\ ^{52}.$$

Die linke Seite zeigt die Entstehung des gegebenen Gleichgewichtseinkommens, die rechte seine Verwendung. Durch Subtraktion der (gegebenen) direkten Steuern wird (10.5) in das verfügbare Gesamteinkommen

$$(10.5') \qquad \bar{Y}_v = Y^1 + \bar{Y}^2 - (T_A + T_U) = [F_U + F_A + C_A' + C_U'] + \\ + [S_A + S_U + A_A + A_U]$$

---

[50] $F_{VL}$ möge konstant bleiben, denn anderenfalls würde der Nettotransfer $D = \bar{K} + \bar{Y}^2 - (F_A + F_U + F_W + F_{VL})$ — analog zur Gleichung (10.1') — cet. par. nicht um eine volle DM verringert werden. Soll auch dies berücksichtigt werden, müßte $\Pi$ auf den Saldeneffekt hin definiert werden.

[51] Aus $S_U{}^1 = (1-c_Q)\,Q$ und $S_U{}^2 = (1-c_Q)\,[Q-(1-\Pi)]$ folgt $S_U{}^1 - S_U{}^2 = (1-c_U)\,[Q-Q+(1-\Pi)]$ und, da $S_U{}^1 - S_U{}^2 = 1-\lambda$, erhält man durch Einsetzen und Umformen: $\lambda = \Pi\, s_Q + c_Q$ .

[52] Es wird wieder das Modell der Fig. 5 betrachtet.

überführt. Aus Gleichung (10.1″) erhält man den marginalen Nettotransfer durch Kreditaufnahme, indem $T_A, T_U = 0$ und $D = 1$ DM gesetzt werden:

$$D = A_A + A_U = 1 \ .$$

Da die Gebühren $(F_A + F_U)$, d. h. die private Nachfrage nach kollektiv erzeugten Konsumgütern, konstant sind, kann dieser marginale Kreditbetrag nur $C'_A$ und (oder) $S_A$ bzw. $C'_U$ und (oder) $S_U$ entzogen werden. Ob nun die Haushalte die Nachfrage nach privaten Konsumgütern und (oder) die laufende Ersparnis einschränken, hängt wieder von ihren Ausgabegewohnheiten ab, ganz wie beim Parameter $\lambda$.

Angenommen nun, die Ⓐ würden den vollen Marginalbetrag allein aufbringen: $A_A = 1$ DM. Wird sich dadurch die bisherige Aufteilung ihres verfügbaren Einkommens auf Konsum und Ersparnis verändern? Nein, denn die Logik der Konsumfunktion impliziert, daß die Höhe des Konsums privater Güter – bei gegebenem $F_A$ – von der Zusammensetzung der Ersparnis unabhängig ist. Jeder Ⓐ-Haushalt disponiert über seinen residualen Sparbetrag und substituiert dabei öffentliche und private Titel gegeneinander nach Maßgabe von Risikopräferenz und Ertragserwartungen, um sein Portefeuille zu optimieren. M.a.W.: $A_A = 1$ DM wird vollständig dem Sparbetrag $S_A$ entzogen, d. h. $\beta''_A = 1$, und schmälert damit die zur Anlage in privaten Titeln (private Investitionen) zur Verfügung stehende Ersparnis. Diese Argumentation gilt für die Ⓤ völlig analog, auch $\beta''_U = 1$.

Verteilt sich dagegen der marginale Anleihenbetrag $D = 1$ DM auf beide Haushaltstypen im Verhältnis von $1 \geqq \Theta \geqq 0$ und $(1-\Theta)$ auf die Ⓐ und die Ⓤ dann ändert dies am Ergebnis nichts. $S_A$ verringert sich um $\Theta\beta''_A$ und $S_U$ um $(1-\Theta)\,\beta''_U$. Die private Ersparnis mindert sich folglich um $\beta''_U = \beta''_A = 1$, d. h. um den vollen Betrag des staatlichen Anleihenerlöses.

Es wäre überflüssig, zwischen $\beta''_U$ und $\beta''_A$ zu unterscheiden, bestünde nicht die Möglichkeit eines theoretischen Extremfalles, in dem $\beta''_A < 1$ sein wird. Haben nämlich die Arbeitnehmerhaushalte ihre laufende Ersparnis für Ratenzahlungen, Terminsparen u. Ä. fast vollständig im voraus festgelegt *und* wollen sie die aus Sicherheits- oder sonstigen Motiven stark präferierten öffentlichen Anleihen trotzdem erwerben, dann werden sie ihren Konsum privater Güter um $\Theta\,(1-\beta''_A)$ kürzen müssen. Statt um $\beta'' = (\beta''_A = \beta''_U) = 1$ verringert sich die private Ersparnis nun um $\beta'' = \Theta\beta''_A + (1-\Theta)\,\beta''_U < 1$[53]. Auch für $\beta''$ trifft der

[53] Ein Zahlenbeispiel: Für $\Theta = 0.6$, $\beta''_A = 0.5$ und $\beta''_U = 1$ erhält man $\beta'' = 0.7$. Ausgeschlossen sind natürlich eine Kreditaufnahme der Ⓐ und eine (teilweise) Umschichtung von Vermögensbeständen, um die öffentlichen An-

zu $\beta'$ genannte Einwand zu. Der Nachfrage nach Finanzierungsmitteln für private Investitionen wird durch die Gleichgewichtsannahme $\bar{I} = S$ nicht genügend Rechnung getragen. In der Realität können bei angespanntem Kapitalmarkt durch diesen marginalen öffentlichen Anleihebetrag schon vorhandene Zinssteigerungstendenzen kumulativ verstärkt werden. Dadurch können marginale private Investitionen submarginal werden, so daß — besonders in den finanzschwachen Branchen — die geplanten Investitionen nun nicht mehr zum Zuge kommen. Zu dem Betrag von $(A_A + A_U) = 1$ DM, um den das Angebot an Ersparnis für privatwirtschaftliche Zwecke real reduziert wurde, muß daher ein eventuell darüber hinausgehender, induzierter Ausfall privater Investitionen hinzugerechnet werden. Doch in diesem Kreislaufmodell kann $\beta''$ nie größer als eins werden.

### 3. Die notwendige Modifikation des reinen gesamtwirtschaftlichen Nettoertrages

Die Untersuchung der (privatwirtschaftlichen) Ersparnis-Inzidenz des Gesamttransfers hat ergeben, daß grundsätzlich drei verschiedene, vom gewählten Instrument des Transfers abhängige Inzidenzparameter im Opportunitätskosten-Kriterium der Vorteilhaftigkeit einer Sozialinvestition verwendet werden müssen. Daher ist die Feldstein-Formel der GOK einer öffentlichen Investition — Gleichung (9.5c), S. 170 —, die nur zwei Parameter, nämlich die Inzidenz der von den Nachfragern transferierten Gebühren (Gebühreninzidenz) und die *globale* Transfer-Inzidenz eines vom Staat initiierten, unspezifizierten Nettotransfers unterscheidet, zu modifizieren.

Zu diesem Zweck wird der mit der Annahme des Vollbeschäftigungsgleichgewichts überflüssig gewordene Parameter $\sigma_t$ wieder eingeführt und ihm eine neue Bedeutung gegeben: $\sigma'_t$ sei derjenige Teil des marginalen Nettotransfers der Periode $t$, der durch (direkte) Steuern finanziert wird; $(1-\sigma'_t)$ derjenige Teil, der durch Aufnahme von Anleihen am Kapitalmarkt finanziert wird. Zu den beiden Summanden der Gleichung

$$B'_3 = (M\beta' + 1 - \beta') \sum_{t=0}^{H} \frac{\sigma'_t\,(K_t + \tilde{C}_t - \overline{F}_t)}{(1+r)^t} + \{M(1-\lambda) + \lambda\} \sum_{t=0}^{H} \frac{\overline{F}_t}{(1+r)^t}\,, \qquad \text{(9.5c')}$$

---

leihen zu erwerben. Am Aktienmarkt könnte man sich derartige Anomalien im Sparverhalten z. B. aus Anlaß von Veba- und VW-Privatisierung gut vorstellen.

die sich von $B_3$ gemäß (9.5c) dadurch unterscheidet, daß hier schon $\beta = \beta', \sigma_t = \sigma'_t$ gesetzt wurde und $\overline{F}_t = F_{W_t} + F_{A_t} + F_{U_t}$ neu definiert worden ist, kommt ein weiterer Term hinzu. Gleichung (10.6) erfaßt die GOK der während der Lebensdauer der Anlage via Anleihenbegebung aus dem pivaten Sektor transferierten Mittel

$$\sum_{t=0}^{H} (1-\sigma'_t)\,(K_t + \widetilde{C}_t - \overline{F}_t) :$$

$$\sum_{t=0}^{H} GOK_t^A = (M\beta'' + 1 - \beta'') \sum_{t=0}^{H} \frac{1-\sigma'_t)\,(K_t + \widetilde{C}_t - \overline{F}_t)}{(1+r)^t} . \tag{10.6}$$

Berücksichtigt man des weiteren die beiden Entzugsalternativen, nämlich $F_W$ am Ⓦ-Transaktor und $(F_A + F_U)$ am Ⓐ- bzw. Ⓤ-Transaktor, die unterschiedliche Werte des Parameters der Gebühreninzidenz hervorrufen können, dann muß der zweite Ausdruck der Gleichung (9.5c′) konsequenterweise zerlegt werden in:

$$\{M(1-\lambda) + \lambda\} \sum_{t=0}^{H} \frac{\overline{F}_t}{(1+r)^t} = \tag{10.6'}$$

$$\{M(1-\lambda) + \lambda\} \sum_{t=0}^{H} \frac{F_{W_t}}{(1+r)^t} + \sum_{t=0}^{H} \frac{F_{A_t} + F_{U_t}}{(1+r)^t} .$$

Der neue Ausdruck der GOK einer öffentlichen Investition lautet daher nunmehr:

$$\overline{B}_3 = (M\beta'' + 1 - \beta'') \sum_{t=0}^{H} \frac{(1-\sigma'_t)\,(K_t + \widetilde{C}_t - \overline{F}_t)}{(1+r)^t} \tag{9.5c''}$$

$$+ (M\beta' + 1 - \beta') \sum_{t=0}^{H} \frac{\sigma'_t\,(K_t + \widetilde{C}_t - \overline{F}_t)}{(1+r)^t}$$

$$+ \{M(1-\lambda) + \lambda\} \sum_{t=0}^{H} \frac{F_{W_t}}{(1+r)^t} + \sum_{t=0}^{H} \frac{F_{A_t} + F_{U_t}}{(1+r)^t} .$$

Durch Bildung der Summe $RGNE = B_1 + B_2 - \overline{B}_3$ ergibt sich die modifizierte, alle drei Finanzierungsarten explizit berücksichtigende Formel des RGNE einer öffentlichen (Sozial)Investition:

$$RGNE = \{M - \alpha\,(M-1)\} \sum_{t=0}^{H} \frac{B_t}{(1+r)^t} \tag{10.7}$$

$$- \{1 + \beta''\,(M-1)\} \sum_{t=0}^{H} \frac{(1-\sigma'_t)\,(K_t + \widetilde{C}_t - \overline{F}_t)}{(1+r)^t}$$

$$- \{1 + \beta' (M-1)\} \sum_{t=0}^{H} \frac{\sigma_t' (K_t + \tilde{C}_t - \overline{F}_t)}{(1+r)^t}$$

$$- \{M - \lambda (M-1)\} \sum_{t=0}^{H} \frac{F_{W_t}}{(1+r)^t} - \sum_{t=0}^{H} \frac{F_{A_t} + F_{U_t}}{(1+r)^t} .$$

#### 4. Interpretation des Resultates

Die traditionellen Ansätze der GNKA sind im Hinblick auf den Finanzierungsaspekt einer öffentlichen Investition konsistent. Denn da implizit postuliert wird, der institutionelle Rahmen des vollkommenen Konkurrenzmodells bleibe unangetastet, darf der hypothetische Kapitalmarktzins als normative Diskontrate verwendet werden. Er reflektiert alle GOK einer öffentlichen Investition vollständig und unabhängig von der gewählten Finanzierungsart. Die Finanzierung einer staatlichen Anlage braucht hier tatsächlich nicht ausdrücklich im Kalkül berücksichtigt zu werden.

Schließt man sich aber der hier vertretenen Ansicht an, daß die Annahmen des Opportunitätskosten-Kriteriums für gemischtwirtschaftliche Marktwirtschaften des westlichen Typs die realistischeren sind, dann wird jede GNKA, die nicht die Finanzierungsmodi einer öffentlichen Investition explizit berücksichtigt, im Hinblick auf die gesamtwirtschaftliche Zielsetzung der produktionsmäßigen Effizienz inkonsistent[54]. Denn bei unvollkommenen Kapitalmärkten kann eine hypothetische Zinsrate nicht die totalen GOK des öffentlichen Kapitals erfassen. Deshalb sind zur Beurteilung der Vorteilhaftigkeit einer Sozialinvestition Modelle zu wählen, die die Einnahmen- wie die Ausgabenseite der staatlichen Investitionstätigkeit mit ihren gesamtwirtschaftlichen, ganz wesentlich von der Finanzierungsweise einer staatlichen Investition abhängenden Wachstums- bzw. Einkommenseffekten integrieren.

Die Struktur dieser Opportunitätskosten-Kriterien erlaubt es, sämtliche relevanten ökonomischen Wirkungen einer öffentlichen Investition in die primär finanzierungsbedingten Einflüsse des von ihr verursachten Gesamttransfers auf die private Ersparnis und in die GOK einer DM verdrängter privater Investitionen, die gesamtwirtschaftlichen Konsum-

[54] Daran ändert auch der mögliche und hier vorweggenommene Einwand nichts, das verwendete Modell der GNKA sei prinzipiell ein statisches und daher seien seine Ergebnisse in einer wachsenden Wirtschaft irrelevant. Dem ist entgegenzuhalten, daß die statischen Effizienzbedingungen einer Volkswirtschaft nur die notwendigen Minimalerfordernisse an einen effizienten Wachstumspfad darstellen. Da ein solcher Pfad aber als der geometrische Ort aller effizienten Produktionspunkte auf den sukzessiven (statisch-zeitlosen) "instantaneous production possibility frontiers" aufzufassen ist (*Dorfman/Samuelson/Solow*, a.a.O., S. 310), ist hier kein Widerspruch erkennbar.

verluste $M$, zu zerlegen. Der ökonomische Kern der Finanzierungsbedingtheit einer öffentlichen Investition liegt in den Inzidenzparametern der Komponenten des Gesamttransfers. Jede der drei betrachteten Finanzierungsmöglichkeiten (Steuern, Gebühren und Anleihen) wirkt zwar in derselben kontraktiven Richtung, aber quantitativ ganz unterschiedlich auf das Niveau der privatwirtschaftlichen Kapitalakkumulation, deren Rate jedoch konstant bleibt.

An dieser Stelle ist darauf hinzuweisen, daß Stolber in geradezu trivialer Weise Recht hat, denn weder bereitet der Einbau von Erwerbseinkünften noch die Berücksichtigung einer Finanzierung durch Inflation (Zentralbankkredit im Vollbeschäftigungsgleichgewicht) Schwierigkeiten[55]. Die Unterscheidung von Erwerbseinkünften und Gebühren geht auf ein Denken in rein fiskalischen Kategorien zurück. Im Rahmen der Opportunitätskosten-Kriterien der Vorteilhaftigkeit einer öffentlichen Investition rechtfertigt nichts die Beibehaltung dieser Trennung, da beide Arten von Finanzertrag ökonomisch gleichwertig sind. Um eine Inflationsfinanzierung zu berücksichtigen, müssen nur die $B_t$ und $\widetilde{C}_t$ entsprechend den vorausgeschätzten Inflationsraten aufgebläht werden. Nur wenn die zu erwartenden Preissteigerungen asymmetrisch sind, z. B. für die Inputseite größer als für den Output, ändert sich (sinkt) cet. par. der RGNE (und vice versa). Da $M$ güterwirtschaftliche Konsumverluste mißt, ändert sich weiter nichts. Das eigentliche Problem beginnt erst bei der Schätzung der inflationsbedingt veränderten Dispositionen der Haushalte und ihren Einflüssen auf die verschiedenen Inzidenzparameter.

Für die Opportunitätskosten-Modelle ist aus Gründen der inneren ökonomischen Konsistenz zu fordern, daß auch sie alle diejenigen ökonomischen Faktoren enthalten, die in den modelltheoretischen Überlegungen zur Bestimmung der verschiedenen Inzidenzparameter eine Rolle spielen — soweit sie hier von Bedeutung sind.

Nun zu den Inzidenzparametern der Finanzierung selbst! Auf die Bedingtheit ihrer Aussagefähigkeit wegen des Gleichgewichtscharakters des gewählten Kreislaufmodells ist schon mehrfach hingewiesen worden. Grundsätzlich kann nur das Angebot an privater Ersparnis, bzw. dessen Veränderung infolge eines aus den drei Finanzierungsarten zusammengesetzten Gesamttransfers, analysiert werden. Alle transferinduzierten Wirkungen auf die private Nachfrage nach Kapital, und damit auf das Volumen der tatsächlich durchgeführten privaten Investitionen, bleiben hier unberücksichtigt.

Für die Investitionsinzidenz eines Gebührentransfers kommt dieser Beschränkung aber kaum praktische Bedeutung zu. Denn kennt man

---

[55] Vgl. S. 169.

die relevanten Daten über die Aufteilung des Outputs einer gegebenen öffentlichen Investition auf Konsum- und Investitionsgüter und die sektoralen $\Pi$-Koeffizienten der Quasi-Komplementarität der volkswirtschaftlichen Produktion, dann läßt sich in einem eventuell weiter disaggregierten Modell ein approximierter Wert für $(1-\lambda)$ berechnen.

Dasselbe Urteil gilt auch — allerdings mit einer gewissen Einschränkung — für die Investitionsinzidenz eines Anleihentransfers. Denn solange keine extremen Konjunkturlagen vorherrschen, die entweder eine übermäßige Verflüssigung oder eine sehr starke Beanspruchung der Kapitalmärkte mit sich bringen, wird $\beta''$ gleich eins sein.

Am schlechtesten ist es um die Investitionsinzidenz eines Steuertransfers bestellt. Zieht man nämlich in Betracht, daß auf der Angebotsseite die Reaktionen der Haushalte auf einen marginalen Steuertransfer auch vom Zinsniveau abhängen werden und die Ersparnis nicht nur ein Residuum ist, und daß auf der Nachfrageseite die private Investitionsnachfrage nicht nur einkommens-, sondern auch gewinn- bzw. rentabilitätsabhängig ist, dann wird ersichtlich, daß $\beta'$, als privatwirtschaftliche Sparquote interpretiert, die tatsächliche marginale Verdrängung privater Investitionen unterschätzen wird[56].

Da alle drei Finanzierungsmöglichkeiten einer öffentlichen Investition theoretisch exakt trennbare und zudem unterschiedliche Wirkungen auf die private Kapitalakkumulation zeigen, wurde das Opportunitätskosten-Kriterium Feldsteins modifiziert. In diesem erschien nämlich nur eine einzige Finanzierungsart explizit, die Gebühren- und Erwerbseinkünfte. Die Steuern- und Anleihenfinanzierung wurde nur indirekt-formal als Inzidenz des Nettotransfers berücksichtigt.

Wird nun nach den Schlußfolgerungen aus diesem Kriterium für die staatliche Finanzierungspolitik bei Sozialinvestitionen gefragt, dann können aus der Gleichung (10.7) bzw. (9.5c″) folgende Grundsätze herausgelesen werden. Da in der Regel für die Inzidenzparameter die Relation

$$1 \geqq \beta'' > \beta' \overset{?}{\geqq} (1-\lambda) \geqq 0 \tag{10.8}$$

gelten wird, favorisiert dieses Maß der GOK aufs stärkste eine Steuerfinanzierung öffentlicher Investitionen im Verhältnis zur Finanzierung durch Anleihen. Läßt sich das Gleichheitszeichen in der Ungleichung (10.8) an der durch ein Fragezeichen markierten Stelle irgendwie ausschließen, dann ist eine Gebührenfinanzierung den beiden anderen Aufbringungsarten in jedem Falle vorzuziehen. Doch da eine Vollkosten-

56 Siehe hierzu: *Fest, H.*, Ansatzpunkte zur quantitativen Schätzung der Investitionsinzidenz eines Steuertransfers, Addendum zum Forschungsbericht „Finanzierungsprobleme in der Cost-Benefit-Analyse", Arlington, April 1970.

Gebührenpolitik sehr bald auf soziale, kulturelle, organisatorische und ähnliche außerökonomische Grenzen stoßen wird, wird der Finanzertrag unter diesem Gesichtspunkt immer eine mehr exogen bestimmte Variable bleiben und selten die Deckung der vollen Kosten ermöglichen. M.a.W.: Der Staat kann cet. par. die Vorteilhaftigkeit seiner Investitionen bei gegebenem Gebührenaufkommen je Periode erhöhen, indem das resultierende Defizit $D_t$ möglichst ganz durch Steuern gedeckt wird. Je größer $\sigma_t'$, und dies in um so mehr Perioden $0 \leqq t \leqq H$, desto größer der RGNE einer Sozialinvestition.

## § 11. Schluß: Zusammenfassung der Ergebnisse

Das Ziel dieser Arbeit bestand darin, die Entscheidungsfunktion des öffentlichen Investors gesamtwirtschaftlich konsistent zu bestimmen. Zu diesem Zweck wurden im ersten Kapitel das Konzept der unvollständigen Optimierung und das der Suboptimierung eingeführt und auf das vorliegende Problem angewendet. Als Ausgangsbasis unserer Konsistenzbetrachtungen wurden drei Allokationsmodelle zur Bestimmung gesamtwirtschaftlicher Optimalitätskriterien einer Volkswirtschaft dargestellt und diskutiert. Das Optimalitätskonzept der allokativen Effizienz erwies sich als die am besten geeignete gesamtwirtschaftliche Zielvorstellung, auf die sich die Konsistenz des öffentlichen Investitionskriteriums im Grundsätzlichen beziehen muß. Die Entscheidungsfunktion für die Auswahl öffentlicher Investitionen wurde daraufhin als mikroökonomisches Suboptimierungskriterium der einzelwirtschaftlichen Entscheidungseinheit „staatlicher Investor" interpretiert. Das zentrale Äquivalenztheorem über allokative Effizienz und vollkommenes Konkurrenzgleichgewicht konstituiert eine normative Interpretierbarkeit derjenigen Entscheidungsfunktionen, die die Wirtschaftseinheiten im Modell der vollkommenen Konkurrenz ihren Dispositionen zugrunde legen.

Im zweiten Kapitel, das die grundlegenden Konsistenzuntersuchungen enthält, wurde zunächst das konsistente Investitionskriterium für das Modell der vollkommenen Konkurrenz abgeleitet. Da die Entscheidungseinheit Staat in jenem Modell nicht enthalten ist, mußte geprüft werden, ob die Eigenschaften öffentlicher Sozialinvestitionen mit den abgeleiteten Konsistenzvoraussetzungen des Kapitalwertkriteriums vereinbar sind. Dabei zeigte es sich, daß Sozialinvestitionen drei ökonomische Charakteristika aufweisen, nämlich Auslastungseffekte, Outputunteilbarkeiten und externe Effekte, die alle den Annahmen und Prämissen des vollkommenen Konkurrenzmodells widersprechen. Die explizite Berücksichtigung von Sozialinvestitionen verletzt zwar nicht (direkt) den institutionellen Rahmen dieses Modells, i. e. die Prämisse eines vollkommenen Marktmechanismus, doch das einfache Kapitalwertkriterium wird inkonsistent. Das Suboptimierungskriterium für öffentliche Investitionen läßt sich nur dann theoretisch konsistent spezifizieren, wenn eine Totalanalyse aller ökonomischen Interdependenzeffekte einer derartigen Investition unternommen wird. Das konsistent modifizierte Kapitalwertkriterium heißt gesamtwirtschaftlicher Nettoertrag (GNE); es trägt allen von einer öffentlichen Investition verursachten Batorschen Externitäten Rechnung.

Den konsistenztheoretischen Forderungen wurde dann das faktische Vorgehen der GNKA gegenübergestellt. Grundsätzliches Vorteilhaftigkeitskriterium der GNKA ist der GNE einer öffentlichen Investition in Form seines Kapitalwertes. Es zeigte sich, daß bei der Ermittlung des GNE verhältnismäßig geringfügige Inkonsistenzen auftreten. In realen Marktwirtschaften führen (positive) Batorsche Externitäten zu einer partiellen oder totalen Nichtaneignungsfähigkeit des gesamtwirtschaftlichen Ertrages einer Sozialinvestition. Da in der Praxis der GNKA keine allokativ-effizienten Rechenpreise zur konsistenten Bewertung zur Verfügung stehen, behilft man sich dort mit dem wohlfahrtstheoretischen Partialansatz. D. h. es wird postuliert, daß die Bedingungen des vollkommenen Konkurrenzgleichgewichts in allen Sektoren der Volkswirtschaft erfüllt sind, ausgenommen die Sektoren, in denen die Sozialinvestition vorgenommen wird, und diejenigen, die stark durch die Vornahme dieser Investition berührt werden. Für diese Ausnahme-Sektoren werden hypothetische Marktpreise ermittelt. Im übrigen behalten die tatsächlichen Marktpreise ihre normative Interpretierbarkeit weiterhin bei.

Als Nächstes wurde untersucht, welche theoretischen Funktionen der Kapitalmarktzins im vollkommenen Konkurrenzmodell bei der konsistenten Spezifizierung des öffentlichen Investitionskriteriums wahrnimmt. Hier wurde gezeigt, daß er simultaner Ausdruck sowohl der privaten Zeitpräferenzrate als auch der Opportunitätskosten des öffentlichen Kapitals ist. Er erfaßt deshalb die GOK des von einer öffentlichen Investition in Anspruch genommenen Kapitals vollständig. Bei der Ermittlung des GNE muß als normative Diskontrate deshalb der Wert des gleichgewichtigen Kapitalmarktzinses angesetzt werden, damit das Suboptimierungskriterium für staatliche Investitionen konsistent spezifiziert wird.

Die individuell bestimmte gesellschaftliche Bewertung des zukünftigen Konsums wurde dann durch eine politisch determinierte ersetzt. Diese Annahme einer sozialen Diskontrate (SDR) bedeutete die Aufgabe der postulierten gesamtwirtschaftlichen Zielsetzung für das ökonomische Gesamtsystem. Das öffentliche Investitionskriterium mit einer SDR als normativer Diskontrate wurde inkonsistent, und zwar sowohl in Bezug auf die Optimalitätsbedingungen der allokativen wie in Bezug auf die der technischen Effizienz. Zur Erarbeitung der erforderlichen neuen Konsistenzvoraussetzungen wurde sodann die Prämisse des vollkommenen Marktmechanismus aufgegeben.

Damit werden unvollkommene Kapitalmärkte explizit eingeführt, und die Erörterung der konsistenztheoretischen Implikationen dieser Annahme erbrachte folgende Resultate. Sobald der modelltheoretische Rahmen des vollkommenen Konkurrenzmodells aufgegeben wird, wird der GNE ein inkonsistentes Vorteilhaftigkeitskriterium, denn es läßt sich keine normative Diskont*rate* finden, die die GOK des öffentlichen Kapitals vollständig erfaßt. Dabei ist es gleichgültig, ob eine private oder eine soziale Zeitpräferenzrate als gesellschaftliche Bewertungsnorm für zukünftigen Konsum angesetzt wird. Gesellschaftliche Bewertung und Opportunitätskosten divergieren in jedem Fall, genau wie im vollkommenen Konkurrenzmodell bei Annahme einer SDR auch. Die intertemporale Optimalitätsbedingung für die technische Effizienz der Produktion, die Gleichheit der Grenzeffizienz des Investierens in allen Sektoren der Volkswirtschaft, wird nicht erfüllt.

Auch das Verfahren des traditionellen Ansatzes der GNKA, eine hypothetische Zinsrate als gewichteten Durchschnitt aus gesellschaftlicher Bewertungsnorm und Opportunitätskosten zu ermitteln und diese als normative Diskontrate zu verwenden, kann die Inkonsistenz des GNE bei unvollkommenem Kapitalmarkt nicht beheben. Es wurde gezeigt, daß staatliche Investitionen vorteilhafter erscheinen als sie tatsächlich sind, wenn dennoch eine hypothetische Zinsrate im GNE angesetzt wird. Denn der in diesem Investitionskriterium implizierte Ertrags- bzw. Produktivitätsvergleich wird systematisch zuungunsten der privaten Investitionen verzerrt, nämlich pro Einheit öffentlichen Kapitals um den Differenzbetrag zwischen den GOK und dem hypothetischen Zinssatz. Aus diesem Grunde wurde der traditionelle Ansatz der theoretischen GNKA verworfen, denn seine Verwendung bei der Beurteilung der Vorteilhaftigkeit öffentlicher Investitionen führt zu einer Mißallokation des Kapitals bzw. der volkswirtschaftlichen Ressourcen. Damit stellte sich die Frage nach demjenigen SOK, das den GNE ersetzt.

Es wurde gezeigt, daß gesamtwirtschaftliche Konsistenz bei unvollkommenem Kapitalmarkt nur dann gewährleistet werden kann, wenn die Opportunitätskosten des öffentlichen Kapitals explizit im Kapitalwertkriterium berücksichtigt werden. Das neue konsistente Suboptimierungskriterium (SOK) für den öffentlichen Investor ist der *reine* gesamtwirtschaftliche Nettoertrag (RGNE) einer Sozialinvestition. In diesem modifizierten Kapitalwertkriterium wird jede DM öffentlichen Kapitals mit einem gesamtwirtschaftlichen Knappheitspreis (GOK) bewertet. Aus den nominalen Kapitalkosten werden real-güterwirtschaftliche Opportunitätskosten. Diese GOK des öffentlichen Kapitals müssen aus makroökonomisch-gesamtwirtschaftlichen Quantifizierungsansätzen gewonnen werden. Bei unvollkommenem Marktmechanismus ruft die Vornahme einer öffentlichen Investition via Entzugseffekte anläßlich der Aufbringung der benötigten öffentlichen Finanzierungsmittel ökonomische Interdependenzeffekte außerhalb des Marktmechanismus hervor, und eine Partialanalyse wird — nun prinzipiell auch für die Zwecke der *praktischen* GNKA — unzulässig.

Da die behavioristische Variante der Theorie des Zweitbesten Ansätze zur konsistenten Bestimmung von SOK'en bereithält, wurden diese disaggregierten makroökonomischen Totalmodelle überprüft. Ansätze zur Lösung des Problems der normativen Diskontrate ergaben sich dabei jedoch nicht.

Im letzten Abschnitt des zweiten Kapitels verließen wir den Bereich einer „utopischen Ökonomie" und führten hinreichende Optimalitätsbedingungen für Veränderungen der ökonomischen Wohlfahrt in gesamtwirtschaftlich suboptimalen Situationen ein. Das Hauptergebnis bestand hier in der Feststellung gewisser theoretischer Voraussetzungen, unter denen ein Zuwachs des Volkseinkommens, verursacht durch die Vornahme einer öffentlichen Investition, als ein geeigneter Indikator für die bewirkten Veränderungen der ökonomischen Wohlfahrt interpretiert werden darf. Grundbedingung dafür allerdings ist, daß die Auswahlkriterien konsistent spezifiziert werden. Drei derartige Kriterien zur Bewertung des Einkommenszuwachses werden in der theoretischen GNKA vorgeschlagen. Ihre konsistenztheoretische Untersuchung ergab, daß zwei dieser Kriterien, das modifizierte Sozialprodukts- und das effizienztheoretische Kriterium, implizit den modelltheoretischen Prämissenrahmen eines vollkommenen Konkurrenzmodells zugrunde legen, und sie deshalb in unvollkommenen Marktwirtschaften inkonsistente Wertmaßstäbe zur Bewertung eines Volkseinkommenszuwachses sind. Hingegen stellt das wohlfahrtstheoretische Kriterium von vornherein auf einen unvollkommenen Marktmechanismus ab. Es liefert daher die konsistenten Bewertungsregeln zur Spezifizierung des RGNE.

Im dritten Kapitel wurden theoretische Quantifizierungsansätze für den RGNE diskutiert und die bei der konsistenten Bestimmung dieses Opportunitätskosten-Kriteriums der Vorteilhaftigkeit einer staatlichen (Sozial)Investition auftretenden Probleme erörtert. Auf dem Grundmodell Marglins zur Bestimmung der GOK aufbauend wurde gezeigt, welche Modifikationen der einfachen RGNE-Formel notwendig sind, um alle realen gesamtwirtschaftlichen Effekte einer öffentlichen Investition von ihren nominalen Wirkungen zu trennen, damit beides für die Bewertung der von dieser Investition beanspruchten volkswirtschaftlichen Ressourcen ausgewertet werden kann. Im Opportunitätskosten-Kriterium wird jeglicher Ressourcenverbrauch in potentielle Konsumverluste, jeglicher Output in potentielle Konsumzuwächse transformiert. Dazu werden Umrechnungspreise, i. e. Konsumäquivalente, benötigt, die aus Multiplikatormodellen abgeleitet werden. Im Opportunitätskosten-Ansatz der theoretischen GNKA mißt der RGNE den potentiellen Nettozuwachs an Konsum, den die betrachtete öffentliche Investition für die Gesellschaft erbringen würde.

Bei der Würdigung dieses Ansatzes konnten wir zeigen, daß er in sich widerspruchsfrei ist. Die in der Literatur vorgetragene Kritik erwies sich als unbegründet und beruht in der Hauptsache einerseits auf einer Fehlinterpretation des wohlfahrtstheoretischen Auswahlkriteriums (Stolber), andererseits auf einer bei unvollkommenem Kapitalmarkt unzulässigen Interpretation der Reinvestitionshypothese für den öffentlichen Output (Mishan). Eine tatsächliche theoretische Schwäche dieses Modells, die Verwendung eines nur globalen gesamtwirtschaftlichen Marginalertrages der privaten Investitionen, konnten wir beheben, indem zwei verschiedene Aggregationshypothesen auf die sektoralen Ertragsraten angewendet wurden. Der zugehörige Konsum/Investitionsmultiplikator (Konsumäquivalent) wurde für den allgemeinsten Fall auch berechnet.

Im zweiten Abschnitt des dritten Kapitels wurde die Finanzierungsbedingtheit der GOK einer öffentlichen Investition untersucht. Bei allen GOK-Ansätzen werden implizit nämlich eine oder mehrere Transferarten unterstellt, deren sich der Staat bedient, um den privaten Sektoren die benötigten Mittel zu entziehen. Wir konnten zeigen, daß im Opportunitätskosten-Kriterium Feldsteins nur die Gebührenfinanzierung und ein unspezifizierter Nettotransfer berücksichtigt werden. Mit Hilfe eines Kreislaufmodells gelang es, den Gesamttransfer, den eine öffentliche Investition während ihrer Lebensdauer im ökonomischen System hervorruft, in einzelne Finanzierungskomponenten zu zerlegen. Wir diskutierten die Konsum/Investitionen-Inzidenzparameter der Steuer-, Anleihen- und Gebührenfinanzierung und konnten zeigen, daß jede dieser Transferarten unterschiedliche kontraktive Veränderungen des privaten Investitionsvolumens auslöst. Deshalb erwies sich eine Modifikation der Feldstein-Formel des RGNE als notwendig. Im modifizierten RGNE werden alle drei Transfermodi explizit und gleichzeitig berücksichtigt.

Die traditionellen Ansätze der theoretischen GNKA ignorieren diese unmittelbare Finanzierungsbedingtheit der Vorteilhaftigkeit einer öffentlichen Investition vollkommen, da sie mit der Annahme einer hypothetischen Zinsrate als normativer Diskontrate analog zum vollkommenen Konkurrenzgleichgewicht postulieren, die Aufbringungsweise der öffentlichen Mittel beeinflusse den Grad der Vorteilhaftigkeit einer öffentlichen Investition nicht. Die Annahmen der Opportunitätskosten-Ansätze sind für kapitalistische Marktwirtschaften aber zweifellos realistischer als diejenigen, auf denen die traditionellen Ansätze der GNKA fußen. Eine Verwendung dieser Ansätze führt nicht nur deshalb zu einer Mißallokation von Kapital, weil die GOK des öffentlichen Kapitals nicht vollständig in das Kalkül eingehen, sondern auch deshalb, weil die von der gewählten Finanzierungsart abhängigen, transferbedingten produktivitätsmäßigen Fernwirkungen einer öffentlichen Investition außer Ansatz gelassen werden. Bei Marktunvollkommenheiten ist der traditionelle Ansatz in jeder Hinsicht inkonsistent mit der gesamtwirtschaftlichen Zielsetzung der produktionsmäßigen Effizienz, und damit erst recht mit der der allokativen Effizienz.

Das Ergebnis dieser konsistenztheoretischen Untersuchung des Entscheidungskriteriums für die Auswahl öffentlicher Investitionen kann daher abschließend wie folgt umrissen werden: Nur eine Totalanalyse der gesamtwirtschaftlichen Effekte öffentlicher (Sozial)Investitionen kann zu einer konsistenten Auswahl der zu realisierenden staatlichen Investitionsobjekte führen. Im modifizierten Opportunitätskosten-Kriterium der Vorteilhaftigkeit einer Sozialinvestition werden alle an diese Entscheidungsfunktion zu stellenden konsistenztheoretischen Anforderungen erfüllt. Solange die Regierung nicht dem Vorschlag von Hirshleifer et al. folgen kann und „appropriate monetary and fiscal measures" einsetzen kann, „to overcome *any* divergence between true time preference and that observed in market behavior"[57], gilt das große „if" Arrows. Das heißt, zur Spezifizierung des konsistenten Suboptimierungskriteriums für öffentliche Investitionen ist dieser modelltheoretische Aufwand unumgänglich, und Arrows einfache optimale Discounting-Policy, abgeleitet aus einem neoklassischen Wachstumsansatz mit Hilfe des Pontryagin-Prinzips, bleibt ein interessanter „counsel of perfection", den die reine Theorie geben kann[58]. Als Orientierungshilfe für die Konstruktion operationaler Auswahlkriterien läßt sie sich jedoch nicht verwenden. Feldstein hat überdies kürzlich gezeigt, daß diese Regel genau dem GNE einer öffentlichen Investition entspricht. Nur durch zwei spezielle, im allgemeinen nicht zu rechtfertigende Annahmen gelingt es Arrow hier, das Inzidenzproblem ($\beta'$) und die Notwendigkeit, gesamtwirtschaftliche Opportunitätskosten zu berechnen ($M$), zu umgehen[59].

---

57 *Arrow,* Public Investment Criteria, S. 28; Hervorhebung vom Verfasser.

58 Ders., S. 25 ff., und *Arrow,* K. J. und M. *Kurz,* Optimal Public Investment Policy and Controllability with Fixed Private Savings Ratio, in: JET, vol. I (1969), S. 141 - 177.

59 *Feldstein,* Choice of Technique, Appendix.

Was Neumark einmal im Hinblick auf eine sachgerechte Ermittlung der wahren Steuerbelastung einer Volkswirtschaft gefordert hat, nämlich daß Verausgabung und Erhebung der von den Einzelwirtschaften auf den Fiskus transferierten Werte bei der Ermittlung dieser „Belastung“ ausdrücklich berücksichtigt werden müssen[60], dieses Erfordernis wird im Opportunitätskosten-Kriterium der Vorteilhaftigkeit einer Sozialinvestition im übertragenen Sinne realisiert. Die resultierende Komplexität der konsistenten Entscheidungsfunktion, dies ist der Preis, den der Ökonom zu entrichten hat, um die faktische Unvollständigkeit der gesamtwirtschaftlichen Optimierung so gut und so weit wie möglich im öffentlichen Investitionskriterium berücksichtigen zu können. Da die Parameter zur Bestimmung der GOK einer öffentlichen Investition, einmal ermittelt, zur Bewertung aller staatlichen Sozialinvestitionen einer Periode verwendet werden können, erscheint uns dieser Preis aber angemessen. Zu den Voraussetzungen einer praktischen Anwendung des Opportunitätskosten-Kriteriums gehören dann die approximative Quantifizierung aller Inzidenz- und sonstiger Modellparameter, und vor allem auch eine operationale, ökonomisch sinnvolle Abgrenzung (wenigstens) einiger Kategorien privater Marginalinvestitionen. Hier wäre dann auch die theoretische Frage erneut zu stellen, ob und inwieweit Steuer- und Risikoüberlegungen in die Ermittlung marginaler sektoraler Ertragsraten miteinbezogen werden müssen.

Werden bei der praktischen Anwendung dieses Kriteriums die aufgezeigten theoretischen Beschränkungen berücksichtigt und wird den kritischen Engpässen der GNKA genauestens Rechnung getragen, dann führt dieses Entscheidungskriterium in kapitalistischen gemischtwirtschaftlichen Marktwirtschaften zu einer ökonomisch-rationalen Auswahl öffentlicher Investitionen.

---

[60] *Neumark*, F., Artikel: Steuer I: Theorie der Besteuerung, in: HdSW, vol. 10, S. 101.

# Mathematischer Anhang*

## *I. Berechnung von $M_C$, $M_T$ und $M$*

### *I.1 Berechnung von $M_C = \sum_{t=1}^{\infty} \frac{C_t}{(1+r)^t}$ gemäß (9.7a)*

Durch Einsetzen von

$$\left.\begin{aligned} &(9.8b) \qquad Y_t = \varrho \sum_{n=0}^{t-1} I_n \\ &(9.8a) \qquad C_t = m\,(1-p)\,Y_t \end{aligned}\right\}\ (t = 1, \ldots\ldots) \qquad \text{in} \quad \text{erhält man}$$

$$\text{(I)} \qquad C_t = m\,(1-p)\,\varrho + m\,(1-m)\,(1-p)^2\,\varrho^2 + \ldots\ldots\ldots + m\,(1-m)^{t-1}\,(1-p)^t\,\varrho^t\ ;$$

und durch Ausklammern von $(1-p)\,m\,\varrho$ daraus

$$\text{(II)} \qquad C_t = m\,(1-p)\,\varrho\,\{1 + \varrho\,(1-m)\,(1-p) + [(1-m)\,(1-p)\,\varrho]^2 + \ldots \ldots + [(1-m)\,(1-p)\,\varrho]^{t-1}\}\ .$$

Durch Bildung der unendlichen Summe ergibt sich

$$\text{(9.8a')} \qquad C_t = (1-p)\,m\,\varrho\,[1 + \varrho\,(1-m)\,(1-p)]^{t-1}\ .$$

Setzt man diesen Ausdruck in (9.7a) ein:

$$\text{(III)} \qquad M_C = \sum_{t=1}^{\infty} \frac{(1-p)\,m\,\varrho\,[1 + \varrho\,(1-m)\,(1-p)]^{t-1}}{(1+r)^t}\ ,$$

dann läßt sich (III) zunächst noch vereinfachen zu

$$\text{(IV)} \qquad M_C = \frac{(1-p)\,m\,\varrho}{1+r} \sum_{t=1}^{\infty} \left[\frac{1 + \varrho\,(1-m)\,(1-p)}{1+r}\right]^{t-1}\ .$$

Durch Anwendung der Regel für die Summenbildung von unendlichen geometrischen Reihen erhält man aus (IV)

$$\text{(V)} \qquad M_C = \frac{(1-p)\,m\,\varrho}{1+r} \cdot \frac{1}{1 - \frac{1 + \varrho\,(1-m)\,(1-p)}{1+r}}\ ,$$

und durch Erweitern des zweiten Faktors um $(1 + r)$ sowie anschließendes

---

* Zu den mathematischen Grundlagen siehe *Allen*, R. G. D., Mathematik für Volks- und Betriebswirte, 2. Aufl., Berlin 1956, S. 466 ff. und S. 473 ff.

Wegkürzen von $(1 + r)$ aus dem Nenner des ersten bzw. dem Zähler des zweiten Faktors gelangt man schließlich zu:

$$\text{(9.7a')} \qquad M_C = \frac{m\,\varrho\,(1-p)}{r-\varrho\,(1-m)\,(1-p)} \,.$$

---

*I.2 Berechnung von* $M_T = \dfrac{(M\,\beta' + 1-\beta')\,T_t}{(1+r)^t}$ *gemäß (9.7b)*

Durch Einsetzen von

$$\left.\begin{array}{ll} \text{(9.8b)} & Y_t = \varrho \sum\limits_{n=0}^{t-1} I_n \\ \text{(9.8c)} & I_t = (1-m)\,(1-p)\,Y_t \\ \text{(9.8d)} & T_t = p\,Y_t \,, \end{array}\right\} (t = 1, \ldots) \quad \begin{array}{l}\text{und} \\ \text{in} \\ \text{erhält man}\end{array}$$

$$\text{(VI)} \qquad T_t = p\,\varrho\,\{1 + (1-m)\,(1-p)\,\varrho + [(1-m)\,(1-p)\,\varrho]^2 + \ldots . \ldots + [(1-m)\,(1-p)\,\varrho]^{t-1}\} \;;$$

und daraus durch Anwendung der entsprechenden Summenregel

$$\text{(9.8d')} \qquad T_t = p\,\varrho\,\{1 + [(1-m)\,(1-p)\,\varrho]^{t-1}\} \,.$$

Setzt man diesen Ausdruck in (9.7b) ein:

$$\text{(VII)} \qquad M_T = \sum_{t=1}^{\infty} \frac{(M\,\beta' + 1-\beta')\,p\,\varrho\,\{1 + [(1-m)\,(1-p)\,\varrho]\}^{t-1}}{(1+r)^t} \,,$$

dann läßt sich (VII) zunächst wieder vereinfachen zu

$$\text{(VIII)} \qquad M_T = \frac{(M\,\beta' + 1-\beta')\,p\,\varrho}{1+r} \sum_{t=1}^{\infty} \left[\frac{1 + \varrho\,(1-m)\,(1-p)}{1+r}\right]^{t-1} .$$

Daraus erhält man dann, völlig analog wie zu $M_C$ ,

$$\text{(9.7b')} \qquad M_T = \frac{(M\,\beta' + 1-\beta')\,p\,\varrho}{r-\varrho\,(1-m)\,(1-p)} \,.$$

---

*I.3 Bildung von* $M = M_C + M_T$ *gemäß (9.7)*

Man setzt (9.7a') und (9.7b') in (9.7) ein:

$$\text{(IX)} \qquad M = \frac{m\,\varrho\,(1-p) + p\,\varrho\,(M\,\beta' + 1-\beta')}{r-\varrho\,(1-m)\,(1-p)} \,,$$

multipliziert beide Seiten mit dem Nennerausdruck und erhält nach Ausmultiplizieren sowie Ausklammern von $M$

(X) $$M\,[r-\varrho\,(1-m)\,(1-p)-\varrho\,p\,\beta'] = \varrho\,m\,(1-p) + \varrho\,p - \varrho\,p\,\beta' \,.$$

Durch Freistellen von $M$ und Ausklammern von $\varrho$ bzw. $p$ erhält man schließlich:

(9.7′) $$M = \frac{\varrho\,\{m\,(1-p) + p\,(1-\beta')\}}{r-\varrho\,\{(1-m)\,(1-p)-p\,\beta'\}} \,.$$

---

*I.4 Berechnung der Bedingung für $M > 1$*

Wenn $M > 1$, dann muß gelten:

(XI) $$\varrho\,[m\,(1-p) + p\,(1-\beta')] > r-\varrho\,[1-m)\,(1-p) + p\,\beta'] \;;$$

durch Umgruppieren der $\varrho$-Terme und Ausmultiplizieren erhält man:

(XII) $$\varrho\,(m-mp + p-p\,\beta' + 1-p-m + mp + p\,\beta') > r \,.$$

Daraus ersieht man, daß $\varrho > r$ sein muß, damit $M > 1$.

---

*II Berechnung von $M_C$ gemäß (9.7a) unter der Annahme sektoraler Opportunitätskosten und unterschiedlicher sektoraler Investorenanteile*

*II.1 Definitorische Gleichungen*

(1.1) $$M_C = \sum_{t=1}^{\infty} \frac{C_{1t} + C_{2t}}{(1+r)^t} \;;$$

(1.2) $$C_{1t} = d_1\,\overline{Y}_{1t}\,, \quad \text{wobei} \quad d_1 \equiv m_1\,(1-p_1) \;;$$

(1.3) $$C_{2t} = d_2\,\overline{Y}_{2t}\,, \quad \text{wobei} \quad d_2 \equiv m_2\,(1-p_2) \;;$$

(9.10a) $$\overline{Y}_{1t} = \sum_{\nu=1}^{s} x_\nu\,\gamma_\nu\,\varrho_\nu \sum_{n=0}^{t-1} (I_{1n} + I_{2n}) \quad \text{und}$$

(9.10b) $$\overline{Y}_{2t} = \sum_{\nu-1}^{s} (1-x_\nu)\,\gamma_\nu\,\varrho_\nu \sum_{n=0}^{t-1} (I_{1n} + I_{2n})\,, \quad \text{wie auf}$$

Seite 166 erläutert;

(1.4) $$I_{1t} = c_1\,\overline{Y}_{1t}\,, \quad \text{wobei} \quad c_1 \equiv (1-m_1)\,(1-p_1)\,,$$

(1.5) $$I_{2t} = c_2\,\overline{Y}_{2t}\,, \quad \text{wobei} \quad c_2 \equiv (1-m_2)\,(1-p_2)\,.$$

Die erste Summe in (9.10a) bezeichnen wir abkürzend mit $a$; die erste Summe in (9.10b) mit $b$. Ferner sei $(I_{10} + I_{20}) \equiv 1$ DM gegeben, woraus folgt, daß $\overline{Y}_{11} \equiv a$ ist. Die Bedeutung sämtlicher hier nicht erklärter Symbole ergibt sich aus dem Text – vgl. S. 166 ff. – sowie aus den Erklärungen zum Gleichungssystem (9.7) bis (9.8) auf S. 156 ff.

---

*II.2 Berechnung von $C_{1t}$ und $C_{2t}$*

Durch Einsetzen von (1.4) in (9.10a) und von (1.5) in (9.10b) folgen:

(2.1) $$\overline{Y}_{1t} = a \sum_{n=0}^{t-1} (c_1 \overline{Y}_{1n} + c_2 \overline{Y}_{2n}) \quad \text{und}$$

(2.2) $$\overline{Y}_{2t} = b \sum_{n=0}^{t-1} (c_1 \overline{Y}_{1n} + c_2 \overline{Y}_{2n}) \; .$$

Da in $n = 0$ noch kein Marginaleinkommen erzeugt wird, muß der Index $n$ um eins erhöht werden. Durch Division von (2.1) durch $a$ und von (2.2) durch $b$ und Gleichsetzung folgt:

(3) $$\overline{Y}_{2n} = (b/a)\, \overline{Y}_{1n} \; .$$

Durch Einsetzen von (3) in (2.1) und Berücksichtigung der Umindizierung erhält man die Ausgangsgleichung zur Summenbildung:

(4.1) $$\overline{Y}_{1t} = a \sum_{n=1}^{t} \left( c_1 \overline{Y}_{1n} + c_2 \frac{b}{a} \overline{Y}_{1n} \right) .$$

Durch Hineinmultiplizieren von $a$ und anschließendem Ausklammern erhält man

(4.1a) $$\overline{Y}_{1t} = (a\, c_1 + b\, c_2) \sum_{n=1}^{t} \overline{Y}_{1n} \; ;$$

für den Faktor vor der Summe wird die Abkürzung eingeführt $\alpha \equiv (a\, c_1 + b\, c_2)$, und (4.1a) lautet dann:

(4.2) $$\overline{Y}_{1t} = \alpha \sum_{n=1}^{t} \overline{Y}_{1n} \; .$$

Durch sukzessives Einsetzen erhält man nacheinander

(4.21) $$\overline{Y}_{12} = a\alpha$$

(4.22) $$\overline{Y}_{13} = \alpha\,(a + a\alpha) = a\alpha + a\alpha^2$$

.
.
. usw.

Man erkennt schnell, daß die Summenbildung der binomischen Regel folgt und erhält deshalb für $\overline{Y}_{1t}$

(5.1) $$\overline{Y}_{1t} = a \sum_{n=1}^{t} \binom{t}{n} \alpha^n \qquad \text{und für } \overline{Y}_{2t}$$

(5.2) $$\overline{Y}_{2t} = b \sum_{n=1}^{t} \binom{t}{n} \alpha^n \; .$$

Durch Einsetzen von (5.1) bzw. (5.2) in (1.2) bzw. (1.3) gelangt man zu

(1.2a) $$C_{1t} = d_1\, a \sum_{n=1}^{t} \binom{t}{n} \alpha^n \qquad \text{bzw. zu}$$

(1.3a) $$C_{2t} = d_2\, b \sum_{n=1}^{t} \binom{t}{n} \alpha^n \,.$$

---

*II.3 Berechnung des Multiplikators $M_C$*

Setzt man (1.2a) und (1.3a) in (1.1) ein, dann liefert dies

(6) $$M_C = \sum_{t=1}^{\infty} \frac{d_1\, a \sum_{n=1}^{t} \binom{t}{n} \alpha^n + d_2\, b \sum_{n=1}^{t} \binom{t}{n} \alpha^n}{(1+r)^t} \,.$$

Dieser Ausdruck läßt sich vereinfachen zu

(6.1) $$M_C = \sum_{t=1}^{\infty} \frac{(d_1\, a + d_2\, b) \sum_{n=1}^{t} \binom{t}{n} \alpha^n}{(1+r)^t}$$

und abgekürzt als

(6.2) $$M_C = D \sum_{t=1}^{\infty} \frac{\sum_{n=1}^{t} \binom{t}{n} \alpha^n}{(1+r)^t} \qquad \text{schreiben,} \quad \text{mit } D \equiv (d_1\, a + d_2\, b) \,.$$

Da $\sum_{n=1}^{t} \binom{t}{n} \alpha^n = (1+\alpha)^t - 1$ ist, folgt

(6.21) $$M_C = D \sum_{t=1}^{\infty} \frac{(1+\alpha)^t - 1}{(1+r)^t} \,.$$

Daraus bilden wir eine Differenz zweier Summen,

(6.21') $$M_C = D \left[ \sum_{t=1}^{\infty} \left[ \frac{1+\alpha}{1+r} \right]^t - \sum_{t=1}^{\infty} \frac{1}{(1+r)^t} \right] ,$$

und erhalten durch Anwendung der Regeln für die Summenbildung unendlicher geometrischer Reihen

(6.22) $$M_C = D \left[ \frac{1+\alpha}{1+r} \cdot \frac{1}{1 - \frac{1+\alpha}{1+r}} - \frac{1}{1+r} \cdot \frac{1}{1 - \frac{1}{1+r}} \right] ,$$

nachdem wir uns überzeugt haben, daß (6.21') wegen Erfüllung der Bedingungen $\alpha < r$ und $r > 0$ konvergiert. Durch Erweitern mit $(1 + r)$ und Wegkürzen erhält man schließlich nach einigen Umformungen das Ergebnis:

(6.23) $$M_C = \frac{\alpha\,(1+r)}{r\,(r-\alpha)}\,D \qquad \text{mit}$$

$$D \equiv (d_1\,a + d_2\,b) \quad \text{und} \quad \alpha \equiv (c_1\,a + c_2\,b)\ .$$

Das weitere Einsetzen ersparen wir uns, denn wegen der Komplexität dieses Multiplikatorausdrucks lassen sich keine unmittelbaren Schlüsse auf seine Reagibilität bezüglich der einzelnen Parameter ziehen. Die zum einfachen Multiplikator im Text gemachten Aussagen treffen jedoch auch hier zu.

## Summary

The present study investigates public expenditure criteria and specifically deals with the problem of formulating a decision criterion for the public investor which guaranties consistency of his investment decisions with the macroeconomic objective of an optimal allocation of resources. In the field of applied welfare economics this problem has excited an increasing interest in the last decade. In planning and evaluating public investment projects the criteria developed under the heading of benefit-cost-analysis have been applied at a crescent rate.

The crucial feature of the public investment criteria is that most of them, with very few exceptions, are designed for an economy that, as a general principle, is perfectly competitive. Obviously this assumption does not describe reality adequately and in empirical analyses one usually tries to alleviate this shortcoming by correcting market prices appropriately.

In this study, however, it is demonstrated that all such criteria are based on the partial equilibrium approach of welfare theory which becomes inadmissable when imperfect markets are introduced explicitly. The rate of interest resulting from imperfectly competitive capital markets is inadequate for assessing the social opportunity costs of public investment funds. Instead, an explicit calculation of the additional net consumption which is opened to society by the public project is suggested as the only reasonable solution. This concept rests on a total equilibrium approach, and net consumption, i. e. the social opportunity cost of public investment, is determined by using multiplier models. Further results show that under the assumption of imperfect markets the kind of financing a public project is a very important factor influencing the social opportunity cost of any public investment.

## Résumé

L'étude a pour objet les critères de l'appréciation économique d'investissements publics. Il s'agit notamment de savoir comment la fonction de l'investisseur public de prendre des décisions doit être structurée afin que ses investissements s'intègrent solidement dans les visées de l'économie politique sur le meilleur emploi des ressoures existantes. Cette question a trouvé un intérêt croissant dans la théorie de la prospérité appliquée au cours de la dernière décennie. Les critères d'investissement créés dans l'analyse du bénéfice et du coût social ont été employés de plus en plus fréquemment pour la planification et l'évaluation de projets d'investissement de l'Etat.

Le caractère problématique de ces critères d'appréciation d'investissements publics réside notamment dans le fait qu'ils ont été créés — à quelques exceptions près — pour une économie nationale, dans laquelle la concurrence est, par principe, absolue sur tous les marchés de marchandises et de facteurs. Les analyses empiriques tentent généralement de tenir compte de l'irréalité évidente de ces hypothèses modèles par une correction correspondante des prix du marché.

La présente étude met cependant en évidence que tous les critères de ce genre se basent sur une analyse partielle de la théorie du bien-être, devenant inacceptable si les imperfections du mécanisme du marché sont explicitement prises en considération. Le produit d'intérêt sur des marchés financiers imparfaits ne constitue pas alors un instrument approprié pour le calcul des coûts sociaux d'opportunité d'un investissement de l'Etat. La solution se dessine dans la détermination de la consommation nette supplémentaire que permet un investissement public. Cette conception se base sur une analyse d'ensemble dans laquelle cette consommation nette — les coûts sociaux d'opportunité — est calculée à l'aide de modèles multiplicateurs. D'autres résultats montrent que le genre de financement d'un investissement public constitue, en présence d'imperfections du marché, un déterminant essentiel de ses coûts sociaux d'opportunité.

# Literaturverzeichnis*


*Albach*, H.: Investition und Liquidität, Wiesbaden 1962.

— Produktionsplanung auf der Grundlage technischer Verbrauchsfunktionen, in: Krelle, W. und H. Albach, Arbeitsgemeinschaft für Forschung des Landes Nordrhein-Westfalen, Heft 105, Köln und Opladen 1962.

*Allen*, R. G. D.: Mathematical Economics, 2. Aufl., London 1963.

— Mathematik für Volks- und Betriebswirte, 2. Aufl., Berlin 1956.

*Arrow*, K. J.: Discounting and Public Investment Criteria, in: Kneese, A. V. und St. C. Smith, Water Research, Washington, D. C. 1966, S. 13 ff.

— Criteria for Social Investment, in: WRR, vol. 1 (1965), S. 1 ff.

— Social Choice and Individual Values, New York, London und Sydney 1963.

— An Extension of the Basic Theorem of Classical Welfare Economics, in: Neyman, J., Proceedings of the Second Berkeley Symposium on Mathematical Statistics and Probability, Berkeley 1951, S. 507 ff.

* — und M. *Kurz*: Optimal Public Investment Policy and Controllability with Fixed Private Savings Ratio, in: JET, vol. 1 (1969), S. 141 - 177.

*Asimakopulos*, A.: The Biological Interest Rate and the Social Utility Function, in: AER, vol. 57 (1967), S. 185 ff.

* *Bailey*, M. J. und M. C. *Jensen*: Risk and the Discount Rate for Public Investment, College of Business Administration, University of Rochester, Working Paper Series No. 6911, Rochester, August 1969.

*Bain*, J.: Criteria for Undertaking Water Resource Development, in: AER (PP), vol. 50 (1960), S. 310 ff.

*Bator*, F.: The Anatomy of Market Failure, in: QJE, vol. 72 (1958), S. 351 ff.

— The Simple Analytics of Welfare Maximization, in: AER, vol. 47 (1957), S. 22 ff.

*Baumol*, W. J.: Welfare Economics and the Theory of State, 1. Aufl., London 1952.

— On the Social Rate of Discount, in: AER, vol. 58 (1968), S. 788 ff.

* — On the Discountrate for Public Projects, in: The Analysis and Evaluation of Public Expenditures, vol. 1, Joint Economic Committee, Washington D. C. 1969, S. 489 - 503.

* — On the Social Rate of Discount: Comment, AER, vol. 59 (1969), S. 909 - 911.

*Bergson*, A.: A Reformulation of Certain Aspects of Welfare Economics, in: QJE, vol. 52 (1938); wieder abgedruckt in: Bergson, A., Essays in Normative Economics, Cambridge (Mass.) 1966, S. 3 ff.

— National Income and Welfare, in: Bergson, A., Essays in Normative Economics, Cambridge (Mass.) 1966, S. 131 ff.


* Die mit einem * gekennzeichnete Literatur ist seit dem Abschluß dieser Arbeit bis zum Zeitpunkt ihrer Drucklegung dem Verfasser zur Kenntnis gelangt.

*Bernan*, E. B.: The Normative Rate of Interest, Rand Paper P-1796, Santa Monica 1959.

*Bohm*, P.: On the Theory of Second Best, in: RECstu, vol. 34 (1967), S. 301 ff.

*Boulding*, K. E.: The Theory of a Single Investment, in: QJE, vol. 49 (1935), S. 475 ff.

*Buchanan*, J. M. und W. C. *Stubblebine*: Externality, in: EA, NS 29 (1962), S. 371 ff.

*Ciriacy-Wantrup*, S. V.: Benefit-Cost-Analysis and Public Resource Development, in: Smith, St. C. und E. N. Castle, Economics and Public Policy in Water Resource Development, Ames 1964, S. 9 ff.

— Concepts Used as Economic Criteria for a System of Water Rights, in: Smith, St. C. und E. N. Castle, Economics and Public Policy in Water Resource Development, Ames 1964, S. 251 ff.

*Chenery*, H. B.: The Interdependence of Investment Decisions, in: Abramovitz, M. et al., The Allocation of Economic Resources, 3. Aufl., Stanford 1964, S. 82 ff.

*Colemann*, J. S.: The Possibility of a Social Welfare Function, in: AER, vol. 56 (1966), S. 1105 ff.

*Davis*, O. A. und A. B. *Whinston*: Welfare Economics and the Theory of Second Best, in: RECstu, vol. 32 (1965), S. 1 ff.

— — Piecemeal Policy in the Theory of Second Best, in: RECstu, vol. 34 (1967), S. 323 ff.

*Debreu*, G.: Valuation Equilibrium and Pareto-Optimum, in: Proceedings of the National Academy of Sciences, vol. 40 (1954), No 7, S. 588 ff.

— Theory of Value, 3. Aufl., New York 1965.

* *Diamond*, P. A.: The Opportunity Cost of Public Investment: Comment, in: QJE, vol. 82 (1968), S. 682 - 688.

— T. C. *Koopmans* und R. E. *Williamson*: Stationary Utility and Time Perspective, in: ECO, vol. 30 (1962), S. 82 ff.

*Dobb*, M.: An Essay in Economic Growth and Planning, London 1960.

*Dorfman*, R., P. A. *Samuelson* und R. *Solow*: Linear Programming and Economic Analysis, New York, Toronto und London 1958.

*Dreyfus*, S. E. und M. *Freimer*: A New Approach to the Duality Theory of Mathematical Programming, in: R. E. Bellman und S. E. Dreyfus, Applied Dynamic Programming, Princeton 1962, S. 340 ff.

*Due*, J. F. und W. L. *Holmes*: Evaluation of Government Investment Projects, in: PF, vol. 22 (1967), S. 254 ff.

*Eckstein*, O.: Water Resource Development; The Economics of Project Evaluation, 3. Aufl., Cambridge (Mass.) 1965.

— Investment Criteria for Economic Development and the Theory of Intertemporal Welfare Economics, in: QJE, vol. 71 (1957), S. 56 ff.

— A Survey of the Theory of Public Expenditure, in: Buchanan, J. M., Public Finances; Needs, Sources and Utilization, Princeton 1961, S. 439 ff.

*Ehlert*, H.: Kritische Untersuchungen der Neueren Welfare Economics, Göttingen 1968.

*Elsholz*, G.: Cost-Benefit-Analysis: Kriterien der Wirtschaftlichkeit öffentlicher Investitionen, in: HJWG, Jg. 67, S. 268 ff.

*Feldstein*, M. S.: Net Social Benefit Calculation and the Public Investment Decision, in: OEP, NS 16 (1964), S. 114 ff.

— The Derivation of Social Time Preference Rates, in: KY, vol. 18 (1965), S. 277 ff.

— Opportunity Cost Calculations in Cost-Benefit-Analysis, in: PF, vol. 19 (1964), S. 117 ff.

— The Social Time Preference Discountrate on Cost-Benefit-Analysis, in: EJ, vol. 74 (1964), S. 360 ff.

— Economic Analysis for Health Service Efficiency, Amsterdam 1967.

* — Choice of Technique in the Public Sector: A Simplification, Harvard Institute of Economic Research, Discussion Paper No. 86, Cambridge, Oktober 1969.

* — und J. *Flemming*: Shadow Prices in Industrial Project Evaluation, in: UN Industrial Development Organisation, Evaluation of Industrial Projects, New York 1968, S. 163 - 174.

— und G. S. *Flemming*: The Problem of Time Stream Evaluation; Present Value versus Internal Rate of Return, in: BOUIS, vol. 26 (1964), S. 79 ff.

* *Fest*, H.: Ansatzpunkte zur quantitativen Schätzung der Investitionsinzidenz eines Steuertransfers, Addendum zum Forschungsbericht „Finanzierungsprobleme in der Cost-Benefit-Analyse", Arlington, April 1970.

*Fisher*, I.: The Theory of Interest, New York 1930.

*Fisher*, F. M.: Income Distribution, Value Judgements and Welfare, in: QJE, vol. 70 (1966), S. 381 ff.

*Freemann* III, A. M.: Income Distribution and Public Investment, in: AER, vol. 57 (1967), S. 494 ff.

*Fritsch*, B.: Private und volkswirtschaftliche Kosten, in: SVSP, NF 29 (1963), S. 211 ff.

*Geyer*, H.: Kritische Anmerkungen zur Frage nach den Grenzen der staatlichen Aktivität in der Marktwirtschaft, in: SVSP, NF 47 (1967), S. 174 ff.

*Giersch*, H.: Allgemeine Wirtschaftspolitik, Bd. I, Wiesbaden 1960.

— Zur Theorie des Bestmöglichen, in: Ordo, vol. 11 (1959), S. 258 ff.

— Diskussionsbeitrag, in: Lampert, H., Bericht über die mündlichen Verhandlungen, Stand und Entwicklungsmöglichkeiten der normativen Sozialökonomik, in: SVSP, NF 29 (1963), S. 535 ff.

*Graaff*, J. V. de: Theoretical Welfare Economics, Cambridge 1956.

*Green*, H. A. J.: Aggregation in Economic Analysis, Princeton 1964.

*Grevsmähl*, J.: Rationale Infrastrukturpolitik in einer wachsenden Wirtschaft, in: WWI-Mitteilungen 1968 (1), S. 20 ff.

*Gutenberg*, E.: Einführung in die Betriebswirtschaftslehre, Wiesbaden 1958.

*Haberler*, G.: Die Theorie des internationalen Handels, Berlin 1933.

*Haller*, H.: Zur Problematik der Kreditfinanzierung öffentlicher Ausgaben, in: FA, NF 19 (1959), S. 72 ff.

*Harberger*, A. C.: The Social Opportunity Cost of Capital; A New Approach, Paper presented at the Annual Meeting of the Water Resources Research Committee, Denver 1968 (Xerokopie).

*Harrod*, R.: Towards a Dynamic Economics, London 1948.

* *Haveman*, R. H.: The Opportunity Cost of Displaced Private Spending and the Social Discount Rate, in: The Discount Rate in Public Investment Evaluation, Report No. 17, Water Resources and Economic Development of the West, Denver 1968, S. 57 - 80.

* — und J. V. *Krutilla:* Unemployment, Idle Capacity, and the Evaluation of Public Expenditures: National and Regional Analysis, Baltimore 1968.

*Hedtkamp*, G.: Bestimmungsgründe für Struktur und Umfang öffentlicher Ausgaben, in: SVSP, NF 47 (1967), S. 66 ff.

*Heertje*, A.: On the Optimum Rate of Savings, in: WA, vol. 90, 1 (1963), S. 18 ff.

* *Henderson*, P.: Investment Criteria for Public Enterprises, in: Turvey, R. (Hrsg.), Public Enterprise, Baltimore 1968, S. 86 - 169.

*Henderson*, J. M. und R. E. *Quandt:* Microeconomic Theory, New York 1958.

*Hicks*, J. R.: The Foundations of Welfare Economics, in: EJ, vol. 59 (1939), S. 696 ff.

— The Rehabilitation of Consumer's Surplus, in: RECstu, vol. 8 (1941), S. 108 ff.

*Hines*, L. G.: The Hazards of Cost-Benefit-Analysis as a Guide to Public Investment Policy, in: PF, vol. 18 (1962), S. 101 ff.

*Hirshleifer*, J.: On the Theory of the Optimal Investment Decision, in: JPE, vol. 66 (1958), S. 329 ff.

— Risk, the Discountrate and Investment Decisions, in: AER (PP), vol. 51 (1961), S. 112 ff.

— Investment Decisions Under Uncertainty — Choice-Theoretic Approaches, in: QJE, vol. 59 (1965), S. 509 ff.

— Investment Decisions Under Uncertainty: Applications of the State Preference Approach, in: QJE, vol. 80 (1966), S. 252 ff.

— Efficient Allocation of Capital in an Uncertain World, in: AER (PP), vol. 54 (1964), S. 77.

— *de Haven*, J. und J. *Milliman:* Water Supply, Economics, Technology, and Policy, Chicago 1960.

* — und D. L. *Shapiro:* The Treatment of Risk and Uncertainty, in: The Analysis and Evaluation of Public Expenditures, vol. 1, Joint Economic Committee, Washington D. C. 1969, S. 505 - 532.

*Hitch*, C. J.: Suboptimization in Operations Problems, Rand Paper P-326, Santa Monica 1952.

*Hotelling*, H.: The General Welfare in Relation to Problems of Taxation and Railroad Utility Rates, in: ECO, vol. 6 (1938), S. 242 ff.

* *James*, E.: On the Social Rate of Discount: Comment, in: AER, vol. 59 (1969), S. 912 - 916.

*Jochimsen*, R.: Theorie der Infrastruktur; Grundlagen der marktwirtschaftlichen Entwicklung, Tübingen 1966.

— Ansatzpunkte der Wohlstandsökonomik, Basel 1961.

— Grundlagen, Grenzen und Entwicklungsmöglichkeiten der Welfare Economics, in: SVSP, NF 29 (1963), S. 129 ff.

*Jürgensen*, H.: Private und Soziale Kosten, in: SVSP, NF 29 (1963), S. 245 ff.

— Wachstums- und Verteilungseffekte bei Investitionen, in: Wirtschaftswachstum und Wirtschaftskreislauf, Festschrift für C. Föhl, Tübingen 1966.

*Kahn*, R. F.: Some Notes on Ideal Output, in: EJ, vol. 45 (1935), S. 4 ff.

*Kaldor*, N.: Welfare Propositions in Economics, in: EJ, vol. 49 (1939), S. 549 ff.

*Kapp*, K.: Volkswirtschaftliche Kosten der Privatwirtschaft, Tübingen und Zürich, 1958.

*Kelso*, M. M.: Economic Analysis in the Allocation of the Federal Budget to Resource Development, in: Smith, St. C. und E. N. Castle, Economics and Public Policy in Water Resource Development, Ames 1964, S. 56 ff.

*Kiesling*, H. J.: Measuring a Local Government Service; A Study in School Districts in New York State, in: RECsta, vol. 19 (1967), S. 356 ff.

*Koch*, H.: Zur Diskussion über den Kostenbegriff, in: ZfhF, vol. 10 (1958), S. 355 ff.

*Koopmans*, T. C.: Allocation of Resources and the Price System, in: Koopmans, T. C., Three Essays on the State of Economic Sciences, New York 1957.

— Analysis of Production as an Efficient Combination of Activities, in: Activity Analysis of Production and Allocation, Cowles Monograph 13, New York 1951, S. 33 ff.

*Krelle*, W.: Preistheorie, Tübingen und Zürich 1961.

— Volkswirtschaftliche Gesamtrechnung, 2., verbesserte Aufl., Berlin 1967.

*Krutilla*, J. V.: Welfare Aspects of Cost-Benefit-Analysis, in: JPE, vol. 69 (1961), S. 234 ff.

— und O. *Eckstein:* Multiple Purpose River Development; Studies in Applied Economic Analysis, 3. Aufl., Baltimore 1964.

*Krzyzaniak*, M.: The Long-run Burden of a General Tax on Profits in a Neoclassical World, in: PF, vol. 20 (1967), S. 472 ff.

*Kuhn*, T. E.: Public Enterprise Economics and Transport Problems, Berkeley and Los Angeles 1962.

*Kuhn*, H. und A. *Tucker:* Nonlinear Programming, in: J. Neyman, Proceedings of the Second Berkeley Symposium on Mathematical Statistics and Probability, Berkeley 1951, S. 481 ff.

*Kuznets*, S.: On the Valuation of Social Income, Part I, in: EA, NS 15 (1948), S. 12 ff.

* *Landauer*, C.: On the Social Rate of Discount: Comment, in: AER, vol. 59 (1969), S. 917 - 918.

*Leontief*, W.: Theoretical Note on Time Preference, Productivity of Capital, Stagnation and Economic Growth, in: AER, vol. 45 (1958), S. 104 ff.

*Lerner*, A. P.: The Economics of Control, New York 1947.

— Recent Capital and Production Theory, in: AER (PP), vol. 55 (1965), S. 284 ff.

*Lind*, R.: The Social Rate of Discount and the Optimal Rate of Investment, in: QJE, vol. 78 (1964), S. 336 ff.

— Cost-Benefit-Analysis: A Criterion for Social Investment, Discussion Paper, Stanford o. J., (Xerokopie).

*Lipsey*, R. C. und K. *Lancaster:* The General Theory of Second Best, in: RECstu, vol. 24 (1956/57), S. 11 ff.

— McManus on Second Best, in: RECstu, vol. 26 (1958/59), S. 225 ff.

*Little*, I. M. D.: A Critique of Welfare Economics, 2. Aufl., Oxford 1962.

* — und J. A. *Mirlees:* Manual of Industrial Project Analysis in Developing Countries, vol. II, Social Cost Analysis, OECD, Paris 1969.

*Littmann*, K.: Zunehmende Staatstätigkeit und wirtschaftliche Entwicklung, Köln und Opladen 1957.

*Maass*, A.: Cost-Benefit-Analysis: Its Relevance to Public Investment Decisions, in: QJE, vol. 80 (1966), S. 208 ff.

*Malinvaud*, E.: The Interest Rate in the Theory of Allocation of Resources, in: Hahn, F. H. und F. P. Brechling, The Theory of Interest Rates, London 1965, S. 209 ff.

*Marglin*, St. A.: The Opportunity Costs of Public Investment, in: QJE, vol. 77 (1963), S. 274 ff.

— Economic Factors Affecting System Design, in: Maass et al., Design of Water Resource Systems, 3. Aufl., London, Melbourne und Toronto 1967, S. 159 ff.

— Objectives in Water Resource Development, in: Maass et al., Design of Water Resource Systems, 3. Aufl., London, Melbourne und Toronto 1967, S. 17 ff.

— The Social Rate of Discount and the Optimal Rate of Investment, in: QJE, vol. 77 (1963), S. 95 ff.

— Public Investment Criteria, London 1966.

*Margolis*, J.: Welfare Criteria, Pricing and Decentralization of a Public Service, in: QJE, vol. 71 (1957), S. 448 ff.

* — The Discountrate in Public Investment Evaluation, in: The Discountrate in Public Investment Evaluation, Report No. 17, Water Resources and Economic Development of the West, Denver 1968, S. 71 - 82.

* — Shadow Prices for Incorrect or Nonexistent Market Values, in: The Analysis and Evaluation of Public Expenditures, vol. I, Joint Economic Committee, Washington D. C. 1969, S. 533 - 546.

*McKean*, R.: Efficiency in Government Spending by Systems Analysis, New York 1958.

— Divergences Between Individual and Total Costs within the Government, Rand Paper P-2858, Santa Monica 1963.

— Suboptimization Criteria and Operations Research, Rand Paper P-386, Santa Monica 1953.

*McManus*, M.: Comment on the Theory of Second Best, in: RECstu, vol. 26 (1959), S. 209 ff.

— Private and Social Cost in the Theory of Second Best, in: RECstu, vol. 34 (1967), S. 317 ff.

*Meade*, E. J.: External Economies and Diseconomies in a Competitive Situation, in: EJ, vol. 42 (1952), S. 54 ff.

— The Theory of International Economic Policy, vol. II: Trade and Welfare, Oxford 1955.

*Meinhold*, H.: Artikel: Investition, in: HdSW, vol. 5, S. 334 ff.

*Michalski*, W.: Grundlegung eines operationalen Konzepts der Social Costs, Tübingen 1965.

*Michel*, H.: Zur Beeinflussung des Wachstumsprozesses einer Volkswirtschaft durch staatliche Maßnahmen, Berlin und Frankfurt 1965.

*Miller*, W. L.: The Magnitude of the Discountrate for Government Projects, in: SEJ, vol. 28 (1962), S. 348 ff.

* *Milliman*, J. W.: Beneficiary Charges and Efficient Public Expenditure Decisions, in: The Analysis and Evaluation of Public Expenditures, vol. I, Joint Economic Committee, Washington D. C. 1969, S. 291 - 318.

*Mishan*, E. J.: Criteria for Public Investment: Some Simplifying Suggestions, in: JPE, vol. 75 (1967), S. 139 ff.

— A Survey of Welfare Economics, 1939 - 1959, in: Surveys of Economic Theory, vol. I, New York 1967, S. 154 ff.

— Second Thoughts on Second Best, in: OEP, NS 14 (1962), S. 205 ff.

— A Reappraisal of the Principles of Resource Allocation, in: EA, NS 24 (1957), S. 324.

* — A Proposed Normalisation Procedure for Public Investment Criteria, in: EJ, vol. 77 (1967), S. 777 - 796.

* — Comment on Normalisation Procedure for Public Investment Criteria, in: EJ, vol. 79 (1969), S. 669 ff.

*Morgenstern*, O.: Pareto-Optimum and Economic Organisation, in: Systeme und Methoden in den Wirtschaftswissenschaften, Festschrift für E. v. Beckerath, Tübingen 1964, S. 573 ff.

*Morrison*, C. C.: Marginal Cost Pricing and the General Theory of Second Best, Dissertation, University of North Carolina 1964 (Xerokopie).

*Musgrave*, R. A.: Finanztheorie, Tübingen 1966.

— The Theory of Public Finance, New York, London und Toronto 1959.

* — Cost-Benefit-Analysis and the Theory of Public Finance, in: JEL, vol. 7 (1969), S. 797 - 806.

*Nath*, S. K.: Are Formal Welfare Criteria Required? in: EJ, vol. 74 (1964), S. 548 ff.

*Neumark*, F.: Artikel: Steuer I: Theorie der Besteuerung, in: HdSW, vol. 10, S. 93 ff.

* *Nichols*, A.: On the Social Rate of Discount: Comment, in: AER, vol. 59 (1969), S. 909 - 911.

*Ott*, A. E.: Marktform und Verhaltensweise, Stuttgart 1959.

*Pareto*, V.: Cours d'Economie Politique, Lausanne 1897.

— Manuel d'Economie Politique, 2. Aufl., Paris 1927.

*Phelps*, E. S.: Fiscal Neutrality towards Economic Growth, New York 1965.

*Pigou*, A. C.: The Economics of Welfare, 4. Aufl., London 1949.

*Preiser*, E.: Investition und Zins, in: Preiser, E., Bildung und Verteilung des Volkseinkommens, 3. Aufl., Göttingen 1963, S. 171 ff.

— Erkenntniswert und Grenzen der Grenzproduktivitätstheorie, in: Preiser, E., Bildung und Verteilung des Volkseinkommens, 3. Aufl., Göttingen 1963, S. 265 ff.

*Prest*, A. R. und R. *Turvey*: Cost-Benefit-Analysis: A Survey, in: Surveys of Economic Theory, vol. III, Resource Allocation, New York 1967, S. 155 ff.

* *Ramsey*, D. D.: On the Social Rate of Discount: Comment, in: AER, vol. 59 (1969), S. 919 - 924.

*Ramsey*, F. P.: A Mathematical Theory of Saving, in: EJ, vol. 38 (1928), S. 543 ff.

*Recktenwald*, H. C.: Unteilbare Güter; Ihre Effizienz und ihre Verteilung, Nutzen-Kosten-Analyse, in: PF, vol. 22 (1967), S. 61 ff.

— Steuerüberwälzungslehre, 2., verbesserte und ergänzte Aufl., Berlin 1966.

*Reuber*, G. und R. *Wonnacott*: The Cost of Capital in Canada, Washington, D. C. 1961.

*Reuss*, G. E.: Produktivitätsanalyse, Basel und Tübingen 1960.

*Rose*, K.: Entwicklung und Stand der Außenwirtschaftstheorie, in: Rose, K., Theorie der internationalen Wirtschaftsbeziehungen, Köln und Berlin 1965, S. 13 ff.

*Rothenberg*, J.: The Measurement of Social Welfare, New York 1961.

*Samuelson*, P. A.: Foundations of Economic Analysis, Cambridge (Mass.) 1947; Nachdruck Atheneum Paperbacks, New York 1965.

— The Pure Theory of Public Expenditure, in: RECsta, vol. 36 (1954), S. 387 ff.

— Diagrammatic Exposition of a Theory of Public Goods, in: RECsta, vol. 37 (1955), S. 354 ff.

— Rezension: Theoretical Welfare Economics (de Graaff, J. V.), in: EJ, vol. 48 (1958), S. 540 ff.

— The Evaluation of Real National Income, in: OEP, NS 2 (1950), S. 16 ff.

*Sato*, K.: Taxation and Neoclassical Growth, in: PF, vol. 22 (1967), S. 340 ff.

*Schaller*, H. G. (Hrsg.): Public Expenditure Decisions in the Urban Community, Washington, D. C. 1962/63.

*Scherer*, F. M.: Government Research and Development Programs, in: Dorfman, R., Measuring Benefits of Government Investments, Washington, D. C. 1965, S. 12 ff.

*Schmalenbach*, E.: Kostenrechnung und Preispolitik, 7. Aufl., Köln und Opladen 1957.

*Schmidt*, K.: Zur ordnungspolitischen Problematik wachsender Staatsausgaben, in: SVSP, NF 47 (1967), S. 126 ff.

*Schneider*, E.: Einführung in die Wirtschaftstheorie, Bd. II, 7. Aufl., Tübingen 1961.

— Einführung in die Wirtschaftstheorie, Bd. III, 6. Aufl., Tübingen 1961.

— Wirtschaftlichkeitsrechnung, 4. durchgesehene Aufl., Tübingen und Zürich 1962.

* *Schwartz*, E.: The Cost of Capital and Investment Criteria in the Public Sector, in: JF, vol. 25 (1970), S. 135 - 142.

*Scitovsky*, de, T.: Welfare and Competition, 4. Aufl., London 1963.

— Two Concepts of External Economies, in: JPE, vol. 62 (1954), S. 143 ff.

— On the Principle of Consumer Sovereignty, in: AER (PP), vol. 52 (1962), S. 262 ff.

— A Note on Welfare Propositions in Economics, in: RECstu, vol. 9 (1941), S. 77 ff.

*Sen*, A. K.: Isolation, Insurance and the Social Rate of Discount, in: QJE, vol. 81 (1967), S. 112 ff.

*Smithies*, A.: The Boundaries of the Production and Utility Function, in: Exploration in Economics, Essays in Honorar of F. W. Taussig, London 1936, S. 326.

*Sohmen*, E.: Grundlagen, Grenzen und Entwicklungsmöglichkeiten der Welfare Economics, in: SVSP, NF 29 (1963), S. 79 ff.

*Stackelberg*, v., H.: Grundlagen der theoretischen Volkswirtschaftslehre, 2. Aufl., Bern und Tübingen 1951.

*Steiner*, P. O.: Choosing among Alternative Public Investments in the Water Resource Field, in: AER, vol. 49 (1959), S. 893 ff.

— The Role of Alternative Cost in Project Design and Selection, in: QJE, vol. 79 (1965), S. 417 ff.

*Stolber*, W.: Nutzen-Kosten-Analyse in der Staatswirtschaft, Wasserwirtschaftliche Projekte, Dissertation Erlangen-Nürnberg 1967; auch erschienen als Heft 1 der „Abhandlungen zu den wirtschaftlichen Staatswissenschaften", Hrsg.: Recktenwald, H. C., Göttingen 1968.

*Stohler*, J.: Zur Methode und Technik der Cost-Benefit-Analyse, in: KY, vol. 20, 1 (1967), S. 218 ff.

— Zur rationalen Planung der Infrastruktur, in: KP, vol. 11 (1965), S. 279 ff.

*Streeten*, P.: Diskussionsbeitrag: Wodurch unterscheidet sich die Theorie des Bestmöglichen von der Theorie des Zweitbesten? in: Lampert, H., Bericht über die mündlichen Verhandlungen, Stand und Entwicklungsmöglichkeiten der normativen Sozialökonomik, in: SVSP, NF 29 (1963), S. 570.

*Strotz*, R. H.: Discount Rates Appropriate for Public Investment, Paper delivered at Mid-Western Economic Association Meeting 1964 (Xerokopie).

*Timm*, H.; Bemerkungen zu einem fundamentalen Problem der Theorie des Zweitbesten, in: SVSP, NF 29 (1963), S. 288 ff.

*Tinbergen*, J.: The Optimum Rate of Saving, in: EJ, vol. 66 (1956), S. 603 ff.

— On the Theory of the Optimum Regime, in: Tinbergen, J., Selected Papers, Amsterdam 1959, S. 264 ff.

*Tullock*, G.: The Social Rate of Discount and the Optimal Rate of Investment: Comment, in: QJE, vol. 78 (1964), S. 331 ff.

— The General Irrevelancy of the General Impossibility Theorem, in: QJE, vol. 81 (1967), S. 256 ff.

*Turvey*, R.: Optimal Pricing and Investment in Electricity Supply, London 1968.

— Present Value versus Internal Rate of Return, An Essay in the Theory of Third Best, in: EJ, vol. 73 (1963), S. 93 ff.

*Usher*, D.: The Social Rate of Discount and the Optimal Rate of Investment: Comment, in: QJE, vol. 78 (1964), S. 641 ff.

* — On the Social Rate of Discount: Comment, in: AER, vol. 59 (1969), S. 925 - 929.

*Vosgerau*, H. J.: Zur makroökonomischen Theorie des Investitionsoptimums, in: SVSP, NF 42 (1965), S. 79 ff.

*Williamson*, O. E.: Peak-load Pricing and Optimal Capacity under Indivisibility Constraints, in: AER, vol. 56 (1966), S. 810 ff.

*Wittmann*, W.: Staatliche Aktivität, wirtschaftliche Entwicklung und Preisniveau, Zürich 1964.

## Sachregister

Kolibri 360 GmbH
Ferdinand-Jühlke-Straße 7
99095 Erfurt, Deutschland
produktsicherheit@kolibri360.de

Druck:
CPI Druckdienstleistungen GmbH
im Auftrag der
Kolibri 360 GmbH
Ferdinand-Jühlke-Str. 7
99095 Erfurt